KB062714

처음 읽는
중세
철학

처음 읽는 중세철학

플로티노스에서 쿠자누스까지, 이성과 신앙에 대한 탐구의 여정

ⓒ박남희, 김장생, 이세운, 서종원, 김영철, 서동은, 박일준, 이부현, 최중화, 이명곤, 이상섭, 한상연, 이경희, 김형수

초판 1쇄 펴낸날 2021년 3월 10일

지은이 박남희·이부현 외
펴낸이 이건복
펴낸곳 도서출판 동녘

주간 곽종구
편집 구형민 정경윤 강혜란 박소연 김혜윤
마케팅 권지원
관리 서숙희 이주원

등록 제311-1980-01호 1980년 3월 25일
주소 (10881) 경기도 파주시 회동길 77-26
전화 영업 031-955-3000 편집 031-955-3005 **전송** 031-955-3009
블로그 www.dongnyok.com **전자우편** editor@dongnyok.com
인쇄·제본 새한문화사 **라미네이팅** 북웨어 **종이** 한서지업사

ISBN 978-89-7297-984-5 03100

처음 읽는
중세
철학

**플로티노스에서 쿠자누스까지,
이성과 신앙에 대한 탐구의 여정**

박남희·이부현 외 지음

동녘

| 일러두기 |

1. 본문에 사용한 기호의 쓰임새는 다음과 같다.
   《 》: 단행본, 신문명, 잡지명
   〈 〉: 미술 및 영화 작품, 단편, 논문
2. 맞춤법과 띄어쓰기는 '한글 맞춤법'을 따랐다. 그러나 국내에서 통용되는 외국어는 국내 상황에
   맞게 바꿨다. 특히 이 책에 등장하는 학자들의 이름은 최대한 원어를 번역하려고 노력했으나, 많
   이 다뤄져 관용적으로 굳어진 경우에는 기존의 표기를 따랐다.

목차

◆

◆

◆

◆

◆

머리말
중세를 다시 읽다

사람들은 중세를 일컬어 흔히 사유하는 인간 이성이 작동하지 않은 암흑의 시기라고 말하며 중세를 철학사에서 생략하거나 축소하기도 한다. 하지만 과연 그러한지 다시 한번 물어볼 필요가 있다. 인간이 진정 사유하는 존재라면 어느 시대를 막론하고 사유하며 존재했을 것이 틀림없기 때문이다. 비록 방식과 대상 그리고 내용은 다르더라도 중세에도 인간은 세계와 마주하며 삶에 대해 그들 나름으로 사유하며 존재했으리라는 것을 의심할 수 없다. 그럼에도 중세의 사유에 대해 소수의 사람들이나 특정 종교인들 외에는 별다른 관심을 가지지 않는 경향이 있다. 어쩌면 중세 사유에 대한 무지가 우리 사회에서 자주 문제시되는 광기 어린 신념과 이단 시비, 종교 간의 분쟁 및 갈등과 무관하다고 할 수는 없을 것이다.

물론 현대의 시선에서 보면 중세는 자율적 인간 이성이 제한된 듯 보인다. 하지만 차원을 달리하면 중세에도 분명 중세만의 고유한 사유를 해나갔다. 그런 까닭에 중세의 사유를 제대로 알지 못하고는 인간의 사유를 온전히 이야기하기 어렵다. 더욱이 지금 여기 현재 우리가 당면한 문제들을 해소하기 위해서는 인간 사유가 어디에서 어디로 향하는지 아는 것이 무엇보다 중요함은 두말할 나위가 없다.

그러므로 우리는 중세의 사유를 배제하거나 간과할 것이 아니라 지금 여기에서 다시 성찰해보는 것이 바람직하다. 단순히 종교적 차원에서만이 아니라 지나친 기술문명으로 황폐화된 인간성을 회복하기 위해서, 그리고 도래하는 AI 시대에 인간 사유의 온전함을 확보하기 위해서 우리는 상대적으로 무심했던 중세에 대해 다시 사유할 수 있어야 한다. 그리하여 인간이란 어떤 존재인지, 인간이 살아가는 사회와 국가란 어떠해야 하는지 그리고 우리는 어떻게 살아가야 바람직한지에 대해 물어볼 수 있어야 한다.

어쩌면 우리가 당면한 문제는 과학기술의 부족이나 결함이 아닌, 점점 더 약화하고 축소되며 가벼워진 사유의 부재는 아닐까. 그렇다면 오늘날 발생하는 수많은 난제들, 다시 말해 경제적 불균형에서부터 기후난민에 이르기까지 점점 더 극단화되는 문제들의 근본원인이 어디 있는지에 대해 인간 사유의 또 다른 축이라

할 수 있는 중세의 사유와 더불어 고심하며 나름의 방안을 강구해보는 것이 필요하다.

실제로 중세에는 존재하는 것들의 생성과 관계에 대해 대상과 주제를 달리하며 소중한 사유의 전통을 심도 있게 열어나간다. 가시적인 것에서 비가시적으로, 완전과 보편의 문제로, 이성과 신앙으로, 주의주의와 주지주의로, 유명론과 실재론으로 그리고 신비주의와 낭만주의로 중세는 논의의 깊이와 지평을 확대하며 진지하게 성찰해나가는 것을 우리는 알 수 있다.

그리스 로마의 지혜에 히브리의 종교적 열망을 더해 이전과 다른 사유의 전통을 정립해나가는 중세는 신플라톤주의자라 불리는 플로티노스로부터 시작된다. 플로티노스는 플라톤의 이분법적 세계 이해 위에 아리스토텔레스의 인과론적 사유를 종합하여 이 세상 모든 것을 '일자'를 통한 '유출'의 세계라는 독특한 사유를 전개해나간다. 반면 중세의 대표 철학자라 할 수 있는 아우렐리우스 아우구스티누스는 세계를 신의 은총에 의한 무로부터의 창조와 역사로 이야기하며 종교적 색채를 강화하여 기독교 신학의 토대를 구축한다. 그러나 《철학의 위안》을 쓴 보에티우스는 신의 섭리와 운명은 서로 모순되지 않는다며 지혜를 통한 신의 인식 가능성을 제기하면서 고대 지혜의 전통을 근대로 이어주는 가교 역할을 하기도 한다. 위-디오니시우스는 앞선 유출설과 창조론을 결합하며 모든 것을 존재의 위계질서 안에서 연속적으로 생성된 것으로, 세계를 신의 섭리의 대상으로 바라보기도 한다. 그리고 요하네스 스코투스 에리우게나는 이전의 사상들을 체계적으로 정립하며 신과 자연과 보편의 문제를 달리 제기하기도 한다. 이외에도 중세에는 이성과 신앙의 구별을 중시하는 아비셴나, 신앙에서 이성으로의 역할을 강조하는 아베로에스, 신앙과 이성의 조화를 꾀하는 마이모니데스와 같은 이성과 신앙의 문제를 심도 있게 파고든 이슬람철학자들도 있다. 이들이 제기한 이성과 신앙의 문제는 급기야 신의 존재 증명으로 이어지며 실재론과 유명론 논쟁을 낳기도 한다. 과장된 실재론자라고 불리는 안셀무스는 '믿기 위해 이해하는 것이 아니라 이해하기 위해 믿는다'는 이해를 추구하는 신앙을 강조하는가 하면, 오컴 같은 이들은 오컴의 면도날이라는 유명한 논증처럼 이성과 신앙을 분리하며 보편적 명제는 실재하는 것이 아니라 단지 이름에 지나지 않는다는 유명론을 주창하기도 한다. 이뿐만 아니라 오컴의 과학적·경험적 사유와는 다른 관점, 즉 신앙의 관점에서 이성과 신앙을 분리하는 이들도 있었는데 바로 신플라톤주의의 영향을 받은 신비주의자들이다. 대표적 인물이 마이스터 에크하르트로 그는 감성을 중시하며 신과의 합일을 이야기한다. 이는 자연스럽게 주지주의와 주의주의의 출현을 가져오는바, 둔스 스코투스는 지성에 의한 주지주의에 반대하고 신의 절대적 자유의지를 강조하는 주의주의를 부르짖기에 이른다. 반면에 니콜라우스 쿠자누스는 주지주의와 주의

주의의 교합을 주장하며 신비주의의 전통과 지성을 중심으로 하는 이성주의와 합리주의의 기반을 마련하기도 힌다. 또한 아우구스티누스와 더불어 중세를 대표하는 철학자라 할 수 있는 토마스 아퀴나스는 이런 이전의 이성과 신앙에 대한 다양한 태도를 하나로 집대성하며 토미즘이라는 방대하고 다채로운 사상 체계를 구축하기도 한다. 토마스 아퀴나스는 중세 초기의 아우구스티누스와 달리 보편은총과 자연신학적 입장을 견지하며 유비적 방법으로 신의 존재에 대한 증명 가능성을 피력한다. 지성의 토대 위에서 신앙을 종합하는 교부철학자인 토마스 아퀴나스는 인간을 육체와 영혼의 실재적 통합체라 하며 이에 따른 국가의 역할과 교회의 권한을 강조하기도 한다. 토마스 아퀴나스의 이런 사상은 근대를 태동시키는 원인의 하나로 작용하기도 한다.

14

　이처럼 중세의 사유는 신의 존재에 대한 속성과 존재 양태, 인식 가능성과 불가능성의 문제만이 아니라 실제 삶의 다양한 문제와 연결하며 논쟁을 이어간다. 따라서 우리는 그동안 상대적으로 관심이 적고 연구가 제대로 이루어지지 못했던 중세를 다시 사유함으로써 우리 시대가 당면한 문제를 해소할 수 있는 새로운 사유의 길을 마련하고자 한다. 고대의 사유가 어떻게 중세라는 종교의 시대로의 전환을 가져왔는지, 중세에는 무엇을 묻고 어떻게 답을 구했는지, 그리고 중세가 어떻게 근대라는 또 다른 시대로 나아가게 되었는지를 아는 것은 불확실성으로 치닫는 혼돈의 시대를 살아가는 우리에게 매우 중요한 시사점을 제공할 것이다. 그런 의미에서 물질과 과학 문명으로 점철된, 그래서 자칫 정체성조차 제대로 해명하기 어려운 우리 시대에 중세의 사유는 잊히기보다 오히려 더 요청하고 숙고해야 할 필요성이 있다.

이를 위해 많은 연구자들이 동참했다. 많이 늦어진 감이 없지 않지만 후학들을 위해 한 권의 책으로 결실을 볼 수 있게 되어 다행이다. 책을 위해 애써준 도서출판 동녘을 비롯해 귀한 손길을 더해준 모든 분들께 저자를 대표하여 진심으로 감사의 말씀을 전한다.

2021년 2월
경희궁 자락에서 박남희

중세로 안내하는
플로티노스

—

박남희

플로티노스
Plotinos(205?~270)

플로티노스는 시대적 혼란과 도덕적 어려움을 극복하기 위해 고대철학과 기독교신학을 연결하면서 중세라는 새로운 종교 시대를 열어간다. 플라톤의 철학 위에서 아리스토텔레스 철학을 종합하며 그만의 새로운 철학을 전개해나간 그를 가리켜 우리는 신플라톤주의자라 부르기도 한다. 그러한 그의 사상은 아우구스티누스를 비롯한 많은 중세 철학자들에게 지대한 영향을 미치며 중세철학의 중요한 토대를 이룬다.

그의 생애는 전반과 후반 크게 두 부분으로 나누어볼 수 있다. 전반은 태어나서 공부에 열중하던 시기이고 후반은 로마에 학교를 세워 자신의 사상을 구축하다가 죽음에 이르는 시기라 할 수 있다.

205년경 이집트에서 태어난 그는 당시 지성의 산실인 알렉산드리아에서 암모니오스 사카스로부터 다양한 철학사상을 배운다. 그리고 40세가 되던 244년 이후에는 로마에 스스로 학교를 세워 참다운 삶과 앎을 추구하는 일에 매진한다.

그에 관한 거의 유일한 자료로 알려진 《엔네아데스》는 바로 이때 쓴 54편의 짧은 글과 연설로, 그의 사후인 270년 그의 애제자 포르피리오스가 플로티노스의 단편들을 주제에 맞추어 9편씩 6집으로 나누어 편집한 책이다.

플로티노스, 그는 누구인가?

플로티노스는 205년경 아프리카의 이집트에서 태어나 270년 세상을 떠나기까지 시대적 혼란과 도덕적 어려움을 극복하기 위해 고대철학과 기독교신학을 연결해나간 독특한 사상가입니다. 다양한 고대사상이 혼재하던 절충주의 시대에 과연 어떤 사상이 도덕적으로 타락하고 정치적으로 혼란스러운 현실을 극복해낼 수 있을지 고심하던 플로티노스는 플라톤Plato 철학을 새롭게 재해석하며 이를 해소해갑니다. 이 때문에 우리는 그를 가리켜 신플라톤주의자Neo-Platonist라고 부르기도 합니다. 그는 플라톤 철학에 기초하여 아리스토텔레스 철학을 접목하고 이를 다시 기독교의 구원론으로 연결합니다. 정신의 엄밀성과 도덕성으로 고대철학과 기독교의 조화를 꾀하며 새로운 종교의 시대를 열어간 플로티노스는 특히 중세의 대철학자 아우구스티누스Augustinus(354~430)에게 지대한 영향을 미칩니다.

　당시 최고의 지성이 모여 있던 이집트 알렉산드리아에서 암모니오스 사카스Ammonios Saccas(175~242)로부터 피타고라스와 플라톤, 아리스토텔레스뿐만 아니라 에피쿠로스, 스토아철학 등에 이르기까지 매우 다양한 철학자들과 사상에 대해 폭넓게 공부한 플로티노스는 40세가 되던 244년, 플라톤의 이상국가인 '플라토노폴리스Platonopolis'를 실질적으로 실현해보고자 로마로 가서 학교를 세웁니다. 그곳에서 지적인 엄밀성과 도덕에 관한 수많은 연설과 글을 쓴 플로티노스는 주로 인간존재에 대한 해명을 영원과 결부시키면서 참다운 삶과 앎을 추구하는 일에 열중했습니다. 이

때의 글을 모아 애제자 포르피리오스Porphyrios가 플로티노스 사후에 펴낸 책이 그 유명한 《엔네아데스Enneades》입니다. 플로티노스의 사상을 알 수 있는 거의 유일한 책이라 할 수 있는 《엔네아데스》는 모두 54편의 짧은 글들을 일정한 주제에 맞춰 9편씩 6집으로 나누어 편집돼 있습니다. 9라는 의미의 엔네아데Enneade는 여러 묶음이라는 뜻으로 '하나의 완전한 가르침을 위한 체계'라는 의미를 내포합니다. 플로티노스가 추구한 가르침을 6가지 주제로 나누어 이에 따른 9편의 글을 체계적으로 모아 편찬한 《엔네아데스》의 구성은 다음과 같습니다.

1집은 누구나 쉽게 묻는 기본적이고 도덕적인 물음, 즉 생명체와 인간, 미덕, 변증법, 행복, 시간에 따른 행복의 더함과 이에 따른 의문, 아름다움, 제일의 선, 악의 유래, 합당한 죽음 등에 대한 것들이라 한다면, 2집은 자연 세계의 창조 및 발전의 근거에 관한 것들로 이루어져 있습니다. 즉 하늘과 모든 만물, 천구와 그 회전운동, 별들의 영향력, 두 가지의 물질, 가능태와 현실태, 만들어진 것, 전체적인 혼합, 보는 것과 멀리 있는 것이 작게 보이는 이유 그리고 영지주의자에 관한 것들을 기술하고 있습니다. 그리고 3집은 자연 세계와 더불어 그 근거로서 정신적 세계에 관한 운명, 선견지명, 악마, 사랑, 비육체적인 것인 무감정, 영원과 시간, 자연 본성과 바라봄, 하나와 그 외의 여러 가지 연구들에 대한 질문으로 구성되어 있습니다. 반면에 4집은 영혼에 대한 플로티노스의 특별한 관심을 세밀히 다룹니다. 영혼의 실체, 영혼의 당혹스러운 처지, 감각과 기억, 영혼의 불멸성, 지상 세계로 영혼의 하강, 개별 영혼들의 하나됨에 관한 것이 그것입니다.

그리고 5집은 자연 세계를 넘어 내면세계의 원리나 본질적 근거로서 정신세계와 그와 관련된 역동적 구조에 관한 것으로, 세 가지 근원적인 실체, 태초의 것을 통한 생성과 질서, 인식하는 실체들과 피안, 태초의 것과 그 생성 과정 및 하나, 정신이 자리하는 정신적인 것들의 선, 존재 너머의 무 사유 및 첫 번째와 두 번째 사유, 개개의 사물에 관련된 정신세계, 정신적 아름다움, 정신과 정신세계와 존재의 문제에 대해 논합니다. 6집은 주로 우리가 존재를 어떻게 이해할 수 있는가에 대해 존재의 부류에서 시작하여 하나이며 동일한 존재의 전체적 현현성, 수, 정신세계 내의 다수성 및 그에 따른 선, 하나의 자유의지 및 바람, 선 혹은 하나 등에 이르기까지 치밀하게 논의하고 있습니다.

플로티노스 사상의 특징은 무엇인가?

플로티노스 사상의 특징은 무엇일까요? 플로티노스는 도대체 무엇을 말하려고 했을까요? 플로티노스의 사상은 《엔네아데스》에서도 드러나듯이 인간의 근본 본질에 대해 좀 더 정확한 이해를 추구하는 데 집중되어 있습니다. 그는 플라톤의 사상 위에서 아리스토텔레스의 철학을 접목하며 그만의 독특한 인간존재에 대한 이해를 시도합니다. 다시 말해 플라톤이 세계를 둘로 구분하는 것을 토대로 하여, 이 세계를 아리스토텔레스의 존재하는 것들의 연속적 관계로 종합하면서 그만의 존재의 질서를 달리 새롭게 구축해가는 것입니다. 즉 플로티노스는 플라톤의 영혼선재설과 이데아idea론, 즉 인간은 영혼을 가진 존재로서 영혼은 신체보다 앞서 있으며 신체는 영혼을 가두는 감옥이고 우리의 삶은 이를 벗어나기 위한 투쟁이며 죽음은 본래 자신으로 회귀하는 일이라는 플라톤의 사상을 그대로 수용합니다. 그리고 이를 다시 아리스토텔레스의 존재하는 것들의 연속적 관계, 즉 현실태와 가능태, 원인과 결과, 필연과 당위 등으로 현실 안에 존재하는 많은 다양한 것들과 접목하면서 이 세상에 존재하는 모든 것들의 생성과 질서에 대해 나름 새롭게 설명해가는 것입니다.

이는 플로티노스가 플라톤과 아리스토텔레스의 한계를 모두 극복하고자 했음을 의미합니다. 즉 우리가 어떻게 이데아가 진리라는 사실을 알 수 있는가 하는 문제와 완전한 것이 어떻게 불완전을 낳으며 불완전한 것의 연속이 과연 완전을 가져올 수 있는가 하는 플라톤과 아리스토텔레스의 문제를 함께 극복해나가는 것입니다. 플로티노스는 이 같은 의도에서 플라톤과 같이 세계를 둘로 나누고 하나는 실재하는 이데아의 세계로 다른 하나는 실재가 현상하는 세계로 구분합니다. 그리고 다시 실재하는 이데아의 세계는 불변하는 '일자the One, 一者'의 세계로, 현상하는 이 세계는 아리스토텔레스처럼 연속적인 존재의 사슬로 논하면서 일자와 다양한 사물들의 관계와 이들이 출현한 이유에 대해 그만의 독특한 해석을 전개해나갑니다.

그의 이런 태도는 하나와 여럿의 관계를 어떻게 하면 모순 없이 설명할 수 있는가 하는 문제입니다. 플로티노스는 이를 해결하기 위해 창조하지도 창조되지도 않는 '일자'와 창조가 아닌 자연스럽게 흘러넘쳐 생성된 '유출Emanation, 流出'이라는 그만의 독특

한 개념을 내세웁니다. 그리고 이에 근거하여 정신과 물질, 선과
악에 대한 개념을 설명하면서 참다운 인간의 길을 기독교 구원론
과 연결하여 종교라는 또 다른 시대, 즉 중세를 열어나갑니다. 그
렇다면 플로티노스 사상의 핵심 개념인 '일자'와 '유출' 그리고 '정
신과 물질의 관계', '선과 악'을 그는 어떻게 설명하며 '종교적 구
원의 길'로 연결해가는지 좀 더 구체적으로 살펴보겠습니다.

1. 창조하지도 창조되지도 않는 일자

플로티노스 철학의 특징은 누가 뭐라 해도 '일자'에 대한 독특한
해석에 있습니다. 일자는 세상 만물이 없지 않고 어떻게 있게 되
었는가 하는 서구인들의 존재에 대한 이해를 대변하는 중요한 개
념 중 하나입니다. 대다수의 서양 사람들은 세상 만물이 있게 된
까닭을 하나의 물질에서 유래되었다고 생각했습니다. 그들은 이
를 변하지 않고 늘 있는 근본실재實在, reality라 이름하고, 이 근본
실재가 무엇인지 그리고 어떻게 다양한 사물로 바뀌는지에 대해
체계적이고 논리적으로 물어나갑니다.

  마주하는 자연 앞에서 모든 것을 자연에 빗대어 묻고 자연물
로 답했던 자연 시대 사람들은 이 근본실재를 저마다 물, 불, 공
기, 무한자로 이야기하며 만물로 변화하는 까닭을 그 자체 안에
내재한 속성, 필연, 법칙 등으로 설명합니다. 특히 헤라클레이토
스Heracleitos(B.C.540?~B.C.480?)는 이 세상에 있는 모든 것들은 사
물 안에 내재한 법칙logos에 따라 변화하는 중에 있다면서, 모든
것이 변화하고 있다는 그 사실만이 변하지 않는 실재라고 말합니
다. 반면 파르메니데스Parmenides(B.C.515?~?)는 있는 것은 있고 없

는 것은 없을 뿐이라며, 우리가 변화한다고 하는 것들의 실상은 변하지 않는 단일한 근본실재인 일자의 다양한 모습일 뿐이라고 말합니다. 다시 말해 있는 것은 불변하는 단일한 실재인 일자뿐이라는 것입니다.

그러나 자연에 대한 물음에서 인간에 대한 물음으로 전환해가는 고대인들은 자연철학자들과 달리 실재하는 것을 사물이 아닌 비사물적인 것으로, 변화의 원인을 사물의 안이 아닌 밖에서 구하고자 합니다. 특히 소크라테스와 플라톤은 파르메니데스의 변화하지 않는 일자와 헤라클레이토스의 변화하며 있는 세계를 하나로 결합하여 세계는 우리가 사는 늘 변하며 있는 그림자인 이세계와 이 세계를 넘어 초월해 있는 변화하지 않는 실재 세계인 이데아로 이루어져 있다고 말합니다. 그리고 이들은 모든 것의 원인과 의미를 참으로 실재하는 세계인 이데아의 세계에 부여합니다.

이 때문에 아리스토텔레스는 "의미가 없는 세계가 되어버린 이세계에서 삶의 의미는 어디에서 구해야 하는가"라는 물음을 제기합니다. 아리스토텔레스는 우리가 이데아의 세계를 알고 그 세계가 참으로 실재하는 세계라는 것을 알기 위해서는 이 세계가 단지 실재하는 세계의 단순한 그림자가 아니라 일정한 부분 실재를 나누어(분유分有) 가진 세계여야 한다고 말합니다. 그리하여 이세상에 있는 모든 것은 참다운 실재인 형상morphe과 물질인 질료 hyle로 이루어진 복합체라 이야기합니다. 그렇기에 우리는 우리안에 분유해 있는 실재인 능동지성active intellect으로 참다운 실재를 논하며 그것으로 나아갈 수 있다는 것입니다. 아리스토텔레스는 바로 이 변하지 않는 실재인 일자를 찾아가는 길, 달리 말해 모든 것을 있게 한 제1원인을 찾아가는 길을 학문이라 하며 실재와 현상의 관계를 가능태와 현실태의 관계로 그리고 실재를 부동의 동자로 이야기합니다.

그러나 플로티노스는 플라톤의 단절된 세계를 하나로 연결해감으로 실재하는 세계와 현상세계의 관계를 논리적으로 설명·극복하려는 아리스토텔레스의 주장에는 문제가 있다고 여깁니다. 이는 이 세상에서 실천적 삶에 의미를 더하지만 일자의 다른 이름인 실재, 진리, 신에 대해 그들이 가진 언명, 즉 신은 완전하고 불변하며 선하고 어디에나 있어야 하며 분리되지 않아야 한다는 의미에 상충한다고 비판합니다. 이에 플로티노스는 플라톤의 단절된 두 세계에 근거하여 아리스토텔레스의 존재의 연속성을 달리 연결하여 플라톤과 아리스토텔레스의 문제를 동시에 극복해가고자 시도합니다.

플로티노스에 따르면 아리스토텔레스의 존재의 사슬 안에서 제1원인은 존재의 차이만 있을 뿐 결코 완전자에 이를 수 없습니다. 불완전한 것에서는 완전한 것이 나올 수 없기에 존재의 연속적 사슬에서 제1원인을 완전한 자로 여기는 아리스토텔레스의 주장은 논리적으로 비약이 있다는 것입니다. 이 때문에 플로티노스는 플라톤의 단절된 두 세계가 지닌 문제, 즉 우리가 어떻게 이데아의 세계를 알 수 있는가 하는 문제와 존재의 연속성을 주장하는 아리스토텔레스의 완전에 대한 논리적 모순을 동시에 극복하기 위해 플라톤에 근거하여 아리스토텔레스 사상을 공간적으로 달리 결합합니다.

즉, 플로티노스는 먼저 플라톤과 같이 세계를 둘로 나누고 실재하는 이데아의 세계는 단일한 일자의 세계로, 현상하는 이 세계는 아리스토텔레스처럼 연속적인 존재의 사슬로 설명합니다. 그리고 완전자는 변화하거나 증감되지 않아야 하기에 창조되거나 창조하지 않는 일자를 상정합니다. 창조한다는 것은 자기 속성을 나누어야 하는 까닭에 창조하는 자신도 변하게 마련이라며 플로티노스는 창조하지도 창조되지도 않는 일자를 새롭게 제안하는 것입니다. 그렇기에 이 일자는 이 세상이 아닌 다른 세상인 초월된 세계 즉, 이데아의 세계에 저 혼자 있으며 그 무엇과도 관계하지 않는 불변하는 완전한 일자로 이야기합니다. 이것이 바로 플로티노스가 말하는 그만의 독특한 '일자'에 대한 언사입니다.

이같이 플로티노스는 일자를 아리스토텔레스가 말하는 불완전한 것들의 연속성 위에 있는, 다양한 것들의 최상위에 위치한 제1원인과는 전혀 다른 의미로 이야기합니다. 이 일자는 아리스토텔레스가 말하는 정도를 더해가는 연속상의 최종인 제1원인이 아니라 우리와는 단절된 이데아의 세계에 하나로 있는 불변하는 완전한 일자입니다. 이 일자는 나누어지지도 변하지도 않는 늘 한결같은 전체성 그 자체인 하나의 일자입니다. 일자는 일자 자신으로 있을 뿐αὐ τὸ …… ἔστιν(《엔네아데스》, VI 9, 6.20) 자기를 내어주지도 다른 것에 영향을 받지도 않습니다. 이 일자는 이 세상에 전혀 관심이 없습니다. 일자는 이 세상과 단절된 이데아의 세계에 그저 있을 뿐 우리는 그에 대해 알지도 못하며 볼 수도 가질 수도 다가갈 수도 없습니다. 그 일자는 우리와 전혀 다른 세계에 있는 창조되지도 창조하지도 않는 그저 있는 신비한 존재일 뿐입니다.

그러나 일자의 풍성한 생명력은 아래로 항상 흘러넘칩니다. 이
세상에 존재하는 모든 것들은 이 일자의 넘치는 생명력에 의해서
유출된 것입니다. 다시 말해 "모든 존재하는 것은 이 일자에 의해
서 존재"합니다(《엔네아데스》, VI 9, 1.2). 플로티노스는 이 일자를 단
순히 존재하는 어떤 것ὄν이거나 실체οὐσία로서가 아니라 동사의
원형τὸ εἶναι으로 표기하며 모든 존재하는 것들의 존재로 말합니
다. 그런 의미에서 플로티노스에게 존재한다는 것은 단순히 있음
의 차원이 아니라 생명력 또는 활동력을 뜻합니다. 그렇기에 창
조되지도 창조하지도 않는 일자가 어떻게 모든 존재의 근원이 될
수 있는가를 플로티노스는 이 넘치는 생명력의 차고 넘침으로 이
야기하며 두 번째 특징인 '유출'을 설명합니다.

2. 위에서 아래로 흘러내리는 유출

창조되지도 창조하지도 않는 일자에 대한 플로티노스의 독특한
해석은 세상 만물이 존재하게 된 원인에 대한 설명을 따로 요구
합니다. 플로티노스는 이에 대해 세상 만물은 일자에 의한 창조
가 아니라 일자의 흘러넘치는 생명력에 의해 산출된 것이라고 해
명합니다. 세상 만물이 비록 일자의 의지로 창조된 것은 아니지
만 일자의 넘치는 생명력이 흘러넘친 유출로 산출된 것이라는 점
에서 일자는 세상 만물의 원인이자 근본 토대라는 것입니다. 마
치 빛이 자신은 변하지 않으면서 세상을 밝히고 그 밝음이 밖으
로 넘쳐 주변도 환해지듯이, 플로티노스는 일자의 완전성을 훼손
하지 않으면서도 만물의 근원을 일자에 근거 지우기 위해 완전한

일자의 풍성한 생명력이 흘러넘쳐 다양한 만물을 낳는다는 유출을 이야기하는 것입니다.

플로티노스의 이러한 해명은 창조하지 않는 일자와 이 세상에 존재하는 사물 사이에 커다란 긴극을 전제로 합니다. 일자의 완전성을 보장하기 위해서는 일자와 이 세상 산물 사이에 존재의 연속이 아닌 단절이 전제되어야 하는 것입니다. 또한 이 단절을 극복하기 위해서 그는 일자로부터 일방적으로 흘러넘치는 유출을 통해 창조하지는 않았지만 모든 것의 토대라는 또 다른 목적을 충족시킵니다. 그리하여 유출은 완전한 일자로부터 일방적으로 흘러넘치는 산출 운동으로, 일자가 창조하지는 않지만 아래로 흘러넘친 생명력으로 일자와 유사한 정신nous을 낳습니다. 그리고 정신은 또다시 유출되면서 다양한 사물을 낳습니다. 다시 말해 일자는 제일 먼저 일자와 흡사한 정신을 산출하고 이 정신에 의해 개별적 인간 영혼이 산출되며 이 개별적 인간 영혼이 무無의 경계선까지 이어지면서 다양한 사물을 산출해가는 것입니다. 일자에서 가장 먼저 산출된 정신은 일자와 가장 가까이 있기에 가장 유사한 속성을 지닙니다. 그리고 점점 더 아래로 유출할수록, 그래서 일자와 멀어질수록 일자와는 다른 속성인 물질을 더하게 됩니다. 위에서 아래로 완전한 일자로부터 일방적으로 흘러넘치는 유출은 완전성과 전체성 그리고 순수성과 추상적 관념성의 차이에 따라 다양한 사물을 산출해갑니다. 즉 하나라는 일자에서 다양한 개별적 사물로, 전체에서 부분으로 분리되어나오는 생성 운동인 유출은 매 순간순간 흘러넘치며 새로운 산물을 산출해갑니다.

이때 일자에서 제일 먼저 산출된 정신은 사물을 낳은 구체적 시간과 공간의 경계를 갖지 않고 모든 개별적인 산물을 유출한다는 면에서 또 다른 특성인 개별적 사물의 특성을 갖습니다. 그러한 면에서 정신을 포함한 이 세상의 모든 사물은 정신이라는 관념과 물질의 결합체라 할 수 있습니다. 다만 일자에 의한 유출의 정도에 따라 존재를 달리할 뿐입니다. 정신적 관념이 물질을 입고 구체적이고 개별적인 사물을 산출해가는 플로티노스의 유출은 정신적인 높은 곳에서 물질의 낮은 단계로 흘러넘치며 있습니다. 모든 사물은 유출의 경로에 따라 정도와 차이가 있을 뿐 아래로 내려갈수록 점점 더 물질을 입으며 무에 이르기까지 다양한 사물을 낳는 것입니다. 이처럼 일자에 의해 유출된 정신 그리고 정신에 의해 연속적으로 유출되는 이 세상 모든 사물은 정신의 관념과 물질이 결합하면서 만물을 낳습니다. 정신이 원인이라면 물질은 결과물로 매 순간 모든 과정에서 다양한 산물이 산출됩니다. 산출된 사물은 바로 앞선 사물의 결과이자 다음 사물의 원인으로 이어져가며 존재의 질서를 이룹니다.

이처럼 위에서 아래로, 정신적인 것에서 물질적인 것으로, 보편적이고 추상적인 것에서 개별적이고 구체적인 것으로 일방적으로 이루어지는 플로티노스의 유출은 가역성이 불가하다는 면에서 유출 정도에 따른 존재의 위계질서를 이룹니다. 일자라는 완전한 존재로부터 거리가 멀어지면 멀어질수록 존재의 완전성이 감소하는, 그래서 결국에는 무에 이르는 존재의 위계질서를 플로티노스는 유출을 통해 확고히 하는 것으로 볼 수 있습니다.

3. 정신과 물질의 관계

그렇다면 플로티노스는 정신과 물질의 관계를 어떻게 이야기할까요? 일자에서 무에 이르기까지 위에서 아래로 만물을 생성해 가는 플로티노스의 유출은 제일 먼저 산출된 것이 정신이고 가장 나중에 산출된 것이 물질입니다. 정신이 제일 먼저 산출되었다는 면에서 일자와 가장 흡사한 관념이라 한다면 가장 나중에 산출된 물질은 무와의 경계선에 있는 관념이 가장 미미한 사물입니다. 일자와 흡사한 관념인 정신은 아무것도 창조하지 않는 일자와 달리 모든 산물을 낳는 사유하는 보편지성으로 세계의 토대를 이루는 이성 능력 일반인데 반해, 물질은 정신의 일정한 법칙, 즉 기계론적 질서로 이루어진 구체적 대상으로 곧 무화되는 사물일 뿐입니다.

세계의 영혼이라 할 수 있는 정신은 인간의 영혼을 유출하고 이 개별적 인간 영혼은 또 다양한 사물을 산출하며 결국에는 무의 경계선에 이릅니다. 이때 물질은 단순한 운동 법칙에 따라 감수성과 단순한 충돌과 소멸을 향해 움직이는 어둠의 세계인 무의 세계로 너무도 쉽게 사라집니다. 정신은 일자와 가장 가까이 있기에 일자와 가장 흡사하기는 하지만 아무것도 창조하지 않는 일자와 달리 다른 사물과 경계 없이 다양한 사물을 낳습니다. 일자와 무 사이에 있는 이 세상 모든 사물은 그러한 면에서 정신의 소산이라 할 수 있습니다. 달리 말하면 이 세상의 모든 사물에는 정신의 관념이 결합해 있는바 정신의 관념이 물질을 입고 구체적·개별적 사물이 되어갑니다. 그러한 면에서 정신이 사물을 낳는 원인으로서 관념이라면 물질은 그 결과물로 드러나는 형식이라 할 수 있습니다.

이 세상 모든 산물은 이처럼 정신과 사물의 결합입니다. 정신이 아래로 유출되어 물질을 입는 정도에 따라 다양한 산물이 생겨납니다. 이때 이전 사물이 다음 사물의 원인인 관념이라면 다음 사물은 이전 사물의 결과로 또 다른 물질을 입은 사물이 됩니다. 이처럼 다양한 사물은 유출의 정도에 따라 관념과 물질이 서로 반비례하여 결합하면서 존재의 질서를 이루어갑니다. 아래로 향할수록 물질이 더할수록 사물은 쉽게 무無화됩니다. 물질을 입은 모든 사물이 결국 무가 되는 까닭은 그 속성이 점점 더 물질을 입기 때문입니다. 무가 된다는 것은 사물이 정신의 관념으로부터 완전히 벗어나는 것, 그래서 아무런 정신적 관념이 없는 것입니다. 아무런 관념이 없다는 것은 무질서한 어둠으로 들어가는 것입니다.

사람도 정신과 물질의 결합이라는 면에서 예외일 수 없습니다. 그러나 정신과 물질로 이루어진 사람은 정신을 향하고자 하는 위로의 운동과 물질의 무게에 이끌리는 아래로의 운동 사이에서 무엇을 지향하느냐에 따라 다를 수 있습니다. 플로티노스는 아래로 사물을 산출하는 물질 운동과 위로 향하는 사유 운동, 즉 정신을 바라보는 비물질적인 것을 추구하는 영혼의 정신 활동에 대해 이야기하며 영원한 일자를 바라보는 정신의 활동을 아래로 향하는 자연적인 산출 운동보다 고귀한 일로 여깁니다. 그리고 이를 인간이 취해야 하는 바람직한 삶이라 말합니다. 플로티노스는 물질로 향하려는 하향운동에 대항하여 위로 향하는 인간 영혼의 활동을 인간 본성과 연결함으로써 무로 향하는 물질의 운동을 악으로 이야기하는가 하면, 영원한 존재인 일자에게로 향하는 정신의 운동을 선으로 이야기합니다. 그리고 이를 도덕으로 다시 기독교 구원론과 연결해갑니다.

4. 어둠인 악과 구원

플로티노스에 따르면 사람은 물질과 영혼의 결합으로 이 둘 사이에서 살아갑니다. 한편으로는 정신의 관념이 있기에 위로 향하고자 하지만 다른 한편으로는 물질로 이루어진 육체로 살기에 어쩔 수 없이 아래로 향합니다. 우리는 이 둘 사이에서 갈등하며 살아가는 존재로 위로 향하고자 하는 정신의 활동과 아래로 향하려는 물질의 본능적 욕구에 충실하려는 두 경향 사이에서 고뇌합니다. 이때 물질은 우리를 아래로 이끌어 결국은 무에 이르게 한다는 면에서 악이라면, 비물질적인 정신은 우리를 위로 향하게 하는바 일자의 완전함과 선함과 불변성을 바라보게 한다는 면에서 선이라고 합니다.

아래로 향하는 유출은 물질을 입고 개별적 존재가 되었다가 결국에는 무가 되지만, 위로 향하는 것은 정신의 활동에 이끌려 분리가 아닌 전체를 사유하는 일로 일자와 하나가 되고자 하는 일입니다. 다시 말해 아래로 향함은 물질을 입다가 무가 된다는 면에서 악이라면 위로 향함은 물질을 벗고 일자의 완전함과 불변함, 선함에 이르고자 하는 일로 선한 일입니다. 이는 고귀한 일로 우리를 살게 하는 구원의 길입니다. 그러므로 우리는 아래가 아닌 위로 향하는 정신 활동으로 무아의 경지에서 일자와 하나가 되기까지 애써야 하며, 바로 이것이 우리가 따라야 할 도덕적 삶이라고 플로티노스는 말합니다.

플로티노스에 따르면 일자에 대한 사랑으로 우리는 자기 정제와 정화를 하고 일자와 합일을 이루어갑니다. 정신은 우리가 어둠에 빠지지 않고 무에 함몰되지 않고 소멸하지 않도록 한다는 면에서 선합니다. 물질을 입고 사는 우리는 물질의 무게로 인하여 자연스레 아래로 이끌리지만 이에 대항하여 위로 향하려는 영혼의 활동을 위해 애써야 합니다. 물질의 무게를 이기고 불변하는 영원한 존재인 일자를 향하고자 하는 정신의 활동이야말로 우리가 죽지 않고 사는 구원의 길이라는 것입니다.

플로티노스는 매 순간 모든 과정에서 새로운 산물을 산출하는 생성운동을 물질과 정신의 결합이라는 면에서 에로스eros, erōs로 이야기하기도 합니다. 그러나 에로스는 정신적인 것을 사랑하는 필리아φιλία, philia가 될 필요가 있고, 또 이 필리아는 결국 일자와의 합일이라는 신에 대한 사랑, 아가페αγαπη, agapē에까지 나아가야 한다고 말합니다. 그리하여 우리가 무엇을 사랑해야 하는가 하는 문제에서 물질보다는 정신, 개별보다는 전체, 구체적인 것보다는 관념을 더 중요시합니다. 그리고 이에 근거하여 도덕을 세우고 나아가 구원이라는 종교적 문제로 연장해갑니다. 이처럼 플로티노스는 생성을 유출로, 구원은 이와 반대운동으로 설명합니다.

그런 의미에서 플로티노스에게서 악은 일차적으로 물질에 이끌리는 것, 다시 말해 물질화되는 것이라 할 수 있습니다. 물질은 완전한 일자로부터 가장 멀리 있다는 면에서 악에 가깝습니다. 그러나 정신이 일자가 아니듯 물질이 곧 악은 아닙니다. 유출의 가장 마지막 단계에 있는 물질은 정신의 관념이 부재하다는 면에서 일차적으로 악이라 할 수도 있지만 그렇다고 악은 아닙니다. 악은 물질 자체라기보다 이성적 질서의 부재로, 위로 향하는 이성적 활동과 달리 아래로 향하는 것, 물질을 구하는 것, 분리해나가는 것, 달리 말해서 지적인 활동을 하지 않는 것, 엄격하고 올바른 사유를 하지 않는 것, 그리고 이를 위해 애쓰지 않는 것, 이 모두와 관계가 있습니다.

플로티노스에게서 악은 일자의 충만한 생명력이 닿지 않는 유출의 맨 마지막 단계인 어둠, 즉 무의 다른 이름으로 무는 무 그 자체로는 존재할 수 없기에 악 또한 실체로 실재하는 것은 아닙니다. 존재하기 위해서는 일자의 생명력을 일정 부분 나누어 가져야 하지만 무는 말 그대로 무이기에 존재하는 것이 아닙니다. 정신의 관념을 하나도 갖지 않는 무는 정신의 활동을 하나도 하지 않는바 비이성적인 무질서, 즉 존재 질서의 부재를 의미합니다. 이처럼 일자와 무를 선과 악으로 대변하며 그 사이에 있는 다양한 존재들의 질서를 유출이라는 활동성과 연결해가는 플로티노스는 새로운 종교의 시대를 열어갑니다.

새로운 세상에 대한 열망인가 지배 이데올로기인가?

이 세상에 존재하는 모든 것에 대해 모순 없이 설명하기 위해 창조되지도 창조하지도 않는 '일자'와 일자에 의한 '유출'을 이야기하는 플로티노스는, 일자에서 무에 이르기까지 존재의 질서를 새롭게 공고히 하며 정신과 물질이라는 서로 다른 두 개념에 기대 선과 악을 논하고 이에 근거하여 새로운 도덕을 구합니다. 그리 고 위로 향하는 일자와의 합일과 아래로 향하는 물질의 산출, 무 無화라는 상반된 운동을 종교적 구원과 연결해 중세라는 새로운 종교 시대를 엽니다. 그렇다면 플로티노스의 이러한 사상은 새로 운 시대에 대한 열망일까요 아니면 점점 더 복잡해지고 확대되는 공동체를 위한 지배 이데올로기일까요?

플로티노스는 물질의 풍요에 젖은 도덕적 타락과 새로운 세계 에 대한 희구를 물질이 아닌 정신에서 구하려 했으며 개인보다는 공동체를 우선시했습니다. 그리고 그 공동체는 현실 세계를 넘 어 일자라는 우리를 초월한 신과의 합일을 통해 이루려 했습니다. 이를 위해 플로티노스는 사람을 물질이 아닌 정신에 근거하여 해 명합니다. 정신이 무엇인지 정의하고 물질의 세계와 다른 또 다 른 정신의 세계를 상정하여 이것이 어떻게 물질과 결합하여 사람 이 될 수 있는가를 설명합니다. 그리고 물질과 정신의 관계 안에 서 정신의 우월성과 정신의 선재先在에 대해 논하며 정신을 선으 로 물질을 이와 다른 것으로 보고 이에 근거해 세운 도덕에 따라 살아갈 것을 주장합니다.

플로티노스의 이러한 주장을 그가 살았던 당시 사회상과 견주 어본다면 한편으로는 물질적 타락에 따른 도덕적 요청이라 할 수 있지만, 다른 한편으로는 물적 토대 위에서 삶을 영위해가는 이 들과 그렇지 않은 대다수의 사람들 간의 이해가 서로 부합한 것 이라 말할 수도 있습니다. 즉 고된 노동에서 벗어나고자 하는 사 람들의 소망과 질서를 더욱 확고히 하고자 하는 사람들 간에 이해가 같았기 때문일 것입니다. 어찌 되었든 플로티노스 이후의 서양 세계가 종교라는 새로운 거대 공동체를 이루는 데 그의 사상이 지대한 공로를 한 것은 부인할 수 없습니다. 플로티노스 사상은 이후 아우구스티누스에게로 이어지며 중세를 지배해가기 때문입니다.

그러나 또 달리 생각하면 그의 사상은 물질을 얻기 위해 실질적인 노동에 헌신해야 했던 사람들과 달리, 이로부터 물러나 정신적인 일을 추구할 수 있었던 사람들 사이에 신분적 구별과 차별 그리고 제도를 점점 강화하고 공고히 하는 데 원인을 제공하기도 했습니다. 현실의 구체적 삶은 물질과 더불어 물질을 더하며 다양한 산물을 취하지만 사유한다는 것은 사물로부터 거리를 두고 살 수 있는 사람들, 즉 사물을 직접적으로 접하거나 취하지 않아도 되는 사람들이 가질 수 있는 보편적이고 전체적이며 관념적이고 추상적인 태도에 우선 가치를 두기 때문입니다.

그뿐만 아니라 플로티노스는 자신의 사상을 위에서 아래로 일방적으로 이루어지는 존재의 질서 안에서 공고히 해나가기 때문에 현실에서가 아니라 이전부터 그렇게 정해진 것으로, 다시 말해 본질상으로 이야기한다는 면에서 아예 다른 가능성을 차단합니다. 바로 이러한 면에서 그의 사상은 확대된 거대 공동체를 효율적으로 지배하기 위한 체계적 조직을 구축하는 지배 이데올로기라 할 수도 있습니다. 물론 이에 대한 평가는 매우 다양하고 서로 다를 수 있습니다. 하지만 분명한 것은 플로티노스에 의해서 점점 더 지배와 피지배가 공고해졌으며 종교라는 새로운 공동체가 출현하도록 믿음과 순종, 지배와 인내를 강제한 것은 사실입니다.

그의 이러한 사상, 특히 존재 질서에 의한 태도는 중세가 종교의 시대를 오랫동안 구축할 수 있었던 동력인 것만은 분명합니다. 도덕이 되었든 종교가 되었든 지배 이데올로기가 되었든 중세가 하나의 거대한 공동체로 운영될 수 있었던 바탕에는 플로티노스의 존재 질서에 근거한 사상이 있었습니다. 또한 이후 근대에서 푸코도 말했듯이 새로운 시민사회의 법치와 경찰, 보건소 그리고 학교를 이루는 토대로 작용한 것도 사실입니다.

그런데도 플로티노스의 사상이 지금 여기를 사는 우리에게 유의미한 점은 무엇일까요? 그것은 아마도 위에서 아래로 일방적으로 유출되는 것과 달리 위로 향하고자 하는 희구, 그 모순되는 이중성 안에서 살아가는 것이 삶이라는 플로티노스의 말이 아닐까 합니다. 비록 그가 위와 아래로 설명하기는 하지만 방향과 관계 없이 우리 삶에는 모순되는 이중성이 상존하기 때문은 아닐까요? 그래서 근·현대 철학자들이 모순, 무의식, 부정, 차이를 달리 논한 것은 아닐까요? 존재란 단지 있음이 아니라 무언가를 산출하는 것이라는 플로티노스의 말은 힘에로의 의지를 이야기하는 니체와는 무관할까요? 그렇다면 나와는? 점점 더 기계화되는 현대 과학기술 시대에서 '삶은 잃어버린 영혼을 깊은 근원에서 들어올리는 위대한 영혼의 숨결'이라는 플로티노스의 말이 예사롭게 들리지 않음은 왜일까요? 플로티노스의 이야기는 단지 오래된 과거 사람의 생각일 뿐일까요? 아니면 기독교와 관계된 이야기일 뿐일까요?

♦♦♦

더 읽어보면
좋은 책

조규홍,《플로티노스의 지혜》, 누멘, 2009.

플로티노스의 《엔네아데스》 3권 1(운명에 관하여), 7(영원과 시간에 관하여), 그리고 4권(영원의 불멸성에 대하여)을 중심으로 플로티노스의 지혜를 알기 쉽게 풀어 이해를 도모한 책이다.

플로티노스, 조규홍 옮김,《플로티노스의 엔네아데스 선집》, 누멘, 2019.

플로티노스의 《엔네아데스》에서 발췌한 책으로, 헤르더 R. Harder (독일어판 1956~1967)에 소개된 그리스 원문을 옮긴 것이다.

피에르 아도, 안수철 옮김,《플로티노스, 또는 시선의 단순성》, 탐구사, 2013.

플로티노스 철학에 대한 안내서로 프랑스 철학자 피레르 아도가 플로티노스에 대한 기존의 오해를 해명하면서 그의 철학의 핵심과 특징에 대해 기술한 책이다.

아우렐리우스 아우구스티누스, 존재하는 모든 것을 설명하고자 했던 철학자

김장생

아우렐리우스 아우구스티누스
Aurelius Augustinus(354~430)

아우렐리우스 아우구스티누스는 354년 오늘날 알제리의 수크아라스인 타가스테에서 태어나 이탈리아와 북아프리카에서 활동한 철학자이다. 그는 플라톤과 신플라톤주의 그리고 아리스토텔레스와 같은 고대 그리스철학과 그리스도교를 종합하여 중세의 세계관을 설계하였다. 그를 강단 철학자 혹은 학자로만 보기는 어렵다. 오히려 그는 다가오는 도전에 정면으로 맞선 사상적 투쟁가이자 구도자이며, 무너져 내리는 로마제국을 지키고자 했던 선생으로 볼 수 있다. 그의 사상 체계가 지적 논의이기에 앞서 삶의 궤적 속에서 등장한 다양한 철학적 도전을 응대하고 새로운 사회를 만드는 과정을 통해 형성되었기 때문이다.

그는 대단히 많은 책을 남겼는데, 주제별로 나누자면 지적 회의주의와 불가지론 비판을 다루는《아카데미주의자들을 반대하며》(386),《질서에 관하여》(386)이 있고 인간의 자유의지와 악의 문제를 다루며 선과 악이 공존하는 이원론적 세계관을 비판하는《자유의지론》(387),《참된 종교》(391),《인간의 본성과 은혜에 대하여》(415),《제2의 마니교를 반대하며》(399),《은총과 자유의지》(427) 등이 있다. 그가 다룬 또 다른 주제는 존재의 위계질서와 양태이다. 이를 설명하기 위하여 존재의 기원을 설명하는 창세기를 주해하는데 그의 주석에는 당대의 물리학, 천체학, 생물학을 동원한다. 이를 다룬 책들로는《영혼의 불멸에 관하여》(387),《마니교에 반대한 창세기 주해》(388),《문자로 본 창세기》(414),《삼위일체에 관하여》(419),《하나님의 도성》(427) 등이 있다.

좋은 삶과 나쁜 삶이란 무엇인가, 행복은 무엇인가, 왜 우리는 무엇인가를 지향해야만 하는가, 왜 선한 이들보다 악한 이들이 더 편안한 삶을 사는가와 같은 질문들을 우리는 평상시에 던지지 않습니다. 우리 삶에 위기가 닥치고 그 위기로 인해 기존의 질서들이 무너질 때 우리는 고민하기 시작합니다. 우리는 이러한 질문을 던지며 답을 찾고자 고민하는 사람을 철학자라 부릅니다. 누구라도 삶에 닥친 문제로 인해 좌절하지만, 쓰러져 있기만 하지 않고 딛고 일어서서 답을 찾고자 애쓰는 이들을 우리는 철학자라 부를 수 있습니다.

아우구스티누스라는 인물은 이러한 의미에서 철학자입니다. 그는 고대사회의 혼돈과 멸망을 지켜보았고 그 속에서 좌절했으나 좌절을 통해 새로운 질서와 이상을 꿈꾼 인물입니다. 그는 지중해와 북아프리카를 포함한 거대한 로마제국의 혼돈된 가치와 종교 그리고 문화와 정치체계를 하나의 일관된 질서로 통합하고자 했으며, 그의 노력은 1500년이 지난 오늘날까지도 강력한 영향을 미치고 있습니다. 아우구스티누스의 의견에 동의하건 그렇지 않건 오늘날 많은 이들이 그를 언급하고 재해석하며 비판하는 것은 이후 서구 사상가들의 사유의 뿌리를 그에게서 찾고 있기 때문입니다. 뿌리가 되었다는 것은 그의 사유 방식과 상상력의 넓이 그리고 개념들이 후세 철학자에게 철학적 원형이 되었음을 의미합니다. 이 글에서 아우구스티누스의 사유를 모두 담을 수는 없을 것입니다. 다만 그의 사상의 뿌리가 된 삶의 궤적과 그가 다루려고 한 주제 중 몇 가지를 살짝이나마 살펴보도록 하겠습니다.

여행자로서의 아우구스티누스

아우구스티누스는 지금은 수크아라스라 불리지만 과거에는 타가스테라 불렸던 알제리 소도시에서 354년 11월 13일 태어났습니다. 당시 그리스도교는 로마 국교였고 그의 어머니인 모니카는 독실한 신앙인이었지만 아버지인 파트리키우스는 출세를 지향하는 전형적인 소시민이었습니다. 한국도 그랬지만 농업을 근간으로 하는 전형적인 소도시의 평범한 가정환경에서 자란 소년이 사회적으로 성공할 방법은 교육밖에 없었습니다. 따라서 그의 부모님은 교육에 노력을 기울였습니다. 처음에는 마다우로스라는 튀니지 인근의 중소 도시에 학교를 보냈고, 후에는 형편이 안 됨에도 로마니아누스 같은 독지가의 도움을 받아 북아프리카 최대 도시 카르타고로 유학을 보내기도 했습니다. 대도시 카르타고에서의 교육은 그에게 많은 것을 남겼습니다. 오늘날도 마찬가지지만 많은 사람이 모여 살게 되면 서로 경쟁하고 우월함을 증명하기 위해 뛰어난 언변술을 갈고 닦아야 합니다. 또한 사람이 많을수록 분쟁이 생기기 쉽다는 것은 상상하기 어렵지 않습니다. 따라서 이곳에서 교육받은 이들은 법률가의 길을 걷는 경우가 많았습니다. 아우구스티누스도 법학과 이를 실현하기 위한 수사학에 관심이 많았고 공부를 게을리하지 않았습니다.

한편으로 그를 사로잡은 것은 당시 카르타고에서 유행하던 마니교였습니다. 그리스도교도였던 어머니의 영향으로 그리스도교에 관심을 두고 성서를 공부했지만, 법학과 수사학에 매료된 아우구스티누스에게 아프리카에서 번역된 성서는 엄밀해 보이지도 학술적이지도 않은 유치한 종교였습니다. 대신 그는 더 고상한 종교로 보이는 마니교에 매료됩니다. 그가 보기에 마니교는 우리 삶에서 일어나는 일을 대단히 분명하고 고상하게 설명했습니다. 마니교에 따르면 이 세계와 인간은 선과 악으로 나뉘어 있는데, 우리에게 일어나는 모든 악한 일은 우주적인 악의 세력과 인간의 몸으로 대표되는 악한 인간의 일부분이 우주적 선과 인간의 빛나는 혼을 압도하기에 일어나는 일이었습니다. 아우구스티누스는 당시에 이러한 마니교의 설명을 받아들이지만, 후에 그리스도교를 받아들이며 이를 반박하는 글을 많이 쓰게 됩니다.

다시 타가스테로 돌아온 아우구스티누스는 잠시 수사학 교사로 활동하지만 타가스테에 오래 머물지는 않았습니다. 이미 고등교육을 받은 그에게 타가스테는 너무 작은 동네였기 때문입니다. 대신 아우구스티누스는 카르타고로 돌아가 수사학을 가르치며 아리스토텔레스의 철학과 천문학, 의학, 지리학 등을 공부합니다. 카르타고 같은 대도시에는 다양한 로마제국의 문물과 서적, 종교와 철학이 많이 들어와 있었고 이를 통해 아우구스티누스는 자신의 철학적 입장을 세워나갑니다.

명성을 갈구했던 아우구스티누스는 결국 카르타고마저 자신에게 작다고 느낍니다. 카르타고는 북아프리카 최대 도시였지만 그에게는 로마라는 제국의 수도가 기다리고 있었으니까요. 결국 로마로 가는 배에 몸을 실은 아우구스티누스는 로마에 가서 수사학 교사로 일하게 됩니다. 하지만 그의 꿈대로 수사학으로 이름을 알리기도 쉽지 않았습니다. 학생들이 생각만큼 공부에 대한 열정도 없었고 오히려 그를 이용하기까지 했으니까요. 그때 마침

로마 시장인 심마쿠스가 그를 밀라노의 수사학 교수로 추천합니다. 이를 계기로 밀라노의 교수로 가게 되는데 그곳에서 아우구스티누스는 운명적인 만남을 갖게 됩니다. 바로 일생의 스승으로 여긴 암브로시우스 감독과 신플라톤주의를 알게 된 것입니다. 이 만남을 통하여 아우구스티누스는 자신의 철학의 두 기둥이 된 그리스도교와 플라톤주의를 받아들이게 됩니다.

밀라노에서 그리스도교로 회심하고 세례까지 받은 아우구스티누스는 고향인 타가스테로 돌아갑니다. 그리고 고향에서 가산家産을 팔아 기도와 명상 공동체를 꾸리게 됩니다. 이후 북쪽 도시 히포의 감독으로 부임하게 되자 자신의 공동체와 함께 히포로 가게 된 아우구스티누스는 히포에서 그리스도교 교회 지도자로서 많은 일을 겪게 됩니다. 당시만 해도 그리스도교는 오늘과 같이 제도화되고 체계가 갖추어진 종교가 아니었기 때문에 수많은 이론과 새로 생겨나는 종파 그리고 타 종교로부터의 도전이 있었습니다. 그는 암브로시우스로부터 배운 그리스도교 신앙을 플라톤주의를 통해 정교화·이론화하면서 그들과 논쟁하게 됩니다. 아우구스티누스는 몇 가지 중요한 논쟁을 통해 자신의 철학 체계를 만들어나가게 되는데, 그가 볼 때 그리스도교 교회에 가장 먼저 도전이 된 것은 도나투스파였습니다. 도나투스파는 교회가 박해받던 시기에 배교한 이들을 성스러운 교회로 다시 받아들여서는 안 된다고 주장하며 그들이 받은 세례도 무효라고 주장했습니다. 이들은 일종의 순혈주의 논쟁을 일으키며 그렇지 않은 교회와 신학을 정죄하고 난동을 부렸습니다. 이에 대해 아우구스티누스는 거룩함에 대한 정의를 다시 내리며 이들을 비판합니다. 완벽한 거룩함이란 하늘에서 이루어지는 것이고 이 땅의 거룩함은 '거룩함에 미치지 못하는 이들의 거룩함'이기에 이 땅에서 배교한 자들을 정죄할 수 없다는 것이 아우구스티누스의 입장입니다. 다만 그는 미완의 거룩함은 완벽한 거룩함을 향해 나아가야 한다고 주장합니다. 이러한 주장에는 이미 공적인 교회가 세워진 그리스도 교회의 분열을 막고 그리스도를 따르는 하나된 교회를 세우고자 했던 그의 의도가 담겨 있었습니다. 또 하나의 도전은 바로 펠라기우스파였습니다. 알려진 바대로 그리스도교는 인간을 죄인으로 보고 죄인인 인간의 구원은 인간이 아닌 신이 주는 선물이라고 봅니다. 그러나 펠라기우스라는 신학자는 인간을 죄에 속박된 존재가 아닌 자유의지를 지닌 자유인으로 보았습니다. 죄는 개인에게 주어진 것이 아닌 개개인의 자유의지로 개인이 행하는 것이라고 본 것입니다. 그러나 아우구스티누스는 인간의 보편적 자유의지보다는 보편적 죄가 더 크다고 비판합니다. 이러한 아우구스티누스의 비판은 무한한 신과 유한한 인간이라는 개념에서 출발하여 연역적으로 추론한 결과이기도 합니다. 신과 인간은 무한과 유한이라는 질적 차이가 있는데, 만일 인간이 구원을 받는 데 있어 자신의 힘과 자유의지만으로 가능하다면 신과 인간은 차이가 없어지게 됩니다. 따라서 그는 인간의 구원은 오직 신에게서 오며 그 이유는 인간의 자유의지는 유한한 것으로 이를 통해 무한을 가져오는 구원을 얻을 수 없기 때문이라고 말합니다.

히포의 목회자이자 신학자인 아우구스티누스는 410년에 커다란 재앙을 목도합니다. 그리스도교가 이미 제국의 종교가 되어 굳건하리라 믿었던 로마가 함락되고 만 것입니다. 신이 지켜주리라 믿었던 로마의 멸망은 많은 신자들에게 커다란 충격을 안겼습니다. 아우구스티누스 역시 이 사건을 그리스도교의 믿음 체계 안에서 변증해야만 했습니다. 신의 사랑을 받은 제국이 멸망했다는 것은 신이 존재하지 않거나 신이 제국을 사랑하지 않았기 때문이라고 추측할 충분한 이유가 될 수 있기 때문입니다. 이에 대해 그는 유명한 《신국론》이라는 책을 써 그리스도교 믿음 체계를 변증하고자 합니다. 신의 국가와 지상의 국가가 있는데 멸망한 것은 지상의 국가이지 신의 국가가 아니며, 지상의 국가가 망한 이유는 로마의 도덕과 가치의 타락 때문이라고 주장합니다. 노년의 아우구스티누스는 끝까지 히포의 도서관을 지켰고 교회에 대한 도전에 응대했지만 430년 마침내 열병으로 세상을 떠나게 됩니다.

존재의 법칙

현대 물리학계의 숙원은 모든 존재하는 것들의 제1법칙을 찾는 것입니다. 가장 작은 분자의 움직임으로부터 별과 은하의 운동을 꿰뚫는 하나의 법칙을 찾는다면 우주의 기원까지도 알아낼 수 있다고 믿기 때문입니다. 아우구스티누스는 이보다 한발 더 나아갔습니다. 그는 존재하는 것으로부터 선함과 악함 같은 가치까지 포함하는 거대한 대통일 법칙을 찾고자 했습니다. 존재하는 것 그리고 존재 그 자체에 대한 이론을 존재론이라고 하는데, 아우구스티누스는 존재론에 관한 책을 따로 쓰지는 않고 여러 저작에서 존재론에 대한 이론을 조금씩 소개합니다. 그의 존재론은 두 가지 기둥을 토대로 합니다. 하나는 그리스도교의 신, 즉 하나님이고 또 하나는 플라톤의 존재에 대한 이론입니다. 두 이론은 일견 아무런 관계가 없어 보입니다. 그러나 아우구스티누스는 플라톤의 철학이 회의주의를 극복하고 참된 진리를 향해 나아가는 나침판 역할을 할 수 있다고 믿었습니다. 또한 그리스도교 진리를 지키는 데 플라톤 철학은 더할 나위 없이 좋은 파트너가 될 수 있다고 보았습니다.

아우구스티누스는 플라톤의 철학책을 읽을 만큼 그리스어를 잘하지 못했습니다. 대신 그는 플라톤주의 철학을 받아들여 발전시킨 후대의 플라톤주의자들 즉, 신플라톤주의자들의 책을 읽고 이를 받아들입니다. 밀라노 시절 아우구스티누스 주변에 이미 플라톤 철학에 대해 잘 아는 그리스도교인들이 많았으므로 그가 플라톤 철학을 받아들이는 것이 이상해 보이지는 않습니다. 그의 관심사는 왜 존재는 무질서하지 않고 질서가 있는가였습니다. 다양한 사물들이 다양한 방식으로 존재하고 있지만 그 사물들 사이에 무엇인가 질서가 있기에 우주가 질서 정연하게 운동하고 하루 아침에 무너져 내리지 않는다고 보았습니다. 아우구스티누스는 이 질서는 이성적인 방식으로 작동한다고 보았습니다. 여기서 '이성적'이라 함은 라틴어의 '라티오ratio'인데 이는 수학적 비례나 원칙 그리고 누구도 어길 수 없는 법칙 등을 의미합니다. 즉 사물에는 사물이 존재하기 위해 따라야만 하는 법칙이 있다는 것입니다. 그는 이 법칙을 구체적으로 '형태', '한계' 그리고 '질서'라고 보았습니다. 앞의 형태와 한계는 사물의 내적 법칙이고 뒤의 질

서는 외적 법칙입니다. 손쉽게 찰흙으로 농구공을 만든다고 생각
해봅시다. 가장 먼저 생각할 것은 무한히 큰 농구공은 농구공이
라고 할 수 없다는 점입니다. 대단히 큰 농구공이 있을 수 있겠으
나 원형의 형태를 지니기 위해서는 농구공은 네모나 세모가 되고
자 하는 확장이 아닌 스스로의 '한계'가 있어야만 합니다. 한계가
있을 때 자연히 나타나게 되는 것이 바로 '형태'입니다. 한계 없
는 형태도 형태 없는 한계도 있을 수 없습니다. 모든 사물이 사
물로 존재할 수 있는 것은 바로 자신의 '한계'와 '형태'가 있기 때
문입니다. 농구공의 내적 속성을 채웠으니 이제 농구공의 위치를
정해야만 합니다. 농구대의 위치는 다른 사물들과의 관계를 의미
합니다. 농구선수, 농구대, 운동장 등과 농구공은 엄연히 다른 위
치와 규율이 있습니다. 이를 아우구스티누스는 '질서'라고 불렀습
니다. 다양한 서로 다른 사물들은 관계가 있을 수밖에 없고 이 관
계에 질서가 있다고 본 것입니다. 만일 질서가 없다면 모든 사물
은 서로 얽히고설키게 됩니다. 하지만 우리가 보는 세계는 무엇
인가 질서정연하게 정리되어 있고 이는 사물과 사물이 제각각 있
는 것이 아니라 특별한 관계의 방식을 가지고 있다는 것입니다.

이러한 존재하는 것들의 존재법칙은 누가 부여한 것일까요?
이 법칙 없이 사물은 존재할 수 없으므로 사물이 존재한다는 것
은 이 법칙을 부여한 누군가를 상상할 수밖에 없게 됩니다. 아우
구스티누스는 사물이 존재하고 그것들이 우연히도 질서정연하게
운동하고 관계 맺는다고 보는 것은 불가능하다고 생각했습니다.
거꾸로 질서가 있기에 사물은 존재하고 질서정연하게 관계한다
고 보았습니다. 태초에 질서를 부여한 이를 아우구스티누스는 그

리스도교의 신앙을 토대로 신이라고 단언합니다. 따라서 그는 존재법칙의 근원이 신이며 사물의 창조자인 신은 자신의 법칙에 따라 사물을 창조했다고 말했습니다. 여기서 그는 서양철학사에서 사유의 토대가 되는 개념을 말하는데 바로 초월자 신입니다. 초월이란 질적 차이를 의미합니다. 양적 차이는 양이 쌓이면 변화가 일어나 차이를 극복할 수 있지만, 질적 차이는 양적 변화가 아무리 많이 일어난다 한들 차이를 극복할 수 없습니다. 마찬가지로 신과 세계의 관계 또한 극복할 수 있는 성질의 것이 아닙니다. 사물은 한계, 형태, 질서를 통해서만 존재하지만 신은 무한하고 형태가 없으며 다른 존재와 관계를 맺지 않아도 된다고 그는 보았습니다. 물론 성서에서 기술하는 신은 이러한 초월자의 특징이 있지만 명시적이고 철학적으로 신의 초월성을 나타낸 전통은 아우구스티누스로부터 비롯된다고도 볼 수 있습니다.

아우구스티누스는 신이 부여한 질서는 수직적이라고 말합니다. 사물들이 수직적이라는 것은 우주에서 위아래로 상하 질서를 이루고 있다는 것인데 그는 수직인 이유를 존재의 선함과 아름다움의 차이로 설명합니다. 이는 달리 말해 사물의 존재 기틀이 된 법칙이 사물의 미와 선의 차이를 가져온다는 의미입니다. 그는 사물들 중 가장 아름답고 선한 존재로 창조된 것은 천사라고 보았습니다. 이는 천사에게 그에 맞는 형태와 한계를 부여했기 때문이며 다음으로 인간, 동물, 식물 그리고 광물에 각각 걸맞은 아름다움과 선함을 부여했다고 보았습니다. 신이 모든 사물의 근원이 된 존재의 법칙을 부여했기에 그 법칙을 따라 존재하게 된 모든 사물은 법칙의 제정자인 신의 선함과 아름다움 또한 지니게 된다고 본 것입니다. 면밀하게 살펴보면 이 말은 대단히 의미심장합니다. 이는 '존재함=선함과 아름다움', '선하지도 아름답지도 않은 것=존재할 수 없음'이라는 공식이 성립하기 때문입니다. 존재할 수 있다는 것은 이미 선하며 아름다우며 반대로 선하지도 아름답지도 않은 것은 존재할 수 없다는 의미입니다. 존재와 아름다움 그리고 선함의 삼각관계는 신이 세운 거룩한 법칙이고 따라서 이 세 가지가 제외된다는 것을 상상할 수 없다고 아우구스티누스는 말합니다.

그렇다면 우리가 선하지도 아름답지도 않다고 생각할 수 있는 것들은 왜 존재할까요? 왜 악한 인간이 우리를 괴롭히고 왜 악한 일이 우리 주변에서 일어날까요? 아우구스티누스는 이를 어떻게 설명할까요? 만일 악한 이가 존재한다면 그 사람은 신이 부여한 존재법칙을 벗어난 것은 아닐까요? 신의 법칙을 벗어난 존재가 존재할 수 있다면 그 악한 사람은 신보다 더 위대하거나 신이 없어도 존재할 수 있는 초월적 존재는 아닐까요? 아우구스티누스 또한 이러한 문제에 봉착합니다. 그리고 이 문제를 자유의지의 관점에서 풀어내려 합니다.

인간과 자유의지

아우구스티누스의 관심사는 인간존재에 대한 심오하고 철학적인 이론이 아니었습니다. 히포의 목회자로서 그는 인간의 아픔과 사랑 같은 구체적인 일상의 문제와 구원에 관심이 있었습니다. 인간은 왜 고통받는가? 인간은 무엇을 사랑하고 무엇을 사랑해야만 하는가? 인간은 어떻게 행복해질 수 있는가? 고통으로부터 인간은 어떻게 구원받을 수 있는가와 같은 질문을 했습니다. 그리고 여러 책에서 이 질문에 대답하기 위해 인간에 대한 본질적인 물음으로부터 출발을 합니다.

아우구스티누스는 인간을 육체적·지적·영적 피조물로 정의합니다. 육체는 몸을 의미하고 지적·영적 상태는 영혼을 의미합니다. 영혼과 육체는 구분되지만 서로 떨어져서는 안 됩니다. 인간은 영혼과 육체의 조화로운 결합이기 때문입니다. 그래서 그는 "영혼과 육체는 서로 다르지만, 그 어느 것 하나만으로 인간이라고 할 수 없다"라고 말합니다. 영혼과 육체는 여러 면에서 차이가 나는데 영혼은 공간의 구속을 받지 않고 지적이며 의지를 지닌 인간 생명의 근원이 되지만, 육체는 육적이고 스스로 살아 있을 수 없으며 능동적이지 못한 물질이라고 그는 보았습니다. 이것은 마치 하드웨어와 소프트웨어의 차이로도 볼 수 있는데, 하드웨어는 물질적이고 소프트웨어는 비물질적인 것으로 차이가 나지만 이 두 가지가 다 있어야 컴퓨터가 제 역할을 할 수 있는 것과 마찬가지입니다. 영혼과 육체는 모두 변할 수 있다고 그는 보았습니다. 그러나 변함의 조건은 다른데 육체는 시간과 공간에 따라 변하지만 영혼은 오직 시간이 지나면 변합니다. 아우구스티누스는 육체가 시간과 공간의 지배를 받는 것을 육체가 가진 세 가지 특징으로 설명하는데, 바로 '길이', '숫자' 그리고 '무게'입니다. 몸은 길이와 무게가 있고 눈은 두 개, 코는 한 개와 같은 숫자로 셀 수 있는데 이러한 것은 모두 공간 안에서 일어나는 일이고 시간이 지나면 부패하기 때문에 시간과 공간의 지배를 받는다고 보았습니다. 이에 반해 영혼은 길이, 숫자, 무게가 없어 공간의 지배를 받지 않지만 시간이 지나면 생각과 의지가 바뀌기 때문에 시간의 지배를 받는다고 말합니다. 이는 마치 소프트웨어가 시간이 지나면 버그가 생기는 것과 같습니다.

인간의 두 축인 영혼과 육체의 관계는 두 가지로 볼 수 있습니다. 첫째, 영혼은 육체에 생명을 부여하고 이를 유지합니다. 육체는 프로그램이 깔리지 않은 하드웨어처럼 스스로는 운용할 수 없는 물질 덩어리로 본 반면 영혼은 스스로 살아 있고 육체와 교감하며 육체를 살아 있게 도와주는 것입니다. 둘째, 육체는 세계를 감지하고 반응하지만 이를 판단하는 것은 영혼입니다. 인간의 신경과 뇌의 관계를 상상해보면 이해가 쉬워집니다. 시신경은 눈에 보이는 것을 전기신호로 뇌에 전달하는 역할만 하고 뇌는 전달된 전기신호로 사물이 무엇인지를 판단하는 역할을 하는 것과 마찬가지입니다. 이러한 역할 차이는 양자 간에 무엇이 더 탁월한지를 판별해주는 기준이 됩니다. 아우구스티누스는 영혼과 육체는 모두 피조된 것이지만 영혼이 육체보다 더 탁월하다고 말합니다. 영혼은 육체에 생명을 불어넣고 영혼 없이 육체는 그저 물질 덩어리에 불과하기 때문입니다. 따라서 "인간에게서 최고의 것은 영혼이다"라고 그는 말합니다. 이 영혼의 탁월함은 아우구스티누스에 따르면 자유, 자기 동일성, 초월성이라는 세 가지 특질 때문입니다. 이러한 특질들은 단순히 사물을 묘사하는 것이 아니라 그것이 얼마나 탁월한지를 보여주기도 합니다. '자유롭다'는 것은 타자가 아닌 스스로의 의지에 따른다는 것인데 이는 자유롭지 못한 것보다 더 아름답고 위대합니다. '초월성'은 앞서 설명한 존재하는 것들이 법칙에 따라 세계에서 자기 자리를 지키지만 영혼은 자신의 자리를 초월하여 더 높은 곳으로 나아간다는 의미입니다. 이는 그것 자체로 선하고 아름다운 일이라고 그는 보았습니다. 영혼의 '자기 동일성'은 영혼이 변하는 것들보다 더 탁월한 이유가 됩니다. 사물이 존재할 수 있는 것은 자기 동일성을 지니고 있기 때문인데 만일 자기 동일성이 없다면 연필은 순식간에 책상이 되고 책상은 갑자기 공책이 되어 연필, 책상, 공책 그 어느 것도 존재하는 것으로 볼 수 없게 될 것입니다. 따라서 자기 동일성을 지닌 것은 지니지 않은 것보다 더 분명히 존재하는 것으로 볼 수 있고 공간에 의해 동일성이 훼손되지 않는 영혼은 공간의 영향을 받는 육체보다 더 분명히 존재한다고 보았습니다. 하지만 영혼 또한 완전한 자기 동일성을 가지고 있지 않습니다. 그에게 완전한 자기 동일성은 오직 신만이 가지고 있습니다. 영혼의 자기 동일성과 비동일성은 자유와 초월성을 함께 고려해야만 하는 문제입니다.

아우구스티누스의 믿음에 따르면 신은 자유와 진리 그리고 아름다움과 선함의 근원이 됩니다. 신은 존재하는 모든 것이 선하고 아름다워지기를 바라고 있다고 그는 믿었습니다. 앞서 설명한 대로 신은 모든 존재하는 것을 법칙에 따라 창조했는데 자신의 자유와 선함 그리고 아름다움을 더 많이 빼닮은 것과 조금 닮은 사물들을 창조했습니다. 인간의 경우, 천사 다음으로 신의 특성을 빼닮았는데 그만큼 신의 자유함을 많이 닮았음을 의미합니다. 이는 광물이나 식물, 동물의 경우 주어진 조건 속에서 존재 방식을 따라 살아가고 있지만, 인간은 다른 결정을 할 수 있고 그 결정의 권한을 인간 스스로가 쥐고 있음을 의미합니다. 어떠한 결정도 인간은 스스로 내릴 수 있고 그 결정에 관한 결과도 인간이 책임을 진다는 것입니다. 아우구스티누스는 신이 보았을 때 자유함이 있는 것이 없는 것보다 더 아름다워 보인다고 말합니다. 시키는 대로만 움직이는 꼭두각시 같은 로봇보다 스스로 생각하고 결정하는 인간이 더 아름답다는 말입니다. 영혼은 자기 동일성을 지킬 수도 있지만 지키지 않을 수도 있습니다. 그 유연함은 바로 자신의 자유함에서 기인합니다. 인간은 세계에서 자신의 자리를 지킬 수도 있지만 다른 자리로 옮길 결정을 하게 되면 그 결정에 따라 움직일 수도 있습니다. 신의 선함을 좇아 신처럼 더욱 선해지고자 할 수도 있고 짐승처럼 될 수도 있는데 이는 바로 인간의 자유함 때문입니다.

여기서 아우구스티누스는 서양철학사에서 대단히 중요한 역할을 하는 선과 악의 개념을 소개합니다. 선과 악에 대한 가장 손쉬운 설명은 바로 선한 세력과 악한 세력 중 힘이 더 강한 쪽이 승리할 때 선이 되기도 악이 되기도 한다는 것입니다. 악한 행동을 하고 나서도 내가 한 것이 아니라 악한 영이 시켰다고 정당화할 수 있습니다. 그러나 아우구스티누스가 볼 때 우리가 선하다 혹은 악하다고 하는 것은 바로 자유함을 전제한 것입니다. 선택의 자유가 없는 상태에서 행한 행동을 우리는 선하다 혹은 악하다고 할 수 없습니다. 선함과 악함의 주체는 신도 우주도 선과 악의 세력도 아닌 바로 자유한 인간입니다. 인간이 판단의 기준이자 결정권자가 된 것입니다.

전능하고 선한 신과 악한 인간

자유의지에 근거한 선과 악 이론의 배경에는 아우구스티누스를 둘러싼 몇 가지 도전들이 있었습니다. 첫째는 선한 신과 악한 신이 선과 악의 기원이라고 주장하는 마니교의 이론입니다. 인간에게 일어나는 모든 선한 일과 악한 일이 신에게서 기원한다고 보는 이론은 많은 이들을 사로잡았습니다. 그러나 아우구스티누스는 몇 가지 점에서 이에 동의하기 어려웠습니다. 첫째, 그가 고백한 그리스도교의 신조에 어긋났습니다. 그리스도교에서는 하나님이 유일하고 전능한 신이기에 하나님과 대등한 다른 신은 상상할수 없었습니다. 만일 악한 신이 있고 그 신이 하나님의 뜻에 반하는 일을 한다면 이는 그리스도교의 신론에 부합할 수 없다고 보았습니다. 둘째, 이러한 이론은 정의롭지 않았습니다. 나의 악한 행위에 대한 책임이 내가 아니라 악한 신에게 있다면 어떠한 비도덕적 행위에 대한 책임도 그 원인이 된 신이 져야만 하기에 나의 악한 결정은 앞으로도 계속될 수 있습니다. 아우구스티누스에 대한 또 다른 도전은 바로 무신론적 도전이었습니다. 그리스도교의 신조에 따르면 신은 전능하고 선합니다. 그러나 문제는 우리가 경험하는바 현실은 대단히 암울하다는 것입니다. 전쟁으로 많은 이들이 고통받고 죽임을 당합니다. 아우구스티누스가 이교도라고 부른 어떤 이들은 그리스도교의 신조와 우리 현실이 불일치하는데 현실을 부정하는 것은 불가능하기에 그리스도교의 신조를 거부해야만 한다고 주장했습니다. 대단히 설득력 있어 보입니다. 만일 신이 무엇이든 할 수 있고 또한 이 세계의 모든 이들이 행복하기를 바란다면 우리에게 일어나는 이러한 악한 일은 일어나지 말았어야 했다고 그들은 말하는 것입니다.

이러한 도전에 대해 아우구스티누스의 응답은 아슬아슬한 줄타기를 합니다. 그는 한편으로는 신에 대한 그리스도교의 신조를 또 한편으로는 인간의 자유와 아름다움을 지키고자 했습니다. 신은 전능하기에 무엇이든 할 수 있지만 인간의 자유를 침해하는 것은 할 수 없습니다. 신이 인간의 자유를 침해하여 악한 행위를 하지 못하도록 막을 수도 있습니다. 하지만 만일 그렇게 되면 인간은 더 이상 자유롭지 않은 존재가 되며 아름다울 수도 선할 수도 없는 존재로 결국 신과 닮지 않은 존재가 돼버리고 맙니다. 신은 존재하는 모든 것의 근원이므로 신에 의거하지 않은 존재는 존재할 수 없습니다. 또 한편으로 신은 선함 그 자체이므로 신에 의거했다는 것은 모든 존재는 선함을 지녔고 선한 목적을 위해서만 존재함을 의미합니다. 거꾸로 말한다면 선함이 없는 것은 존재할 수 없습니다. 선함이 전혀 없이 오직 악함만을 위해 존재하는 악마와 같은 것은 아우구스티누스에 따르면 존재하지 않습니다. 만일 순수한 악이 존재한다면 그것은 사랑의 신이 존재하지 않거나 사랑의 신도 어쩔 수 없는 경우가 존재함을 의미하기에 그는 이를 받아들일 수 없었습니다. 따라서 악은 존재하지 않는다고 아우구스티누스는 과감히 말합니다.

하지만 아우구스티누스의 이론을 모두 받아들이면 또 다른 문제가 따라옵니다. 인간은 자유하여 선도 악도 가능한 존재인데 실상은 선할 때보다 악할 때가 더 많아 보인다는 것입니다. 신의 선한 목적을 위해 피조된 존재라고 하기에 인간은 너무나 악해 보입니다. 인간의 악한 선택을 아우구스티누스는 죄라고 부릅니다. 죄는 존재의 법칙에서 신을 향한 방향이 아니라 반대 방향을 선택하는 것입니다. 즉 더욱 선하고 아름다워지려는 선택이 아니라 덜 선하고 덜 아름다운 것을 선택하고 더 나아가 신이 존재의 근원이니 신의 반대 방향인 무無, 즉 아무것도 없음을 선택하는 것을 죄라고 본 것입니다. 그 무엇도 오로지 악을 위해 존재하는 것은 없으나 신의 반대 방향을 선택하려 하는 것은 죄라고 아우구스티누스는 말합니다. 악은 명사가 아니라 동사로 존재합니다. 그래서 그는 이렇게 말합니다. "죄는 사물들 자체에 있는 것이 아니라 잘못된 사용에 있다." 잘못 사용한 자유의지는 신의 존재법칙에 위배되고 이것은 나쁜 것이라고 그는 말합니다.

　신은 인간을 포함한 모든 것을 '없음'으로부터 창조했는데 이는 인간은 존재하고 있지만 존재하지 않았을 수도 있음을 의미합니다. 신이 창조하려는 의지가 없었다면 존재하지 않았을 인간이라는 말입니다. 어떻게 보면 인간의 기원은 신이기도 하지만 다르게 보면 '없음'이기도 합니다. 신은 스스로 존재하는 존재 자체이지만 인간은 아무것도 없음에서 신이 창조했기 때문입니다. 따라서 아우구스티누스는 인간은 '없음'으로 돌아가고자 하는 경향성이 있다고 말합니다. 이 과정을 그는 왜곡된 의지 → 욕망 → 습관 → 필연성으로 설명합니다. 자유의지는 더 높은 선이 아니라 더 낮은 선을 지닌 피조물을 선택하여 왜곡된다고 그는 보았습니다. 왜곡된 의지는 피조물을 사랑하게 되어 그에 대한 욕망을 갖고 이것이 지속되어 습관이 되며 결국 의지는 언제나 필연적으로 잘못된 선택을 한다고 그는 말합니다. 인간의 자유의지를 행사하는 영혼이 육체적 즐거움에 빠지는 경우가 이러한 경우입니다. 아우구스티누스는 육체는 육체대로의 선함과 아름다움을 영혼은 영혼대로의 선함과 아름다움을 지니지만, 영혼이 덜 탁월한 육체를 탐닉할 때 죄가 나타난다고 보았습니다. 존재의 법칙에 따라 영혼은 육체를 이끌어야 하지만 영혼이 육체에 빠졌을 때 반대로 육체는 영혼을 이끌어가게 되어 신의 법칙을 어기게 된다고 말합니다. 인간이 하는 선택의 악한 경향성을 그는 원죄라고 불렀습니다. 인간에게서 보편적으로 나타나는 죄성은 공간적일 뿐만 아니라 시간적이기도 합니다. 태초의 인간인 아담으로부터 오늘날에 이르기까지 인간은 죄를 지었는데, 그 죄는 순간적이고 우연한 사건이 아니라 인간의 한계에서 비롯된 근원적이고 근본적인 것이고 결국 마치 인간의 몸이 유전되듯 죄 또한 유전된다고 그는 생각했습니다. 따라서 아우구스티누스는 인간의 자유의지는 완벽하게 자유하지는 않다고 보았습니다. 개개의 영혼은 자신이 비롯된 없음으로 돌아가고자 하며 또한 거대한 인간사의 흐름에서 인간은 집단적으로 죄를 짓는다고 보았습니다. 이는 성서에서 "한 사람(아담)으로 인하여 죄가 세상에 들어오고 모든 사람이 죄를 지었다"라고 말한 바울의 신학을 반영한 결과이기도 합니다.

이러한 아우구스티누스의 죄 이해에 대하여 반대편에 섰던 이가 펠라기우스였습니다. 그는 보편적인 죄를 인정하지 않았습니다. 개개의 인간은 자신의 자유의지로 선택할 뿐이라는 것입니다. 펠라기우스는 만일 보편적인 죄를 받아들이게 되면 인간은 대단히 무기력한 존재가 돼버리고 자유의지 또한 자유롭지 않게 된다고 아우구스티누스를 비판합니다. 만일 자유롭지 않은 자유의지를 가진 인간이라면 자유의지가 타락해 언제나 악한 선택을 하게 되는 존재라면 근본적인 인간존재에 대한 문제를 제기할 수밖에 없다고 그는 말합니다. 바로 인간이 신의 본성인 선과 자유를 벗어난 존재가 되어버리고 마는 것입니다. 이러한 펠라기우스의 비판은 설득력이 있었고 아우구스티누스 또한 오랜 시간 고심을 하게 되었습니다.

펠라기우스주의자들의 주장을 아우구스티누스는 단순히 죄의 문제만으로 보지 않았습니다. 그는 신의 은총과 자유의지라는 양날을 통해 펠라기우스의 주장을 반박합니다. 그리스도교에서 은총은 신의 선함이 피조 세계에 나타나는 적극적인 방식입니다. 신은 선 그 자체인데 이는 신은 본질적으로 세계의 모든 존재들이 선해지기를 바라며 그렇지 않은 경우 그냥 보지 않고 적극적으로 모든 존재를 선의 세계로 인도하려 한다는 것을 의미합니다. 그렇다면 자유의지는 무슨 소용이 있을까요? 신이 인간을 선으로 인도하고자 한다면 인간의 역할은 있을까요? 은총은 어떻게 자유의지와 양립할 수 있을까요? 아우구스티누스는 다시금 아슬아슬한 외줄타기를 시도합니다. 그는 신의 은총도 인간의 자유의지도 포기할 수 없었습니다. 둘 중 하나라도 무너지면 그리스도교의 신론과 인간론 모두 무너진다고 보았습니다. 그는 신의 은총은 모든 피조물에 비가 오듯 내리지만 은총을 동의하고 받아들이는 것은 인간의 자유의지라고 보았습니다. 은총만으로 그리고 자유의지만으로 인간은 선으로 인도되지 않으며, 신의 은총이 동기가 되지만 이를 완성하는 것은 인간의 자유의지라고 보았습니다. 따라서 그는 《영과 문자》라는 책에서 이렇게 말합니다. "인간의 의지는 올바른 것을 행하지만 이것은 자유의지나 가르침뿐만이 아니라 거룩한 영을 받아들일 때이다." 펠라기우스 또한 신의 은총이 죄사함을 위해 필요하다고 생각했습니다. 자유의지의 선택으로 인한 것이지만 그 결과인 죄를 인간은 스스로 책임질 수 없으며 신의 도우심이 있어야만 가능하다는 것입니다. 그러나 아우구스티누스는 이것만으로 충분하지 않다고 보았습니다. 펠라기우스의 이론에 따르면 신의 은총은 오직 죄라는 행위 뒤에 필요합니다. 자유의지는 중립의 상태에 있어 선으로도 죄로도 가능하기에 은총 없이도 선한 행위가 가능할 수 있습니다. 아우구스티누스는 이를 받아들일 수 없었습니다. 은총은 선이자 존재의 빛이라고 보았기 때문입니다. 은총 없이는 그 어떠한 선도 있을 수 없으며 자유의지가 스스로 선을 선택하는 것도 어렵다고 보았습니다. 그러나 은총이 임하는 것은 인간을 수동적으로 자유의지를 꺾는 방식이 아니었습니다. 인간이 은총을 받아들일 때 비로소 선은 이루어진다고 보았던 것입니다.

◆◆◆

더 읽어보면
좋은 책

아우구스티누스, 선한용 옮김, 《고백록》, 대한기독교서회, 2009.

아우구스티누스의 생애와 사상이 가장 잘 집약된 책이라고 할 수
있다. 삶과 사상을 분리할 수 없는 신학자 아우구스티누스의 어린
시절부터 신학자가 될 때까지의 과정을 가감 없이 드러내는 《고백
록》은 가장 훌륭한 아우구스티누스 입문서라 할 수 있다. 그는 이
책에서 삶을 겸허하게 돌아보며 자신의 삶을 이끌어온 신학적 고
민을 독자들에게 풀어놓는다. 10장 이후에는 그의 유명한 시간론
이 등장하는데, 독자들은 이 장을 주의 깊게 읽을 필요가 있다.

선한용, 《시간과 영원》, 대한기독교서회, 1998.

서양철학사에서 아우구스티누스의 가장 큰 공헌 중 하나는 바로
시간론에 있다. 이 책은 아우구스티누스의 시간론을 핵심 주제로
하지만 악의 문제, 존재, 행복, 성육, 신의 사랑, 은혜와 같은 주
제를 함께 다룬다. 이 책의 장점은 현대 사상가들에게 미친 아우
구스티누스의 사상사적 영향을 주제별로 보여주어 과거가 아닌 오
늘의 사상적 의미를 우리에게 친절히 알려준다는 점이다.

◆◆◆

에티엔느 질송, 김태규 옮김, 《아우구스티누스 사상의 이해》, 성균관
대학교출판부, 2010.

아우구스티누스 연구의 가장 큰 장애는 아이러니하게도 그의 방
대한 저작에 있다. 이 때문에 연구자들 가운데 그의 저작들을 모
두 이해하여 풀어낼 수 있는 이는 극히 드물다. 많은 연구서들이
아우구스티누스의 일부 책에서 나타난 특징을 다루는 반면, 질송
의 책은 마치 아우구스티누스 사상의 색인과도 같다. 이 책이 아
우구스티누스의 거의 모든 책을 주제별로 다루고 있다는 말이다.
아우구스티누스 연구사에서도 중요한 질송의 이 역작으로 말미암
아 사람들은 중세철학사에서 아우구스티누스의 위치를 다시금 확
인할 수 있게 되었다. 이 책은 지성과 신앙, 지혜, 도덕, 창조, 시
간의 문제와 같은 아우구스티누스 철학의 주요한 개념들을 그의
사상사 속에서 체계적으로 다루고 있다.

최후의 로마인,
최초의 스콜라철학자
보에티우스

—

이세운

아니키우스 만리우스 세베리누스 보에티우스
Anicius Manlius Severinu Boëthius(470?~526?)

아니키우스 보에티우스는 475년에서 477년 사이에 태어난 것으로 알려져 있다. 콘술을 지냈던 아비지가 죽은 후 유력 가문 중 하나인 심마쿠스 가문으로 입양되었으며 심마쿠스의 딸과 결혼했다. 장인으로부터 영향을 크게 받았던 보에티우스는 젊은 시절부터 로마에서 지냈으며 510년에 콘술을 지낸 후 로마장관직을 역임하기도 했다. 두 아들이 함께 콘술이 되었던 522년에 라벤나에서 행정관장을 맡아 본격적으로 정치 행보를 시작했지만 역모에 가담했다는 모함을 받아 파비아에 유배되었다. 유배 기간이나 처형된 시기는 확실하지는 않으며 아마도 524년에서 526년 사이일 것으로 추측한다.

그가 남긴 작품을 크게 분류하자면 4학(산술, 기하, 천문, 음악)과 논리학, 신학과 관련된 작품들 그리고《철학의 위안》을 들 수 있다. 4학을 다룬 작품 가운데 온전히 남아 있는 것은《산술에 대하여》뿐이며《음악적 원리에 대하여》가 일부 남아 있다. 논리학과 관련해서는 주로 주석가 역할을 맡았다. 포르피리오스의《이사고게》, 아리스토텔레스의《범주론》,《명제론》주석을 썼으며, 키케로의《토피카》에 대한 주석도 남긴 바 있다. 신학에 관한 저작으로는 다섯 편이 묶인《신에 관한 소품들》이 있다. 무엇보다도 보에티우스의 이름을 후세에 널리 알린 작품은《철학의 위안》이다. 이 책은 중세철학에 큰 영향을 미쳤을 뿐만 아니라 르네상스에 이르기까지 상당히 중요한 작품으로 평가받는다. 이탈리아 인문주의자인 로렌초 발라는 그를 최후의 로마인, 최초의 스콜라 철학자로 부르기도 했다.

보에티우스는 중세철학의 한 꼭지를 차지할 만한 철학자는 아닌 것으로 여겨집니다. 무엇보다 스스로 라틴어가 모국어인 로마인이라고 생각했고 그가 받은 교육이 중세보다는 고대 후기에 속하는 방식이었으며 그리스어에 능통해서 플라톤과 아리스토텔레스 같은 사상가들의 계승자 역할을 했기 때문입니다. 게다가 서양에서 꽤 중요한 철학자이긴 하지만 플라톤이나 아리스토텔레스 같은 무게 있는 철학자는 아닙니다. 당장 아우구스티누스와 아퀴나스는 알아도 보에티우스는 모른다는 사람들이 있으니까요. 무엇보다 보에티우스로부터 오늘날 어떤 의미 있는 것을 찾아내기가 쉽지 않다는 것이 가장 주요한 이유입니다. 또 다른 이유는 그의 저술에서 찾을 수 있는데 음악과 수학에 관한 저술로 시작한 그의 활동이 주로 다른 사상가의 주석서를 쓰는 전달자 역할만 담당한 것처럼 보이기 때문입니다. 보에티우스의 가장 유명한 저술 《철학의 위안》조차도 때로는 당시에 퍼진 신플라톤주의의 변주처럼 여겨질 정도였으니 그가 고유한 사상을 가진 철학자로 알려지지 않은 것이 새롭지는 않습니다.

하지만 이런 이유로 보에티우스는 철학사에서 그 누구보다도 중요한 인물일 수 있습니다. 지성사적으로 고대에서 중세로 넘어가는 시대를 서술하기 위해서는 고대철학을 변주하여 중세로 전달할 수 있는 사람이 반드시 필요하기 때문입니다. 익히 알려진 대로 아리스토텔레스 철학이 중세에 미친 영향은 말로 다 설명하기 힘들 정도로 크지만 분명 중간에 소실되었다가 12세기 이후에야 중세 역사에 등장합니다. 이 때문에 그 이전의 고전철학에 대해 누군가는 전달자 역할을 해야 했는데 그 누군가가 바로 보에티우스입니다. 그는 아리스토텔레스 철학을 단순히 외워서 전달하는 방식이 아닌 자신만의 방식으로 소화해 전달했습니다. 이런 점에서 플라톤과 아리스토텔레스의 작품을 모두 번역하려고 했고, 뒤에서 말하겠지만 그만큼 넓은 분야를 다룰 지저 능력을 갖추었던 보에티우스는 자신만의 해석이 담긴 작품을 통해 후대에 여러 사상을 전달했습니다. 그뿐만 아니라 최근에는《신에 관한 소품들Opuscula sacra》이나《철학의 위안》에서 드러나는 섬세한 논리 전개와 용어 정의 방식 등을 들어 그를 단순한 고전철학의 전달자가 아닌 철학에 대한 새로운 장르를 만들어낸 인물로 평가하는 학자도 생겨났습니다. 이 때문에 그 누구보다도 보에티우스는 중세철학을 시작하면서 반드시 한번쯤 짚고 넘어가야 하는 철학자로 보는 것이 당연해 보입니다.

보에티우스의 사상적 배경

그렇다면 보에티우스는 어떤 능력 혹은 배움이 있었기에 고대사상을 후대에 전달할 수 있었을까요? 그의 사상적 배경은 로마 전통에 대한 존중과 고대 그리스문화에 대한 지적 관심 그리고 기독교적 믿음이 혼합된 것이었습니다. 이러한 배경의 가장 좋은 모범이 바로 그의 장인 심마쿠스Symmachus입니다. 심마쿠스의 선조 가운데는 아우구스티누스 시절 기독교 교리에 저항한 귀족 이교도들을 이끈 원로원 의원이 있었습니다. 이 심마쿠스의 선조는 후손들에게 여전히 칭송받기는 했지만 후손들은 그것이 신실한 기독교인이 되는 것과는 별개의 문제라고 생각했습니다. 실제로 심마쿠스는 5세기 이교도 지식인 마크로비우스가 쓴 키케로의 《스키피오의 꿈》에 대한 주석서 필사본을 되살리는 데 참여하기도 했습니다. 당시 콘스탄티노플의 유명 문법학자 프리스키아누스는 그의 작품에 실린 헌사에서 심마쿠스를 문학의 선구자로 칭찬할 정도였습니다. 이러한 심마쿠스의 영향 아래에서 보에티우스는 라틴어 문학뿐만 아니라 그리스어를 제2의 모국어처럼 배웠는데 이는 로마 귀족 가문에서는 일반적인 일이었습니다.

이러한 교육을 통해 보에티우스는 사상과 저술에 있어서 네 가지 주요한 전통을 습득했습니다. 바로 그리스의 신플라톤주의, 로마의 철학적 저술, 그리스의 기독교 문학 그리고 로마의 교부에 관한 것입니다. 이 중 그리스의 신플라톤주의는 보에티우스에게 무엇보다 중요한 것으로 그는 신플라톤주의에 정통한 지식인이었습니다. 보에티우스는 플로티노스나 포르피리오스, 프로클로스Proclus의 작품들을 접하는 동시에 당대 그리스 신플라톤주의에도 심취했던 것으로 보입니다. 카시오도루스의 언급에 따르면 그는 멀리 떨어져 있기는 했지만 아테네의 학교들로부터 큰 영향을 받았다고 합니다. 물론 실제로 거기서 공부하지는 않았지만 말입니다.

풍성한 그리스 전통과 비교해보면 로마철학은 사상과 논리의 측면에서 보에티우스에게 직접적인 영향을 끼치지는 못했습니다. 하지만 로마철학 저작을 접한 것은 보에티우스에게 상당히 중요한 일이었습니다. 저자로서 혹은 번역자로서 자리매김할 수 있는 바탕을 마련해주었기 때문입니다. 그는 그리스에 바탕을 둔 철학을 라틴어로 옮기는 행위를 공적인 삶과 연계시킨 키케로를 잘 알고 있었으며, 토포스와 관련된 저작에서 키케로를 중요한 저자로 여겼습니다. 이런 이유로 보에티우스는 콘술consul♦ 역할을 수행하는 공적인 삶을 살면서도 그리스철학 번역이라는 이론적 영역을 동시에 해야 한다고 생각했을 것입니다. 생각해보면 수사학이 아니었다면 자기 영역을 주장할 수 없었을지도 모를 키케로와 《철학의 위안》이 아니었다면 우리가 이름을 쉽게 알지 못했을지도 모를 보에티우스의 모습이 겹쳐지는 것은 결코 우연이 아닙니다. 또한 5세기 기독교도이자 수사학자인 마르티아누스 카펠라의 《메르쿠리우스와 철학의 결혼에 관하여》라는 저작은 《철학의 위안》의 형태를 잡는 데 큰 영향을 끼치기도 했습니다. 보에티우스는 로마 문법학자이자 철학자인 마리우스 빅토리누스를 종종 언급하기도 했습니다. 마리우스 빅토리누스는 355년경에 기독교로 개종한 이교도로, 그의 철학적 관심사는 매우 넓어서 개종 이후 여러 신학저작들을 썼고 지금은 소실된 플로티노스의 저작을 번역하기도 했습니다. 보에티우스는 원래 빅토리누스의 철학적 역량을 그다지 높이 평가하지 않았지만 자신의 작품을 저술할 때는 많은 부분 영향을 받은 것으로 보입니다. 또한 논리학과 수사학에도 관심이 많아 포르피리오스의 《이사고게Isagoge》나 키케로의 《토피카Topica》《발견론De inventione》에 대한 주석서를 저술하였으며 지금까지도 중요한 참고문헌으로 여겨지고 있습니다.

♦ 콘술
흔히 집정관이라고 번역하지만 로마시대에도 콘술의 역할이 시대에 따라 바뀌기 때문에 집정관이라는 번역어를 쓰지 않았다.

보에티우스가 살던 당시에는 라틴어 신학문헌이 꽤 많은 편이 었습니다. 그가 모두 읽었는지는 분명하지 않지만 적어도 가장 유명한 로마 교부 아우구스티누스의 작품에 관해서는 잘 알고 있 었던 것으로 보입니다. 하지만 그리스 쪽 기독교인들에게서는 사 상적으로 영향을 거의 받지 않았습니다.

추방과 구금의 삶

철학자들을 살펴보면 그 사람의 삶이 사상에 영향을 크게 끼친 경우가 많이 있습니다. 보에티우스는 그중에서도 특히 자신의 사 상을 구축하는 데 삶의 영향을 크게 받은 인물입니다. 이 때문에 그의 철학을 이야기하기에 앞서 그의 삶에 대해 반드시 언급하고 넘어가도록 하겠습니다.

보에티우스는 475년에서 477년 사이에 태어난 것으로 알려져 있습니다. 그의 이름을 모두 표기하자면 아니키우스 만리우스 세 베리누스 보에티우스Anicius Manlius Severinus Boethius인데, 이를 보면 당시 상당히 유력한 아니키우스 가문 출신임을 알 수 있습니다. 보에티우스의 아버지는 콘술을 지내기도 했습니다. 아버지가 죽 은 후 역시 유력 가문 중 하나인 심마쿠스 가문으로 입양된 보에 티우스는 후에 심마쿠스의 딸 루스티키아나와 결혼하는데 이 심 마쿠스는 그의 삶에서 롤모델로 지대한 영향을 끼친 인물입니다.

보에티우스가 출생한 시기는 476년 8월 서로마의 마지막 황제 로물루스 아우구스툴루스가 용병대장 오도아케르의 손에 폐위당한 때와 맞물려 있습니다. 당시 황제의 폐위는 그저 상징적인 일에 불과했습니다. 이미 수십 년간 서로마는 이민족 군대에 의존하여 국가를 방어하던 상태였는데 용병대장 오도아케르가 자신의 병사들에게 땅을 지급해달라고 요청하자 서로마 황제가 이를 거절했고 이를 빌미로 오도아케르가 권력이 누구에게 있는지를 분명히 보여준 것일 뿐이었으니까요. 하지만 이러한 일련의 사태가 보에티우스 가문과 같은 귀족들에게 이제 이민족의 법에 따라야 한다는 의미는 아니었습니다. 395년 이후로 로마는 이미 동로마와 서로마로 갈라져 두 명의 황제가 있었고, 오도아케르가 서로마 황제를 폐위시켰다 해도 그는 이민족 병사들의 왕이었을 뿐 여전히 로마인들은 동로마 황제 제논의 통치 아래 로마의 법제도를 따르고 있었습니다.

하지만 제논은 오도아케르의 지위를 그마저도 인정하지 않겠다고 결정합니다. 아마도 동로마에서는 상당히 성가신 존재였던 테오도리쿠스♦와 그의 동고트 병사들을 이탈리아를 침공하도록 보낼 기회였기 때문으로 보입니다. 489년 테오도리쿠스는 이탈리아를 공격했고 4년 후에 오도아케르를 패퇴시켜 결국 죽음으로 몰아넣습니다. 이후 서로마의 어떤 이들은 테오도리쿠스를 동로마에서 독립한 서로마 황제처럼 이야기합니다. 그는 오도아케르와 마찬가지로 스스로 동고트의 왕이라 칭했으며 동고트의 법을 로마인들에게 강요하지 않았습니다. 게다가 테오도리쿠스는 아리

♦ 테오도리쿠스
동로마제국에 거주하던 동고트족의 지도자. 제논은 그를 로마의 콘술로 임명하여 이탈리아로 보냈다. 후일 그는 이탈리아에 동고트왕국을 건설하고 초대 왕이 되었다.

우스주의◆를 따르는 기독교인이었지만 가톨릭을 믿는 로마 기독교인들을 굳이 아리우스파로 개종시키려는 시도 역시 하지 않았습니다. 콘스탄티노플에서 교육받으며 로마의 지식인들을 동경한 테오도리쿠스는 보에티우스와 같은 귀족 가문의 독립성과 자유를 보존해주었고 이 같은 대우로 인해 귀족들은 사실상 수백 년간 누려온 것보다 더 나은 상황을 맞이하게 됩니다. 하지만 분명 긴장감은 여전히 팽배해 있었습니다. 테오도리쿠스와 동로마 황제 사이의 관계가 굉장히 불분명하고 미묘했기 때문입니다. 테오도리쿠스가 서로마를 통치할 무렵 서로마 교회는 아카키우스 분열◆이라는 사건으로 인해 동로마 교회와 분리되었습니다. 이 분열은 519년에 해소되지만 테오도리쿠스는 동로마 황제가 오도아케르에게 했던 것처럼 자신을 제거할 가능성을 무시할 수 없게 되고 이로 인해 서로마 교회를 지지하게 됩니다.

보에티우스 시절에 제국의 수도는 로마에서 약 320킬로미터 떨어진 이탈리아 북동부 도시 라벤나였습니다. 로마는 오랜 시절 전해온 방식 그대로 행정이나 관직이 유지되기는 했지만 권력은 오직 라벤나의 궁정 안에만 있었다고 봐야 합니다. 그러니 보에티우스 같은 귀족의 선택지는 두 가지뿐이었습니다. 도시 로마를

◆ **아리우스주의**

알렉산드리아 출신의 사제 아리우스에서 시작된 기독교 사상으로 성부, 성자, 성령 중에서 성부만이 참된 신이며 성자와 성령은 피조물이라는 가르침을 따른다.

◆ **아카키우스 분열**

콘스탄티노플의 총대주교인 아카키우스와 로마 교황 사이의 분쟁. 교리상의 차이에서 시작되었고 후일 해소되긴 했으나 결국 가톨릭과 그리스정교가 갈라서는 계기가 되었다. 484년에 시작해 519년에 끝났다.

주 생활무대로 개인적인 생활을 즐기거나 아니면 라벤나에서 정치에 몸담는 일을 하거나. 이는 테오도리쿠스가 로마 정치체제를 개편하지 않고 놔뒀기 때문에 가능한 일이었습니다. 보에티우스는 젊은 시절부터 로마에서 여가를 즐기는 편을 택했지만 그 생활이 나름대로 공적인 명예를 가져다주기도 합니다. 보에티우스는 510년에 콘술을 지냈고 그의 두 아들 역시 522년에 함께 콘술 자리를 차지하는데 이는 유례가 없는 일이었습니다. 콘술 임기를 마친 보에티우스는 로마장관직praefectus urbi을 지내기도 합니다. 그는 때때로 테오도리쿠스에게서 물시계와 해시계를 만들고 재정 남용을 조사하는 일과 같은 작은 임무를 부여받기도 했으며 종교 논쟁에도 참여한 것으로 보입니다. 하지만 무엇보다도 그가 가장 공들인 일은 저작과 번역이었습니다. 보에티우스가 다룬 학문의 범위는 대단히 넓습니다. 그는 4학(산술, 기하, 음악, 천문)과 관련된 수학 관련 저작에서부터 아리스토텔레스의 논리학, 신학 및 철학적인 주제까지 다루고 있습니다.

보에티우스는 두 아들이 함께 콘술이 된 522년에 삶의 방향을 조금 틀어 라벤나에서 행정관장magister officiorum을 맡아 본격적으로 정치가의 삶을 살게 됩니다. 그렇게 그는 테오도리쿠스에게 가장 중요한 인물이 되었으며 테오도리쿠스의 궁정에서 고트족의 왕과 다른 행정관들 사이에 중재자 역할을 맡습니다. 하지만 얼마 지나지 않아 보에티우스의 행운은 끝나고 몰락이 시작됩니다.《철학의 위안》에도 언급되듯이 부정을 용납하지 않고 약자를 돕는 그의 곧은 성품으로 말미암아 많은 사람들의 질시와 미움을 사게 된 것입니다.

하지만 보에티우스가 몰락의 길을 걷게 된 가장 중요한 사건은 퀴프리아누스가 원로원 의원 알비누스를 고소한 일이었습니다. 알비누스는 콘스탄티노플의 동로마 황제 유스티누스 1세를 지지하는 무리와 엮여 테오도리쿠스에 대한 반역죄로 고소를 당하게 됩니다. 보에티우스는 행정관장으로서 알비누스에 대한 판결을 내려야 하는 배심원단에 포함된 것으로 보이는데, 그는 알비누스를 변호하는 입장을 취했습니다. 이 때문에 그는 오히려 로마인의 자유를 열망하는 편지를 썼고 알비우스의 반역에 관련된 증거를 은폐하고 사악한 마술에 홀려 있다는 이유로 고소당하게 됩니다. 물론 이 모든 혐의는 거짓이었습니다. 만약 알비누스에 대한 고소가 잘못되면 모든 책임을 뒤집어쓰게 될 것을 두려워한 퀴프리아누스의 날조였습니다. 그러나 실제로 그렇지 않았다 해도 겉으로는 로마인들이 분명 동고트의 지배하에 있는 것으로 보였기 때문에 이러한 편지를 썼다는 것은 쉽게 넘어갈 수 있는 문제가 아니었습니다. 보에티우스는 알비누스와 관련된 일에서 자신이 원로원의 대변자이자 비호자라고 생각했지만 문제는 그 원로원이 보에티우스의 보호를 원치 않았다는 데 있었습니다. 결국 테오도리쿠스는 보에티우스를 유죄로 판결하고 그는 재산을 몰수당하고 유배와 사형 판결을 받게 됩니다. 사형이 집행된 정확한 날짜는 불분명합니다. 아마도 526년으로 보이지만 524년이나 525년이라는 주장도 있습니다. 하지만 그의 추방과 구금은 잘 알려져 있듯《철학의 위안》을 쓸 정도의 기간은 되었던 것으로 보입니다. 이후 그의 장인이었던 심마쿠스 역시 사형을 당하게 됩니다.

보에티우스가 갑작스럽게 몰락한 배경에는 테오도리쿠스의 상황이 나빠진 이유도 있었습니다. 새로운 동로마제국 황제 유스티누스 1세는 서로마 쪽 가톨릭교회들과 불화를 해소한 이후 자신의 영역에서 활동하던 아리우스파 기독교인들에 대한 불편함을 드러내기 시작했습니다. 그의 편이었던 교황 호르미스다스가 523년 8월 죽은 후 동로마에 호의적이던 교황 요한 1세가 그 자리를 차지했습니다. 또한 그 직전에 테오도리쿠스의 사위이자 계승자로 점찍어놓은 에우타리쿠스가 사망하면서 왕위계승이 불투명한 상황이었습니다. 따라서 보에티우스가 친동로마제국파 수장으로 여겨졌고 이 때문에 점차 불안정해진 왕과 고트족의 희생양이 되었다고 보는 편이 타당할 것입니다. 종교적 관점에서 가톨릭교도로서 아리우스파의 손에 숙청당했다고 볼 수도 있습니다. 실제로 중세에는 그를 기독교 순교자로 보기도 했으니까요.

무엇보다도 우리가 주목해야 할 점은 보에티우스가 저급한 권력 다툼의 희생양이었다는 사실입니다. 이는 부패에 대항했고 정치적 타협과는 전혀 어울리지 않던 그의 이상 추구 태도 때문입니다. 또한 그의 정치적 삶이 실현되던 공간인 원로원과 같은 전통적 로마의 제도가 사실은 이미 힘을 잃은 상황임을 인정하려 하지 않았기 때문이기도 할 것입니다.

보에티우스의 작품과 4학

보에티우스의 작품은 크게 네 가지로 분류할 수 있습니다. 첫 번째로는 그가 '4학'이라 불렀던 것에 속하는 수학과 관련한 주제를 다룬 작품이며, 두 번째로는 논리학과 수사학에 관련된 저작과 번역·주석서들입니다. 세 번째로는 그의 짧은 신학 저술 다섯 편 그리고 마지막으로《철학의 위안》이 있습니다.

보에티우스는 심마쿠스에게《산술에 대하여De arithmetica》를 헌정하는 편지에서 자신이 음악과 기하 그리고 천문에 대한 작품을 저술할 것처럼 기술하고 있습니다. 또한 카시오도루스가 쓴 편지에는 이러한 계획을 실행에 옮겼음을 보여주는 대목도 등장합니다. 산술, 음악, 기하, 천문은 이미 오래전부터 서로 밀접한 관련이 있는 학문입니다. 이들은 모두 수학적 주제들로, 산술은 수 자체를 다루고 음악은 화성에 있어서 산술적인 비율과 관련이 있어서 상대적인 수 개념을 다룹니다. 또한 기하는 움직이지 않는 부분에서의 크기를, 천문은 별들의 움직임을 기록한다는 측면에서 움직임과 관련된 크기를 다루고 있습니다.《산술에 대하여》에서 보에티우스는 원래 '네 갈래 길'이라는 의미로 사용하던 4학quadrivium이라는 용어를 네 가지 수학적 주제들 간의 연관성을 보여주기 위해 사용합니다. 이 모든 주제들은 인간을 감각으로부터 지성과 관련된 더 확실한 것으로 이끌기 때문에 보에티우스는 이것이 자신의 길이라고 생각했던 것으로 보입니다. 이처럼 4학이라고 생각한 주제를 다룬 저작 중 현재까지 온전히 남은 것은《산술에 대하여》가 유일하며《음악적 원리에 대하여De institutione musica》는 일부가 남아 있습니다. 또한 보에티우스 사후에 쓴 카시오도루스의 저작*에서는 보에티우스가 기하에 대해 에우클레이데스의 저작을 바탕으로 썼다고 언급합니다. 이를 통해 보에티우스가 기하에 대한 저술을 한 것도 분명해 보입니다.

보에티우스는 이처럼 4학의 연관성을 보여줌과 동시에 철학서의 번역과 주석에 관심을 두고 있었습니다. 이러한 관심은 가장 먼저 논리학과 관련된 주석으로부터 시작됩니다. 물론 보에티우스가 살던 시대가 논리학의 역사에서 중요한 시대는 아니었습니다. 또한 그가 굉장히 뛰어난 논리학자도 아니었던 것으로 보입니다. 그런데도 보에티우스를 논리학 전통에서 중요한 인물로 보는 이유는 그가 고대의 논리학자들과 중세의 논리학자들을 이어주는 역할을 했기 때문입니다. 500년경에 보에티우스는 신플라톤주의 학교에서 논리학 입문서로 사용하던 포르피리오스의 《이사고게》에 관해 대화 형식의 주석서를 저술합니다. 또한 510년경에 아리스토텔레스의 《범주론Categories》에 대한 주석과 번역을 하기도 합니다. 이 주석서는 초심자들을 위한 저술이었는데 이 주석을 쓰면서 두 번째 주석서를 좀 더 심도 있게 쓰려 했다고 합니다. 하지만 그가 두 번째 주석서를 실제로 썼는지는 불분명합니다. 또한 516년경에 그가 찾을 수 있는 모든 아리스토텔레스의 작품과 플라톤의 《대화편Dialogos》을 번역하고 주석서를 쓰기로 계획했지만 실제로는 아리스토텔레스의 모든 논리학 관련 작품을 번역했을 뿐 나머지 아리스토텔레스의 작품과 플라톤의 작품은 번역하지 않았습니다. 보에티우스는 원문에 충실한 번역자여서 《철학의 위안》에서 보여주는 것과 같은 라틴어 문체를 포기한 채로 거의 일대일 직역을 추구한 것으로 보입니다. 이 때문에 그

처음 읽는 중세철학

76

♦ 교육방법론

Institutiones divinarum et saecularium litterarum. 직역하자면 '신적, 세속적 학문들의 지침' 정도의 의미다.

의 번역 작품들은 상당히 거칠고 무거운 느낌을 주지만 내용상으로는 굉장히 정확했습니다. 한편 주석자로서 보에티우스는 논리학에 집중했습니다. 앞서 언급한 것처럼 《이사고게》를 비롯해 아리스토텔레스의 《범주론》, 《명제론》 주석을 썼으며 키케로의 《토피카》에 대한 주석도 남긴 바 있습니다. 또한 전해지지는 않으나 아리스토텔레스의 《토피카》와 《앞 분석론 Analytica priora》의 주석도 썼을 것이라는 추측이 대체적입니다. 만약 보에티우스가 정치적 몰락을 겪지 않고 좀 더 살았다면 우리에게 전해진 주석이나 번역이 훨씬 풍족했을 것임은 자명한 일입니다. 물론 더욱 당연하게도 아리스토텔레스가 귀환한 12세기 중반 이후로 논리학에서의 공헌은 거의 없다고 봐도 무방할 것입니다.

보에티우스의 신학에 관한 저작은 모두 다섯 편인데 언뜻 보기에 거의 연관성이 없어 보입니다. 보통 이 저작들을 묶어 《신에 관한 소품들》이라고 하는데, 이 중 4권은 기독교의 핵심 교리를 평이하게 보여주며 3권은 특별히 기독교 교리를 다루지 않고 《철학의 위안》과 같이 세련된 철학적 에세이를 담고 있습니다. 반면 1, 2, 5권은 기독교 교리의 관점에서 당시 논쟁과 관련된 난해한 부분들을 논리적으로 풀이해 다른 두 권과 서로 전혀 다른 글처럼 느껴집니다. 하지만 전체적으로 서로 잘 엮여 있으며 읽어나가다보면 보에티우스의 철학과 종교에 대한 태도를 잘 이해할 수 있도록 도와준다는 평가를 받고 있습니다.

《철학의 위안》, 인간과 행복한 삶을 묻다

보에티우스의 마지막 저작인 《철학의 위안》은 그의 작품 중 가장 널리 알려져 있으며 당연하세도 가장 쉽게 접근할 수 있습니다. 상당히 건조하고 기술적인 문체로 쓰인 논리학 저작들이나 기독교 교리의 애매한 부분을 분석한 《신에 관한 소품들》과는 다르게 《철학의 위안》은 인간을 중요한 주제로 삼아 시와 산문을 섞어 세련된 대화체로 다룬 작품입니다. 《철학의 위안》은 제목에서 보여주는 바와는 달리 여타의 철학 저술들이 택하는 논증들이 계속 연결되는 형식으로 이루어져 있지는 않습니다. 상당히 복합적으로 이루어진 이 작품은 오히려 서로 간에 항상 일치하지는 않는 논증들을 포함하고 있습니다. 이와 동시에 각각의 부분들이 합쳐졌을 때 단순히 그 합의 내용을 보여주는 것 이상으로 큰 함의를 지닌 작품으로 평가됩니다.

《철학의 위안》 안에는 여러 전통적인 형식이 있습니다. 위안 consolatio, 철학적 대화 그리고 이른바 메니포스 풍자문학이 그것입니다. 로마 전통에서 위안을 위한 작품들은 작가가 어떤 불행한 상황, 즉 가족이 죽었거나 노년에 이르렀을 때 그리고 자신이 죽게 되었거나 추방당했을 때와 같은 상황에서 나타나는 문학 장르였습니다. 《철학의 위안》 역시 2권과 3권은 이러한 장르에 맞아떨어지는 특징이 있습니다. 하지만 5권에 이르면 이 작품은 단순한 위안문학의 관습을 넘어 기술적으로 상당히 복잡한 논증 구조를 갖추게 됩니다. 이는 제목과도 잘 맞아떨어지는데 단순한 '위안'이 아니라 '철학의 위안'이기 때문에 나타나는 모습입니다. 게다가 저자가 스스로를 하나의 캐릭터로 드러내면서 위안하는 모습은 이전에는 없었던 형식이기도 합니다. 보통 위안 형식의 작품은 스스로에 대한 위안이 목적이더라도 다른 누군가에게 이야기하는 형식을 띠었기 때문입니다. 약간 다른 형식인 세네카의《어머니 헬비아께Ad Helviam matrem》라는 작품을 보면, 자신이 추방당했을 때 어머니 헬비아를 위안하는 작품을 쓰면서 세네카 스스로를 위안했음을 볼 수 있습니다. 이런 점을 볼 때 이 작품은 보에티우스의《철학의 위안》에 훌륭한 모범이 되었을 것이긴 하나 형식적인 복잡함에 있어서는 패턴이 약간 다릅니다. 대화의 상황을 볼 때 그가 다른 이를 통해 위안받는 모습을 그리긴 하지만《철학의 위안》은 위안하면서 결국 위안받는 것이 보에티우스 자신이기 때문입니다.

대화 형식에서 보자면 보에티우스는 아마도 여러 철학 작품들의 영향을 받았을 것으로 보입니다. 대표적인 작품이 플라톤의《대화편》입니다. 의인화된 철학은 마치 플라톤의《대화편》에서 소크라테스가 이야기하듯 논증을 전개해나가며, 보에티우스가 원래 알고 있었지만 잊어버린 철학적 진리를 소크라테스적 산파술을 통해 되새겨주고 있습니다. 또한 라틴어 작품으로는 키케로의 철학적 대화편을 모방하는 부분도 눈에 띕니다. 더 가깝게는 대화편 형태로 저술한 젊은 시절의 아우구스티누스 작품들도 찾아볼 수 있습니다.

그때 내가 말했다. "전적으로 플라톤에게 동의합니다. 당신은 이미 두 번이나 이것들을 내게 상기시키셨지요. 처음에는 육체가 기억을 더럽

혔기 때문이며, 다음으로는 내가 슬픔의 짐에 억눌림으로 인해 기억을 잃어버렸기 때문이었습니다." 그러자 그녀가 말했다. "만약 네가 이전에 인정한 것들을 다시 살펴본다면 네가 조금 전 모른다고 고백했던 바를 상기하는 것도 힘든 일은 아닐 것이다." "그것이 무엇입니까?" "세상이 어떤 지배자들에 의해 통치되는가 하는 것이다." "내가 나의 무지를 고백했던 것은 기억합니다. 허나 당신이 무엇을 말씀하시는지 이미 짐작은 됩니다만 더욱 명확하게 당신으로부터 듣고 싶습니다." "조금 전에 너는 이 세상이 신에 의해 다스려진다는 것은 의심할 수 없다고 생각했지"(《철학의 위안》, 3권 산문 12).

마지막으로 형식 면에서 《철학의 위안》의 독특한 점은 바로 메니포스 풍자문학의 형태를 띤다는 점입니다. 라틴어로 사투라 메니페아Satura Menippea라고 부르는 문학 장르인데 이 장르를 처음 시도한 것으로 알려진 메니포스는 기원전 3세기 작가로 생몰연대는 정확히 알려지지 않았습니다. 산문과 시가 섞여 있는 형태의 이 문학은 퀸틸리아누스에 따르면 바로Varro가 처음 소개했는데, 바로는 초기 저작들에서 사회적인 내용과 당시 인기 있던 견유학파 철학을 농담과 함께 조합한 메니포스의 작품을 개작하곤 했습니다. 다만 당시에도 산문과 시가 섞여 있다고 해서 모두 메니포스 풍자에 속하는 것은 아니었습니다. 《철학의 위안》은 이러한 메니포스 풍자문학의 형태를 빌려 철학이라는 학문을 의인화해 전체 논증을 진행하며 각 장에 등장하는 시들은 바로 앞의 산문 혹은 바로 뒤의 산문을 담는 방식으로 구성되어 있습니다.

"그런데 너는 《티마이오스》에서 나의 플라톤이 좋아하듯, 아주 작은 일에서도 신의 도움을 기원해야 한다면, 저 최고선의 자리를 찾을 자격을 갖추기 위해 지금 우리가 해야 할 일은 무엇이라 생각하느냐?" "모든 것들의 아버지를 불러와야 합니다. 그렇게 하지 않으면 어떤 시작도 제대로 만들어지지 않으니까요." "옳게 대답하였다." 이렇게 말하며 그녀는 노래하기 시작했다.

오 영원한 법칙으로 세상을 다스리시는 당신은,
땅과 하늘의 아버지이시며, 시간을 영원으로부터
나가라 명하시고 움직이지 않은 채로 모든 것들이 움직이게 만드시며
흐르는 재료들로 된 작품을 당신으로 하여금 만들게 하였던 것은
외부의 원인이 아니라, 당신 안에 자리 잡은
질투가 없는 최고선의 형상입니다. 당신은 모든 것들을
최고의 모범으로부터 가져오시며, 가장 아름다운 당신 자신이 아름다운
세상을 마음으로 그리며 비슷한 모상으로 빚어내시고
완벽한 세상을 완벽한 부분들이 마감하도록 명하십니다
(《철학의 위안》, 3권 산문 9, 시 9).

이러한 구성은 다시 말하자면 앞서 언급한 바와 같이 위안의 형식이나 철학적 대화의 형식만으로는 가질 수 없는 무언가를 이 작품이 담고 있다는 의미가 됩니다. 여기서 우리가 생각해볼 수 있는 점은 이것입니다. 철학은 분명 여러 가지 논증들로 보에티우스를 설득하며 그가 원래 알고 있었던 진리를 깨닫게 하는 역할을 합니다. 하지만 앞서도 언급했듯이 여타의 철학 저작들과는

다르게 전체적으로 하나의 논증이 있는 것이 아니라 서로 일치하지 않는 논증들까지도 포함하고 있다는 점에서 철학의 권위가 우리가 생각하는 것처럼 완전하지는 않다는 것을 보여주기 쉬운 장르가 바로 시와 산문이 섞인 메니포스 풍자문학의 형태라고 볼 수 있습니다.

이러한 장치를 가지고 《철학의 위안》은 행복한 삶이란 어떤 것인가에 대한 질문을 던집니다. 그리고 이것이 어떻게 좋은 삶과 연관되는지에 대해 운명과 섭리의 관계를 통해 접근합니다. 보에티우스는 특정한 의도를 갖지 않는 운명과 달리 신의 의도가 개입한 섭리가 세상의 질서를 지배한다고 말하면서 섭리는 운명을 통해서 악을 쫓아낼 수 있다고 말합니다.

왜냐하면 신의 작품의 모든 계획을 인간의 재주로 이해한다거나 인간의 말로 설명하는 것은 당치 않은 일이기 때문이다. 모든 자연의 창조주이신 신이 모든 것을 선을 위해 배정하고, 자신과 비슷하게 창조한 것들을 지키고자 하는 동안에 자신의 나라의 경계로부터 모든 악을 필연이라는 운명의 연결을 통해 쫓아낸다는 그 점만 이해한 것으로도 충분할 것이다. 따라서 네가 그것들을 배정하는 섭리를 본다면, 이 땅에 넘쳐난다고 생각되는 악은 어디에도 없다는 것을 알게 될 것이다《철학의 위안》, 4권 산문 6).

비록 운명과 섭리가 다른 방식으로 같은 것을 바라본다는 이야기를 하긴 하지만 4권과 5권의 내용을 살펴보면 운명은 섭리 안에 포섭되고 있음을 알 수 있습니다. 이는 고전철학이 중세로 넘어가는 과정에서 운명이 섭리에 포섭되는 모습으로 볼 수 있습니다. 스스로 로마인이라고 생각하지만 결국 중세에 걸쳐 있다고 생각할 수밖에 없는 이유는 이 때문이기도 합니다. 보에티우스는 이런 과정을 거치면서 운명이 만들어낸 결정론과 섭리 안에서의 자유의지가 결코 모순되지 않음을 설명하고 있습니다.

《철학의 위안》, 르네상스에까지 영향을 미치다

보에티우스의 다른 작품들 역시 후대에 끼친 영향이 상당히 큰 편이지만 그 가운데 가장 중요한 작품은 역시 《철학의 위안》입니다. 《철학의 위안》은 중세철학에 큰 영향을 미쳤을 뿐만 아니라 르네상스에 이르기까지 상당히 중요한 작품으로 평가되었습니다. 위대한 역사가 기번은 《로마제국쇠망사》에서 이 작품이 플라톤이나 키케로 못지않다고 평가하며 찬사를 보내기도 했습니다. 《철학의 위안》의 중요성은 번역을 보아도 쉽게 알 수 있습니다. 9세기 잉글랜드의 왕이었던 앨프레드 대왕은 이 작품을 고대 영어로 옮겼으며 10세기경 장크트갈렌의 노트커 3세Notker III는 고대 독일어로 번역하기도 했습니다. 하지만 《철학의 위안》의 번역에서 가장 중요한 시기는 중세 후기입니다. 전 세대를 통틀어 가장 위대한 번역가로 손꼽히는 장 드 묑Jean de Meun은 이 작품을 13세기 후반에 이미 중세 프랑스어로 옮겼고 제프리 초서Geoffrey Chaucer 역시 약 한 세기 정도 후에 중세 영어로 번역했습니다. 이와 더불어 이 작품을 모방하거나 개작하는 경우도 생겨났는데,

단테는《향연Convivio》에서 이 작품을 언급했으며《신곡》의 여러 곳에서 이 작품의 흔적을 찾을 수 있습니다. 또한 초서는《트로일러스와 크리세이드Troilus and Criseyde》같은 작품에서《철학의 위안》일부를 모방했습니다. 그뿐만 아니라 신학 분야에서도《철학의 위안》의 위상은 상당히 큰 편이었습니다. 일례로 토마스 아퀴나스Thomas Aquinas는 이 작품의 내용을 바탕으로《신학대전Summa theologiae》에서 최고선을 설명하며, 5권에서 제시되는 영원성의 정의는 신과 시간에 관한 중세 논의에서 거의 시작점으로 여겨지고 있습니다.

◆◆◆

더 읽어보면
좋은 책

보에티우스, 이세운 옮김, 《철학의 위안》, 필로소픽, 2014.

보에티우스의 저작 가운데 가장 널리 알려졌으며 가장 쉽게 접근할 수 있는 저작이다. 시와 산문을 섞어 세련된 대화체를 보여주는 《철학의 위안》은 여러 철학 작품들의 영향을 받았으며 그 영향을 오롯이 작품 안에 녹여내고 있어 완성도가 높다. 의인화된 철학은 마치 플라톤의 대화편에서 소크라테스가 이야기하듯 논증을 전개해 나가며, 라틴어로 된 작품으로는 키케로의 철학적 대화편들을 모방하는 부분도 눈에 띈다. 더 가깝게는 대화편 형태로 저술했던 젊은 시절의 아우구스티누스의 작품들을 찾아볼 수도 있을 것이다. 토마스 아퀴나스는 이 작품의 내용을 바탕으로 하여 《신학대전》에서 최고선을 설명하고 있으며, 5권에서 제시되는 영원성의 정의는 신과 시간에 관한 중세의 논의에서 시작점이 된다는 평가를 받는다.

플라톤, 김유석 옮김, 《티마이오스》, 아카넷, 2019.

보에티우스의 주요 저작인 《철학의 위안》에서 가장 중요한 부분인 3장의 세 번째와 아홉 번째 시에서는 전체 내용의 기초가 되는 신플라톤주의 철학의 핵심을 소개하고 있는데 플라톤의 《티마이오스》에서 그 내용을 가져온 것으로 알려져 있다. 이 책은 고대와 중세를 거쳐 문예부흥기까지 우주론의 표준적인 설명 모델을 제시한 책이다. 플라톤의 《국가》 편에서 다룬 이상적인 정체와 관련

된 내용, 아틀란티스 섬에 얽힌 전설 그리고 우주의 기원에서 인
간의 본성에 이르기까지를 다루고 있으며 라파엘로의 그림 〈아테
네 학당〉에서 플라톤이 왼쪽에 끼고 있는 책으로도 유명하다. 세
심한 번역어의 선택, 꼼꼼한 주석 그리고 상세한 해설까지, 돋보
이는 번역이 내용 이해에 큰 도움이 되는 책이다.

위-디오니시우스,
그리스도교 신비사상과
융합된 신플라톤주의 철학

—

서종원

위-디오니시우스
Pseudo-Dionysius(5세기~6세기)

위-디오니시우스는 5세기 말에서 6세기 초에 그리스어를 사용하는 동방 그리스도교 지역(아마도 시리아)에서 활동한 그리스도교 신플라톤주의자이다. 그는 신약성서 사도행전 17:34에 등장하는 사도 파울로스(바울)의 제자인 '디오니시우스 아레오파기타(아레오바고 법정의 판사인 디오누시오)'의 위명을 빌려 그리스도교 신비사상의 고전이 되는 위대한 작품들을 남겼다. '디오니시우스 총서' 또는 '아레오파기타 총서'라고 불리는 그의 작품집을 통해 《천상의 위계》, 《교회의 위계》 《하느님의 이름들》, 《신비신학》이라는 표제가 붙은 논고 4편과 서신 10편이 전해진다.

밀교적 난해성을 특징으로 하는 그의 사상은 스키토폴리스의 주교 요한(6세기 초)과 고백자 막시무스(7세기)의 주석에 힘입어 비잔틴 정통신학의 주류로 편입되었다. 디오니시우스 총서는 중세 서유럽에서 힐뒤앵(832)과 에리우게나(862)가 라틴어로 번역한 이후 근대에 이르기까지 십여 차례 재번역되고 주석될 정도로 지속적인 관심의 대상이 되었다. 그 결과 신플라톤주의에 입각한 '유출과 회귀'의 순환론 및 신의 속성에 대한 철학적 사변은 토마스 아퀴나스의 《신학대전》에 지대한 영향을 주었으며, 그 흔적은 니콜라우스 쿠자누스를 거쳐 독일 관념철학에서도 찾아볼 수 있다. 빛의 메타포를 통한 신적 계시의 해설은 고딕건축의 바탕이 되는 중세미학에 유의미한 족적을 남겼다. '부정의 방법'을 통하여 신에 대한 초월적 관상을 추구하는 신비사상의 메아리는 에크하르트를 필두로 한 중세 후기 신비가들과 후안 델라 크루스(십자가의 성 요한)로 대변되는 근세 초기 스페인 신비주의에서도 뚜렷이 감지된다.

신학의 가면인가? 철학의 옷인가?

이 장에서 다루는 위僞-디오니시우스처럼 서양의 고대나 중세에
는 다른 인물의 신원을 가장하여 글을 쓰는 경우가 적지 않았습
니다. 타인의 이름을 도용한 위작들은 대부분 원저자의 진짜 작
품보다 수준이 한참 떨어지게 마련이고 위작으로 밝혀진 뒤에는
세인의 관심으로부터 멀어지기에 십상입니다. 그러나 위-디오니
시우스의 경우는 이와 다른 특별한 사례에 속한다고 하겠습니다.
첫째로 그는 디오니시우스 아레오파기타Διονύσιος ὁ Ἀρεοπαγίτης라는
위명pseudonym을 아주 철저하고도 솜씨 있게 사용한 나머지 거의
1400년에 이르는 긴 시간 동안 의심의 눈초리를 피할 수 있었습
니다. 둘째로 그의 작품들은 위작임에도 불구하고 매우 탁월하고
심오한 내용을 담고 있어서 중세 서양의 종교와 사상뿐만 아니라
고딕양식으로 대표되는 건축예술에까지 커다란 영향을 주었습니
다. 끝으로 20세기에 들어와 그가 위명의 저자라는 사실이 분명
히 밝혀졌음에도 그의 작품에 관한 관심이 식기는커녕 최근까지
도 그의 신비사상은 크게 주목받고 있습니다. 한마디로 말해 서
양 역사에 등장했던 여러 위명의 저자 중에 위-디오니시우스야
말로 가장 성공적인 인물이라고 하겠습니다.

12세기의 천재적인 신학자 피에르 아벨라르Pierre Abélard나 르
네상스 시대에 활동한 로렌초 발라Lorenzo Valla와 같은 인문주의
자들이 이 총서의 저자에 대해 의문을 제기했지만 디오니시우
스 아레오파기타라는 가면은 쉽게 벗겨지지 않았습니다. 마침내
19세기 말에 이르러 후고 코흐Hugo Koch와 요제프 슈티글마이어

Joseph Stiglmayr라는 독일 학자가 각기 독자적으로 연구를 진행한 후에 이른바 디오니시우스 총서의 저자가 1세기에 살았던 신약성서 인물인 디오니시우스 아레오파기타일 수 없다는 결론에 도달하고 그 결과를 1895년에 발표하였습니다. 코흐와 슈티글마이어가 디오니시우스 총서의 실제 저자에 대해 이 같은 결론에 이르게 된 데는 다음과 같은 문헌상의 증거 때문이었습니다. 그들은 첫째로 《하느님의 이름들》의 4장에서 악의 문제를 논하는 대목이 5세기 아테네에서 활동한 신플라톤주의 철학자 프로클로스의 저술과 놀랍도록 일치한다는 점에 주목했습니다. 아울러 디오니시우스가 일반적으로 사용하는 용어들과 그의 작품 전체를 엮어가는 개념적인 틀이 프로클로스를 비롯한 후기 신플라톤주의 형이상학에 기초하고 있다고 보았습니다. 따라서 디오니시우스 총서의 저자는 프로클로스 학파의 영향을 받은 익명의 그리스도교 신플라톤주의자라고 여겨지며 5세기 말에서 6세기 초에 활동했을 것으로 추정됩니다.

이로써 위명의 가면은 벗겨지고 이후로 그는 위-디오니시우스Pseudo-Dionysius라는 꺼림칙한 이름으로 호명됩니다. 그러나 두 독일 학자들의 선구적 연구에도 불구하고 이 총서의 저자가 실제로 누구인지에 대해서는 구체적으로 알려진 바가 거의 없습니다. 그는 아직도 신비의 베일 속에 진짜 얼굴을 감춘 채 오로지 자신의 작품을 통해서 말하고 있을 따름입니다. 따라서 우리가 그에 대해 비교적 확실하게 말할 수 있는 내용도 그의 작품과 관련된 다음의 몇 가지 사항들뿐입니다. 첫째로 앞에서 언급했듯이 그가 총서를 저술한 시기가 이르면 5세기 말에서 늦어도 6세기 초를 넘지 않는다는 점입니다. 둘째로 작품이 처음 유포된 장소로 그리스어를 사용하는 지중해 동부지역, 구체적으로 말해서 안티오키아를 중심으로 한 서부 시리아를 꼽을 수 있습니다. 아울러 그가 남긴 글들을 읽어보면 그는 신·구약성서의 내용에 정통한 그리스도교 성직자이거나 수도승이었을 것으로 추정됩니다. 또한 앞서 말하였듯이 그는 프로클로스의 신플라톤주의 철학에 영향을 받아 그 형이상학적 개념들을 가지고 자신의 독특한 신학 체계를 구성해나갔습니다. 따라서 디오니시우스 총서의 저자는 헤브라이즘의 종교 전통과 헬레니즘의 철학 조류라는 두 세계에 함께 발을 딛고 있었으며, 성서의 해석과 관련된 그리스도교의 신학과 신플라톤주의로 대변되는 그리스철학 간의 만남 및 조화를 추구한 그리스도교 신플라톤주의자라고 넓게 정의할 수 있습니다.

그러나 이런 식으로 정의하다보면 애매모호함을 피해갈 수 없습니다. 디오니시우스를 가리켜서 '그리스도교 신플라톤주의자 Christian Neo-Platonist'라고 한다지만 이 장의 제목이 암시하듯 보기에 따라서 그는 '디오니시우스 아레오파기타'라는 신학적 가면 뒤에 얼굴을 감춘 신플라톤주의 철학자로 비칠 수도 있고 정반대로 신플라톤주의라는 철학의 옷을 입은 신학자일 수도 있습니다. 역사상 디오니시우스의 작품이 최초로 언급되는 시기는 그리스도의 본성을 둘러싼 교리적 논쟁의 와중이었습니다. 단성론자인 안티오키아의 세베루스Severus of Antioch와 그의 추종자들이 디오니시우스가 남긴 글의 한 대목에서 자신들의 견해를 뒷받침할 만한 구절을 들고 나온 것이 532년의 일입니다. 그런데 그보다 몇 해 앞선 529년에 동로마의 유스티니아누스Justinian 황제가 플라톤 철학의 명맥을 이어오던 아테네의 아카데미아를 폐쇄하고 철학자들을 추방하는 사건이 발생하였습니다. 두 사건 사이에 모종의 인과 관계를 상정하는 것이 전혀 터무니없는 일일까요? 프로클로스의 가르침이 지하로 숨어들 수밖에 없었던 암울한 시기에 신플라톤 주의 형이상학은 디오니시우스 아레오파기타라는 그럴듯한 가면을 쓰고 그리스도교 신학의 울타리 안에 비밀스러운 은신처를 마련했다고 볼 수는 없을까요? 위-디오니시우스의 신원이 여전히 오리무중이라 이러한 질문에 만족스러운 대답을 찾을 수는 없습니다. 다만 앞서 지적했듯이 그가 신·구약성서와 그것을 해석해 온 신학적 전통에 조예가 깊었음을 감안할 때, 그를 단지 그리스 도교의 외피로 위장한 이교도 철학자로 상상하는 것은 그다지 개연성이 없습니다. 그런데도 이 위명의 그리스도교 신학자를 철학 사의 맥락에서 논할 수 있고 또 논해야 하는 이유는 그가 프로클로스의 형이상학을 원용해 그리스도교의 상징주의와 신비주의를 논하는 철학적 신학 체계를 구성했기 때문일 것입니다.

신플라톤주의와 그리스도교 신학

디오니시우스는 후기 신플라톤주의 철학자인 프로클로스로부터 채용한 형이상학의 요소를 적절히 변형하면서 자신의 고유한 신학적 골조를 엮어나갔습니다. 디오니시우스가 채용한 형이상학적 요소란 한마디로 신플라톤주의에서 말하는 '유출πρόοδος과 회귀ἐπιστροφή의 순환범식cyclic pattern'이라고 하겠습니다. 그런데 이러한 유출과 회귀를 하나의 운동이라고 본다면 그 운동의 출발점과 종착점을 상정할 수 있습니다. 신플라톤주의에서는 순환론의 관점에서 이 출발점과 종착점을 동일한 실체로 보고 그것을 가리켜 '모네μονή'라고 부릅니다. 이 말은 시작점에 '머물다'는 뜻과 더불어 목적지에 도달하여 '멈추다'는 뜻도 포함하고 있으므로 우리말의 한 단어로 옮기기가 녹록지 않습니다. 그래서 저는 일단 '근원에서 머물다'는 뜻을 내포한 '원류源留, remaining'라는 말을 만들어보았습니다. 아울러 근원으로 돌아가서 귀환 운동을 멈춘다는 뜻일 때는 '휴지休止, rest'라는 개념을 사용하도록 하겠습니다. 이로써 원류, 유출, 회귀라는 세 가지 근원적인 요소들이 다 등장했고 이 셋이 하나의 통일된 구조를 이루고 있으므로 이를 가리켜 삼원체三元體 또는 트리아드triad, τριάς라고 부르도록 하겠습니다.

이러한 삼원체적 순환론의 맹아는 플라톤에게서 찾아볼 수 있습니다. 그러나 기본적인 얼개는 플라톤의 사상을 체계화하였다고 평가받는 플로티노스에게서 기원한다고 하겠습니다. 플로티노스 자신은 플라톤의 충실한 계승자라고 자처했으나 플라톤의 《대화편》에 제시된 다양한 사상들을 단일한 형이상학적 토대를 바탕으로 체계화하였다는 점에서 원래의 플라톤 사상과는 사뭇 다른 면모를 부여한 셈입니다. 이런 점에서 철학사에서는 플로티노스와 그의 후계자들을 신플라톤주의자라고 구별하여 부르고 있습니다. 플로티노스의 형이상학적 얼개는 일자ἕν, 지성νοῦς, 영혼ψυχή이라는 세 가지 실체들hypostases과 그들 간에 내적 동력이자 논리를 부여하는 원류와 유출, 회귀의 인과관계로 구성됩니다. 다시 말해 존재와 선함의 궁극적 원리인 '일자the One'로부터 지성

Intellect이 유출되고, 그다음 단계로 지성은 영혼Soul을 유출하는데 '세계 혼the World-Soul'이라 할 수 있는 이 보편적인 영혼으로부터 인간을 포함한 자연만물이 발생한다는 것입니다. 그런데 이러한 유출의 매 단계마다 원류와 회귀의 모티프가 개입되어 있습니다. 제2의 실체인 지성은 제1의 실체인 일자 안에 머물러 있는 한편, 자신의 원인인 일자를 관상함으로써 근원을 향해 돌이킵니다. 이로써 지성은 자기보다 앞선 원리인 일자를 모방하여 일자가 자신을 유출한 것처럼 제3의 실체를 유출하는데 그것이 바로 영혼입니다. 영혼도 자신의 수준에서 지성을 향해 회귀함으로써 자신 안에 지성의 이미지를 산출하는데 이것이 바로 영혼으로부터 유출되는 감각sense과 자연nature입니다.

플로티노스에게서 기원한 삼원체적 순환론은 시리아학파를 세운 이암블리쿠스Iamblichus를 거쳐 우주적 발생을 설명하는 진정한 순환범식으로 정교화됩니다. 이러한 원류, 유출, 회귀의 범식은 마침내 신플라톤주의의 마지막 주자인 프로클로스에 이르러 수학적 엄밀성을 띤 명제들로 구체화되는데, 《신학원리神學原理, The Elements of Theology》에 제시된 한 논제에서 프로클로스는 신플라톤주의가 발전시켜온 삼원체적 순환범식을 다음과 같이 간명하고도 함축적인 명제로 표현해줍니다. "모든 결과물은 그 근원 안에 머물다가, 그 근원으로부터 나와서, 그 근원으로 돌아간다"(《신학원리》, 35). 요컨대 신플라톤주의 철학자들이 삼원체적 순환범식을 통해 말하고자 하는 것은 모든 것이 초월적인 근원 안에 존재하고 그 근원으로부터 유출되어 그 근원을 향해 회귀한다고 보는 존재론적 순환 사상입니다.

디오니시우스 이전부터 그리스도교 교부들은 헬레니즘의 사상적·종교적 환경 속에서 그들의 신학 활동을 전개해왔습니다. 따라서 이들은 당시의 철학적 조류와 형이상학적 사고를 적극적으로 수용하는 가운데 그리스도교의 기본 교리와 신학 사상을 설명하고자 했습니다. 플라톤주의의 가장 큰 특징은 보이지 않는 원리들로 구성된 이데아(형상Forms)의 세계를 상정하고 그것을 우리가 보고 듣고 만질 수 있는 감각에 속한 현상세계와 대조시키는 것입니다. 교부들은 이러한 사상을 도입해 그리스도교 신앙의 핵심 요소라고 할 수 있는 보이지 않는 영적 영역인 하늘나라 및 초월적 하느님의 존재를 해명하는 형이상학적 근거로 삼고자 했습니다. 또한 이들은 일자, 지성, 영혼의 세 가지 실체들과 원류, 유출, 회귀의 삼원체적 순환범식으로 이루어진 플라톤주의의 형이상학적 원리를 채택해 그리스도교의 삼위일체론을 해명하고자 했을 뿐만 아니라 유출과 회귀의 모티프를 원용하여 창조주 하느님과 피조물 간의 관계를 이해하려고 했습니다.

알렉산드리아에서 그리스도교 교리 학교를 운영한 클레멘스 Clemens와 그 뒤를 이어 교리 학교 교장직을 역임한 오리게네스 Origen는 헬레니즘사상 조류에 대해 개방적인 태도를 견지한 대표적인 신학자들입니다. 이들은 헬레니즘철학을 일방적으로 수용하기만 한 것이 아니라 플라톤주의의 체계화에도 적극적으로 공헌하였습니다. 오리게네스는 플로티노스의 스승으로 알려진 암모니오스 사카스에게서 철학을 배웠으며 신플라톤주의 이전의 중기 플라톤주의Middle Platonism에 속한 철학자로 간주되기도 합니다. 그의 대표적 신학 저술인 《원리론On Principles》을 살펴보면 후대에

확립된 그리스도교의 교리적 입장에서는 수용하기 힘든 헬레니즘
의 요소들이 적잖이 등장합니다. 오리게네스의 세계관은 기본적
으로 플라톤주의와 마찬가지로 영적 영역과 물질적 영역을 확연
하게 구분합니다. 인간은 본래 영적 영역에 해당하는 지성에 속
해 있었으나 영혼의 단계로 떨어진 후에 물질적인 육체와 결합했
습니다. 물질의 영역에 갇혀 있는 인간은 하느님의 아들이신 '말
씀λογός'을 관상θεωρία함으로써 자신의 신적 본성을 회복하고 하
나이신 아버지께로 귀환합니다. 이렇듯 그가 그려내는 창조와 복
귀의 전체 과정은 유출과 회귀의 순환론을 연상시키기에 충분합
니다. 요컨대 오리게네스의 인간 이해는 창조주와 피조물 간의
존재론적 간극을 말하는 그리스도교의 입장보다는 신성과 인간
영혼 간의 동족관계kinship를 전제하는 플라톤적 유출론emanation
theory을 배경으로 삼고 있다고 하겠습니다.

4세기에 들어오면서 아타나시우스Athanasius of Alexandria를 비롯
한 그리스도교 신학자들은 "무로부터의 창조creatio ex nihilo"교리를
중심으로 그리스도교 고유의 창조신앙을 정립해나가고 이로써 오
리게네스의 헬레니즘화된 신학 사상을 극복합니다. 창조주가 자
신의 의지에 따라 만물을 조성했다고 믿는 그리스도교의 창조론
과 궁극적 원리인 일자로부터 만물이 발생했다고 보는 헬레니즘
의 유출론 사이에 서로 조화될 수 없는 근본적 차이가 있다는 것
을 오리게네스의 후예들이 마침내 깨닫게 된 셈입니다.

위-디오니시우스는 그리스도교의 정통 신학이 확립돼 있던 5세
기 말경에 활동한 것으로 추정되는 인물입니다. 그렇다면 그는
분명 그리스도교의 창조론과 신플라톤주의의 존재론적 유출론 간

의 차이와 이를 둘러싼 교리적 논쟁에 대해서도 잘 알고 있었을 것입니다. 따라서 유출과 회귀의 순환범식을 만물의 창조 내지 발생을 해명하는 존재론의 차원에 적용하는 것은 그에게 더 이상 가능한 선택 사항이 아니었습니다. "무로부터의 창조" 교리와 상충하지 않는 새로운 접근 방식이 필요했습니다. 예컨대 피조세계의 삼라만상은 최고의 지성적 존재인 천사들로부터 존재의 사슬에서 가장 낮은 지위에 있는 돌멩이에 이르기까지 모두 창조주에 의해 지어진 존재들입니다. 대신에 디오니시우스는 유출과 회귀의 변증법을 빛의 메타포를 통해 상징되는 신적 계시revelation가 천사들의 지성을 거쳐 인간 이성의 수준으로 하강하고 인간의 영혼이 이러한 계시의 내용을 이해함으로써 신에 대한 초월적 인식에 도달하게 되는 관상적 상승contemplative ascent의 경로를 해명하는 데 동원합니다. 요컨대 디오니시우스에게 있어서 우주론적 존재론cosmological ontology으로부터 신비주의적 인식론mystical epistemology으로의 방향 전환이 일어났다고 하겠습니다.

디오니시우스 신비사상의 구조

디오니시우스의 사상을 한마디로 말하자면 신비주의mysticism 내지 신비사상mystical thought이라고 하겠습니다. 신비神秘를 의미하는 그리스말 미스테리온μυστηριόν 내지 미스티코스μυστηκός의 어원이 되는 동사 뮈오μύω는 '닫다'는 뜻입니다. 즉 신비란 닫히고 감추어져 알 수 없는 비밀을 뜻합니다. 그에게 있어 플라톤주의의 일자

내지 그리스도교의 하느님에 비견되는 궁극적 실재는 인간에게 감추어져 있기에 인간의 지성으로는 알 수 없는 신비인 것입니다. 따라서 신비주의 내지 신비사상이란 알 수 없는 궁극적 실재를 향한 인간 정신의 지향성을 가리킨다고 하겠습니다. 그런데 디오니시우스는 그리스도교 사상가로서 그리스도교의 전통 가운데 주어진 소재들(성서와 종교의례)을 가지고 신비주의를 논합니다. 다시 말해 신학적 사유가 그가 관심을 두고 있는 본령이므로 그의 사상은 '신비신학mystical theology'이라고 부르는 것이 더 적절합니다. 그의 저서 중에 실제로《신비신학The Mystical Theology》이라는 제목이 붙은 책도 있습니다. 그러나 그가 자신의 신비사상을 세워나가는 방법적 토대는 앞서 다루었던 대로 그리스의 철학 전통에 속하는 신플라톤주의적 변증법(삼원체적 순환론)입니다. 이런 관점에서 볼 때 그의 신비주의는 다른 말로 '신비철학mystic philosophy'이라고 부를 수 있을 것입니다.

디오니시우스 총서의 그리스어 수서본을 살펴보면《천상의 위계The Celestial Hierarchy》가 제일 앞에 놓여 있습니다. 이 작품의 서두에서 디오니시우스는 성서를 인용하여 "만물이 그로부터 말미암고 그를 향하여 존재한다"《천상의 위계》I, 121A; 로마서 11:36)고 밝히지만, 이 경구가 함축하는 내용을 존재론의 관점에서 탐구하는 것이 그의 주된 관심사는 아니었습니다. 그가 추구하는 신비주의의 골자는 신인식knowledge of God의 맥락에서 이해된 유출과 회귀의 변증법인바《천상의 위계》첫 장의 제목에 다음과 같이 요약되어 있습니다.

하느님의 모든 비추임은 예비된 존재들을 향하여 다채롭게 흘러나오지만, 그럼에도 그 자체 안에 단순하게 머물러 있을 뿐 아니라 비추임받은 자들을 하나로 연합시킨다(《천상의 위계》I, 120A).

여기서 "비추임enlightenment"이란 신적 계시를 뜻하는 은유입니다. 그 근원 안에 "머물러 있다" 함은 원류의 차원을 가리킵니다. 계시가 "흘러나온다"는 말은 유출의 계기를 나타냅니다. 반면에 회귀의 국면은 "비추임 받은 자들을 하나로 연합시킨다"는 표현에 암시되어 있습니다. 이 문장에서 삼원체triad의 각 계기들을 묘사하는 술어에 주목할 필요가 있습니다. 원류는 단순성과 동일시되며 유출은 다채로움으로 표현되는 반면에 회귀는 다양한 것을 하나로 모아들이는 행위와 동일시됩니다. 단순하면서도 초월적인 하느님의 말씀은 여러 관념을 거쳐서 많고도 다양한 상징적 표현을 통해 계시됩니다. 이러한 가시적이고 언어적인 상징을 통해 계시의 비추임을 받은 이들은 이제 그 계시의 내용을 알게 되고 이로써 초월적이고 단순한 말씀의 근원을 향합니다. 디오니시우스의 신비주의는 이렇듯 신적 계시의 전달과 그에 대한 인식의 과정을 초월적인 하나로부터 나와 다수를 향해 확산하다가 다시금 단순한 근원으로 환원하는 변증법적 과정으로 그려냅니다. 이러한 역동적인 구조를 한눈에 파악하는 데 도움을 주기 위해 저는 다음과 같이 도표를 구성해보았습니다.

다음 도표에서 가장 핵심은 가운데 자리한 피라미드 모양의 삼각형입니다. 맨 위의 작고 단순한 꼭짓점은 운동의 시발점이자 귀환의 목적지가 되는 근원을 지시합니다. 이로부터 출발해 아래

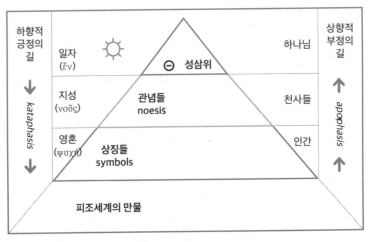

하향적 긍정의 길	일자 (ἕν)	☼	⊖ 성삼위	하나님	상향적 부정의 길
kataphasis	지성 (νοῦς)		관념들 noesis	천사들	*apophasis*
	영혼 (ψυχή)		상징들 symbols	인간	
			피조세계의 만물		

디오니시우스 신비사상의 구조.

로 내려가는 하강운동은 각 단계마다 관념이 증가하고 상징적 표상으로 다채로워지는 유출의 국면을 나타냅니다. 이러한 하강적 계시의 운동은 마침내 복잡다단한 다수성plurality을 상징하는 삼각형의 밑변에 도달합니다. 이제 방향을 바꾸어서 아래로부터 위로 상승하는 회귀의 과정은 산 아래에서 출발해 산 중턱을 거쳐 산마루로 올라가는 등산 코스에 비유할 수 있겠습니다. 요컨대 삼각형의 도식은 비록 정태적이라는 한계가 있기는 하지만 하강운동과 상승운동을 표시하는 화살표들과 더불어 적절하게 이해할 경우 삼원체적 범식에 바탕을 둔 역동적 순환운동의 얼개를 표현하기에 알맞은 조건을 갖추고 있다고 하겠습니다.

　이렇듯 하나로부터 다수가 나오고 다수로부터 하나를 향해 귀환하는 순환의 논리 내지 하강과 상승 과정에 대해 디오니시우스는《신비신학》의 한 대목에서 다음과 같이 말합니다.

우리가 긍정(의 언명)들을 하였을 때, 우리는 최초의 것들에서 시작해서 중간 항들을 거쳐 내려와서 마침내 최종의 것들에 도달했었습니다. 하지만 이제 최종의 것들로부터 제일의 것들로 올라갈 시에, 우리는 모든 것들을 부정하므로 만유들의 와중에서 앎에 소유된바 그 모든 것들로부터 숨겨진 그 무지unknowing를 숨김없이 알게 됩니다(《신비신학》 II, 1025B).

유출과 회귀의 변증법을 신인식의 관점에서 이해할 경우 최초의 근원에서 출발해 최종의 단계로까지 하강하는 유출의 과정은 긍정의 길κατάφασις, way of affirmation이며, 거꾸로 최하의 것들로부터 시작해 최고의 신적 대상을 향해 상승하는 회귀의 경로는 부정의 길ἀπόφασις, way of negation이라고 할 수 있습니다. 근원적 신성은 초월적이고 무형적이므로 인간의 개념으로 포착하거나 형언할 수 없지만, 신성에 대해 불가피하게 말해야 할 경우 일차적으로 신의 본질을 긍정적 언명을 빌려 묘사하거나 신의 속성과 행위를 상징적 표상에 비유해 나타내는 수밖에 없습니다. 그러나 초월적 신성에 대한 참다운 인식에 도달하기 위해서는 1단계로 신에 대한 신인동형론anthropomorphism적 표현을 비롯한 비유적 상징을 부정하는 데서 시작해야 합니다. 그다음 단계는 긍정적 언명으로 표현된 신에 대한 관념들마저 부정함으로써 참다운 신인식에 도달하는 것인데, 이러한 하향적 긍정의 길downward kataphatic way과 상향적 부정의 길upward apophatic way이 디오니시우스 신비사상의 전체 구조 안에서 어떻게 구체적으로 전개되는지 좀 더 자세하게 살펴보겠습니다.

하향적 긍정의 길

앞에서 제시한 삼각형 모양의 맨 꼭대기에 있는 꼭짓점 내지 작은 삼각형의 영역에서 시작하겠습니다. 이 지점은 삼원체적 순환 운동의 출발점이 되는 원류에 해당하며 디오니시우스의 입장에서는 만유의 근원이자 계시적 비추임의 시발점이 되는 신성 내지 그리스도교의 신격인 성삼위일체聖三位一體를 지시합니다. 여기에 그리스말로 '하느님'을 뜻하는 테오스θεός의 첫 글자 테타Θ를 적어넣은 것은 바로 이러한 이유입니다. 이 최고의 신성은 근원적 '하나'가 지닌 초월적 단일성을 근본 속성으로 하는 동시에 그리스도교에서 말하는 성부, 성자, 성령의 세 위격으로 존재합니다. 그래서 그 옆에 조금 작은 크기로 '성삼위the Holy Trinity'라는 용어를 병기했습니다. 그리스도교의 신격인 성삼위일체는 하나임과 동시에 셋이고 셋임과 동시에 하나입니다. 이 '하나' 안에 서로 대립하는 속성이 공존coincidence of opposites하고 있습니다. 단일하면서도 동시에 맹아적으로 다수성을 포함하고 있습니다. 그 외연이 지소至小해 보이지만 사실은 무한합니다. 이런 점에서 저는 이 근원적 일자이자 신성에 해당하는 영역을 작은 삼각형으로 그리기보다 차라리 유클리드 기하학에서 상정하는 점으로 표현하고 싶습니다. 이것은 지극히 작은 한 점에 불과해 보이지만 무한에 가까운 팽창력을 지닌 '대폭발big bang'의 특이점과 유사한 것으로 상상해도 좋을 것입니다.

　무엇을 상상하든 이 초월적 신성은 인간의 관념이나 언어로는 도저히 표현할 길이 없습니다. 따라서 우리의 예지intelligence를 벗어나는 무한한 단순성을 지닌 이 '하나'를 포착하려고 할 때 우리는 불가피하게 일자의 속성이라고 간주하는 추상적 개념들을 빌려 우리의 정신 안에 그 '하나'를 그려냅니다. "일자는 선이다." "신성의 속성은 존재이다." "하느님은 사랑이시다." 이렇게 단언하지만 사실 일자나 신성은 인간이 생각하는 선, 존재, 사랑의 개념을 무한히 초월하므로 실제로 선이나 존재, 사랑이 아닙니다. 그런데도 그것을 우리의 정신으로 파악하기 위해서 비록 제한적이지만 긍정의 언명을 사용하지 않을 수 없습니다. 이렇듯 신성에 관해 무엇이든 한마디라도 긍정하는 것은 초월적인 최고의 위치로부터 한 단계 낮은 영역으로 하강하는 것에 비유할 수 있습니다. 도표의 피라미드 구조 중에서 '관념들νόησις'이란 제목이 붙은 중간 단계가 이 영역에 해당합니다. 도표의 좌측 열에 '하향적 긍정의 길kataphasis'이라고 적어두고 그 밑에 아래로 향한 화살표들을 그려넣은 것도 그러한 하강운동의 경로를 표시하고자 함입니다.

　　디오니시우스 저서 중《하느님의 이름들The Divine Names》은 신의 속성과 관련된 긍정의 언명들을 직접적으로 다루는바, 추상적 개념으로 표현된 신명神名들은 바로 3층 구조로 이루어진 피라미드의 중간층에 해당하는 관념의 영역에 속한다고 하겠습니다. 그가 제일 처음 논하는 신명은 4장에 등장하는 "선Good"입니다. 이것은 성서에서 말하는 신의 본질적 속성인 동시에 신플라톤주의에서 상정하는 초월적 일자의 속성이기도 합니다. 이어지는 5장과 6장과 7장은 각각 "존재Being"와 "생명Life", "지혜Wisdom"를 취급하는데 이것은 신플라톤주의에서 말하는 예지계에 속한 중간

적 원리로서의 삼원체인 "존재ὄν—생명ζωή—지성νοῦς"을 그리스도
교적으로 변용한 것입니다. 8장부터 12장에서는 "권능Power"과
"의Righteousness", "전능자Omnipotent"와 "옛적부터 계신 이Ancient of
Days", "평화Peace", "지성소Holy of Holies"와 "왕중왕King of Kings" 등
과 같이 성서에서 유래하는 신명들을 다룹니다.

지금까지 이어지는 논의의 흐름은 단일하고 초월적인 근원으
로부터 중간 단계를 거쳐 하위의 다수성을 향해 내려오는 하향적
유출의 경로를 보여줍니다. 그런데 13장에 들어서자 갑자기 여태
까지의 논리적 흐름을 거꾸로 돌려서 초월적인 일자One의 관념
을 향해 도약합니다. 이는 앞서 말한 하향적 유출에 대비되는 상
향적 회귀의 국면에 해당한다고 하겠습니다. 이렇듯 디오니시우
스가 신명의 주제를 배열하는 순서로부터 토마스 아퀴나스나 한
스 우르스 폰 발타자르Hans Urs von Balthasar 등이 유출과 회귀의 순
환적 구조를 도출해내는 것도 당연한 일입니다. 아울러 《하느님
의 이름들》에 나타나는 이러한 주제적 배열은 하향적 유출의 경
로가 단지 위로부터 아래로 내려오기만 하는 일방적이고 단선적
인 운동이 아니라 그 안에 원류 내지 회귀의 계기를 포함하는 복
합적인 과정이라는 사실을 시사해준다고 할 것입니다.

이제 우리는 하느님의 이름들에 해당하는 지성적 관념의 영역
으로부터 한층 더 낮은 단계로 내려갑니다. '상징들σύμβολον'이란
제목이 붙은 이 최하층의 영역에서 인간은 감각을 통해 물질적
대상의 인상을 포착하고 그것을 이성의 기제를 통해 구체적이고
다양한 언명으로 표현합니다. 이 물상의 이미지를 신인식의 차원
으로 가져와서 신의 속성과 행위를 형상화하는 데 적용합니다.

신의 속성은 결코 여하한 형태를 띨 수 없는데 그것을 자연의 만물로부터 끌어온 모양이나 색깔, 성질 등을 덧입혀서 그려낸다는 점에서 비유 내지 상징이라 하겠습니다. 하느님이 얼굴이 있다거나 하느님의 음성이 우레와 같다거나 하는 식으로 신성에 대해 이러쿵저러쿵 묘사하는 성서의 비유적 표상들과 하느님의 구세救世적 섭리를 재현하는 그리스도교의 의례들(성사와 전례)이 바로 이 '상징들'에 해당합니다.

지금껏 우리는 하향적 긍정의 길을 따라 위로부터 아래로 내려왔습니다. 최고위에 있는 초월적 근원인 신성으로부터 중간 단계의 관념들을 거쳐 최하위에 있는 상징들의 영역에까지 하강했습니다. 디오니시우스 신비주의의 토대를 이루는 피조세계의 만물들에까지 내려가지는 않겠습니다. 그의 사상은 어디까지나 신인식과 관련된 인간 정신 또는 그 이상의 영역을 다루고 있으므로 그보다 하위에 존재하는 물질계는 원칙적으로 디오니시우스가 관심을 둔 세계가 아니기 때문입니다. 따라서 우리는 이제 무수하고 다채로운 상징들이 작용하는 피라미드의 최하층 바닥에서 출발하여 신적 계시의 빛이 흘러나온 초월적 근원을 향해 위로 올라가야 할 차례입니다.

상향적 부정의 길

디오니시우스는 초월적 신성이 머무는 근원을 향해 나아가는 회귀의 과정을 상승의 경로로 제시합니다. 피라미드 형태의 삼각형으로 설명하자면 일차적으로 상징들이 자리 잡은 최하층 단계로부터 중간 단계에 속한 관념들의 영역으로 올라갑니다. 그다음 이차적으로 관념들이 속한 예지계를 넘어 초월적 근원을 향해 돌진합니다. 삼층으로 구성된 경로를 두 번의 도약으로 답파하는 것이라 하겠습니다. 이러한 회귀의 과정은 초월적 신성으로부터 유출된 계시의 빛을 담지하는 관념noesis과 그 관념을 감각적 표상을 통해 지시하는 상징들symbols을 바르게 해석함으로써 진행하는 해석학적 여행입니다.

디오니시우스에게는 이러한 해석학적 귀환의 과정을 함축해주는 두 가지 핵심 용어가 있습니다. 바로 아나고기아άναγώγια와 아포파시스άπόφασις입니다. 전자는 '위로 (향하다)'는 뜻의 접두어인 아나άνά를 '끌어주다'는 뜻의 동사인 아고άγω 또는 동명사형인 아고게άγωγή에 결합한 것입니다. '위로 끌어주다' 내지 '끌어올리다'의 뜻으로 새길 수 있겠습니다. 후자의 경우 어원적으로 분석하여 '형태φάσις가 없다άπό'는 뜻의 '무형적'이라고 옮기는 사례를 보았습니다만 이 용어와 짝을 이루는 '긍정κατάφασις, affirmation'이란 말의 반대가 되는 '부정否定, negation'의 개념으로 번역하는 것이 디오니시우스의 용례에 비추어볼 때 더 적절합니다. 아나고기아 anagogia와 아포파시스apophasis, 상승uplifting과 부정negation, 이 두 개념은 서로 어떻게 관련될까요? 초월적 근원을 향한 상승은 부정의 방법을 통해 가능하다는 것이 디오니시우스가 제시하는 신비주의적 해석학의 골자입니다.

앞에서 저는 아나고기아를 '상승'과 연결했습니다. 이에 해당하는 영어 '업리프팅uplifting'은 아나고기아의 번역으로 적절하나 우리말 '상승上昇'은 아나고기아의 뉘앙스를 전달하기에 부족한 면이 있습니다. 디오니시우스가 말하는 상승은 본향을 향하여 "상승하기 위해서는 네 자신 안으로 침잠하라"《엔네아데스》I, 6, 8~9)는 식으로 플로티노스가 권고하는 내성內省의 방식을 따른 상승의 길과 차이가 있습니다. 여기서 자신의 내면으로 들어가 자신이 본래 지성에 속한 존재임을 깨닫는 주체는 인간의 이성적 영혼입니다. 반면에 디오니시우스에게 있어서는 신적인 근원으로부터 발출하는 계시의 비추임이 주체가 되어 그 빛살을 받은 이들을 이끌어 올립니다. 아나고기아에 대한 이러한 이해 방식에는 그리스도교에서 말하는 신적 섭리의 개념이 전제되어 있다고 하겠습니다.

그런데 아나고기아가 작동하는 기제에는 유출과 회귀의 변증법이 개입되어 있습니다. 그리고 그것은 다음의 인용문에서 암시하듯이 역설의 문법을 통해 표현됩니다.

> 그러나 이러한 신적인 빛살이 우리를 비추어줄 수 있는 것은 그 자신을 신성한 베일들이 지닌 다채로움 속에 아나고기아적으로 감춤으로써 가능합니다. 그 신성한 베일들(성서의 비유적 표현과 종교의식의 상징들)이란 성부가 그 섭리로 말미암아 인간존재에 불과한 우리의 본성에 적합하도록 적용시켜주신 것들입니다(《천상의 위계》I 2, 121C).

계시적 비추임이 신적 근원으로부터 발출하는 것은 우리 인간을 상승시킴으로써 신성의 근원으로 귀환토록 하기 위한 것입니다. 그런데 낮은 감각계에 사로잡힌 인간은 초월적 신성을 이해하고 해석할 수 있는 능력을 애초부터 결여하고 있습니다. 따라서 계시의 섭리는 초월적이고 불가해한 신적 본질과 비가시적이고 무형적인 천사적 지성들을 인간이 감각하고 이해할 수 있는 피조물로부터 취한 가시적인 이미지와 유형적인 표상들을 통하여 표현하고 드러내는 상징적 방식symbolic way을 선택합니다. 이것은 불가능한 과제를 가능하게 하려고 초월적인 것을 제한하는 것이고 드러내기 위하여 감추는 것이며, 지성적이고 초월적인 영역으로 이끌어 올리기 위해 감각적이고 비천한 물질적 표상으로까지 내려가는 것입니다. 이와 관련하여 디오니시우스는 계시의 영감을 받은 성서의 저자들이 초월적 진리를 전달하기 위해 이와 매우 "닮지 않으므로 부적절한 상징들에까지 구부리고 내려가는 것은 지극히 지혜로우며 아나고기아적인 방식을 따르는 것"이라고 칭송합니다(《천상의 위계》 II 3, 141B). 요컨대 상징주의의 방법을 따르는 하향적 긍정신학downward affirmative theology이 아나고기아적 부정신학uplifting negative theology과 동일한 심급에서 묶여 있기에 변증법적 역설이라고 하겠습니다.

하향적 상징주의가 상향적 아나고기아와 긴밀히 관련되는 것은 그것이 부정의 길을 통한 해석적 상승을 염두에 두고 있기에 가능한 것입니다. 그리고 이러한 상향적 비상을 위한 가장 효과적인 도약대를 상징들의 스케일 중에서 최하위에 속한 부적절한 비유사성incongruous dissimilarities에서 찾는 것이 디오니시우스 상징주의에서 매우 주목할 만한 점입니다. 디오니시우스가 염두에 두고 있는 상징주의의 스케일을 설명하기 위해 그가 성서의 비유적 표현들로부터 취사선택한 상징적 표상들을 나열하는 대목을 조금 길지만 인용해보겠습니다.

그들(성서의 저자들)은 때때로 가장 고귀한 이미지들을 사용하는데, 예를 들어 하느님을 정의의 태양, 지성 안에 떠오르는 새벽별, 생각을 비추어주는 밝은 빛이라고 호칭합니다. 때때로 더 저속한 중간적인 이미지들을 사용합니다. 하느님을 작열하지만 파괴를 일으키지 않는 불, 생명을 주는 물, 말하자면 뱃속에 들어와 끊임없이 흐르는 물 등으로 부릅니다. 때때로 그 이미지들은 달콤한 냄새가 나는 향유, 모퉁잇돌처럼 최하의 것들로부터 유래합니다. 때때로 동물들로부터 그 이미지들을 취하여서, 하느님을 사자나 흑표범, 표범이나 포효하는 곰 등으로 묘사하기도 합니다. (끝으로) 모든 것들 중에 가장 비천하고 가장 부적절한 이미지를 이 목록에 추가해봅시다. 왜냐하면 신적인 것에 정통한 성서의 저자들도 하느님께 벌레의 형상을 부여하기 때문입니다 《천상의 위계》 II 5, 144D-145A).

성서가 하느님을 천체에 속한 태양과 별과 빛 등에 비유하는 이유는 이것이 피조물 중에서도 하느님의 고귀한 속성을 표현하기에 가장 가까운 특징이 있기 때문입니다. 따라서 이것은 고귀한 유사적 상징들이라고 할 수 있습니다. 지표를 흐르는 물이나 감각을 자극하는 향유나 움직이지 않는 돌 등은 하느님의 속성과 공통된 특징이 있지만 주로 지상에 존재한다는 점에서는 하느님의 속성과 닮지 않은 면도 있기에 중간적 이미지들로 분류합니다. 사자나 표범 같은 맹수를 하느님께 비유하는 것은 참으로 부적합하게 느껴집니다. 단지 몇 가지 현저한 특징에 있어서만 하느님의 속성을 빗대어 표현할 수 있을 따름입니다. 끝으로 하느님을 벌레로 형상화하는 것이야말로 고귀한 신적 속성과 공통점이라고는 조금도 찾을 수 없는, 그야말로 "닮지 않은 부적절한 상징incongruous dissimilar symbol"입니다.

디오니시우스가 제시하는 상징주의 방법이 지닌 독특성은 '유사성 대 비유사성similar vs. dissimilar'이라는 이항대립적 틀 안에 신적인 속성과의 닮음 내지 닮지 않음의 정도에 따라 상징들을 배열하는 것에 있지 않습니다. 그것은 오히려 고차원적인 신적 속성으로부터 가장 멀리 떨어져 있으므로 어떠한 닮은꼴도 찾기 힘든, 따라서 전적으로 비유사한 이미지들에 주목하면서 그것을 아나고기아적 귀환을 가능케 하는 가장 효과적인 상징들이라고 격찬하는 데서 찾을 수 있습니다. 하느님을 정의의 태양으로 비유하는 상징적 표현을 거부하기란 결코 쉬운 일이 아닙니다. 그러나 어린아이의 눈에 보기에도 하느님은 결코 으르렁거리는 곰이나 진흙 속에서 꿈틀대는 벌레일 수가 없습니다. 따라서 하느님을 맹수나 미물에 비유하는 비유사적 상징들은 신성과 전혀 닮지 않았을 뿐만 아니라 심지어 기괴하거나 추하기까지 하므로 누구라도 쉽게 부정할 수 있습니다. 이러한 부정의 용이성이 해석학적 상향운동을 촉발하는 매우 효과적인 지렛대 역할을 하게 됩니다.

이처럼 저급한 진창에서 전혀 닮지 않은 상징들을 가지고 놀면서 부정의 방법을 익힌 이들은 그보다 높은 단계에 속한 이미지들을 바라보면서 이 고차원적 상징들 역시 한편으로는 신성의 고귀한 속성을 지시하는 유사성을 지니고 있으면서도 다른 한편으로는 초월적인 신적 본성을 제한할 수밖에 없는 비유사성을 갖고 있음을 간파합니다. 그리고는 앞에서 익힌 부정의 방식을 동원하

여 유사적 상징이 지닌 비유사성을 경쾌하게 내어 버립니다. 예
를 들어 이들은 '정의의 태양the sun of righteousness'이라는 그럴듯한
표상을 대하면서 창조주 하느님은 결코 피조물과 동일시할 수 없
다는 점을 고려하여 태양이라는 비유적 표상을 부정합니다. 그러
면 이제 그들의 사념 안에 정의, 진리, 아름다움, 선과 같은 순수
하고 고차원적인 관념들만 남게 됩니다. 그리하여 그들은 부정의
도약대를 딛고 뛰어올라서《하느님의 이름들》이 가리키는 개념적
표상들의 영역으로 올라가게 된 셈입니다. 부정의 방식을 통한
아나고기아적 상승anagogical ascent이라는 과제 중 1단계 목표가 달
성된 것입니다.

긍정과 부정을 넘어 찬란한 어둠 속으로

이제 우리의 여정은 마지막 목적지만을 남겨두고 있습니다. 지금
까지 아나고기아적 부정의 길anagogical negative way을 거쳐 올라온
곳은 지성의 영역입니다. 이 순수한 지성의 산 중턱을 지나 초
월적 신성의 근원인 저 높은 곳을 향해 날아올라야 할 차례입니
다. 그런데 이 두 번째 오름을 위해 도약하는 데 우리가 여태까
지 의지해온 아나고기아적 상승과 부정의 방법이 여전히 유효할
까요? 디오니시우스 신비주의의 구조를 보여주는 앞의 도표로 잠
시 돌아가 보겠습니다. 도표의 우측 칸에 적혀 있는 것처럼 원류
를 향한 회귀의 과정은 거시적으로 말해 '상향적 부정의 길upward
apophatic way'입니다. 아나고기아는 근원을 향해 상승하고자 하는

회귀본능에 상응하는 근본적 추동력이므로 추후 여정을 이어가는 데 있어 여전히 유효할 것입니다. 다만 부정의 방법에 대해서는 조금 더 고차원적인 접근이 필요합니다.

디오니시우스는 《신비신학》이라는 짤막한 논고에서 마지막 비상을 위해 필요한 고차원적 방법에 대해 다음과 같이 안내합니다.

만물의 근원은 일체의 존재를 넘어서므로, 이러한 모든 긍정(의 언명)들을 부정해야 합니다. 하지만 부정이 단지 긍정적 언명들의 역逆일 뿐이라고 결론 내리지 말아야 합니다. 차라리 모든 것의 근원은 이것(긍정의 역)보다 현저히 앞서 있으며, 결여와 모든 부정과 모든 긍정 너머에 있다고 말해야 합니다(《신비신학》 I, 2, 1000B).

우리가 아직 머무는 곳은 지성계인데 이곳에서 인식의 구조는 앎의 주체와 앎의 대상을 구분하는 이원성dyad을 띠고 있습니다. 반면에 관상적 상승의 최종 목적지인 일자의 영역은 지성의 이원성을 넘어섭니다. 따라서 지성을 넘어 초월적 비상으로 나아가기 위해서는 긍정적 언명을 부정하거나 거꾸로 부정적 언명을 부정하여 다시 긍정의 언명에 갇혀버리는 이항대립의 틀을 벗어나야 합니다. 부정의 길을 따라 "하느님은 선이시다"는 긍정의 언명을 부정한다고 해서 "하느님은 악이시다"는 명제가 성립되는 것이 아닙니다. 초월적 신성은 이항대립의 선악 개념마저도 넘어서는 지극히 초월적인 선입니다. 따라서 인간의 언어나 관념으로 근원적이고 초월적인 신성에 가닿을 수 없습니다. 위의 인용문에서 "모든 것의 근원"은 긍정의 역으로서의 부정보다 "현저히 앞서 있을" 뿐만 아니라 "모든 부정과 모든 긍정 너머에 있다"고 밝히는 것은 바로 이 점을 적시한 것입니다.

따라서 이렇듯 인간의 앎을 초월하는 근원적인 신성에 다가갈 수 있는 길은 이원성으로 구조화된 앎 자체를 내려놓은 것입니다. 디오니시우스는 이러한 "앎의 부정"이라는 초월적인 방법을 무지 unknowing라는 용어로 표현하고 있습니다. 그러나 이 개념은 지성의 작용과는 거리가 먼 순전한 무지ignorance를 뜻하지 않습니다. 이성적 영혼은 상징들의 단계를 거치면서 신성에 대한 다채로운 지식을 획득했고 중간 단계에서는 근원적 신성에 적합한 순수한 관념들을 지성적으로 관상하는 수준에까지 올라갔습니다. 그러나 지성으로 파악한 관념으로는 초월적 신성 그 자체를 관상할 수 없기에 그러한 관념에 대한 앎마저도 포기하는 초지성적 태도가 바로 디오니시우스가 말하는 고차원적인 무지입니다.

이러한 초지성적 무지를 그는 성서에 등장하는 "모세의 시나이 산 등정Moses' ascent of Mt. Sinai"이라는 잘 알려진 이미지를 통해 형상화하고 있습니다.

그러나 모세는 그것들을 벗어나 깨쳐버리고, 보는 것과 보이는 것으로부터 떨어져서 무지unknowing의 진정 신비한 어둠 속으로 돌진해 들어갑니다. 여기서 모세는 지성으로 사념思念할 만한 것, 만져지고 보이는 것에 온통 둘러싸인 것을 다 끊어버리면서, 일체 너머에 계시는 그분께 전적으로 속하게 됩니다. 여기서는 그 자신도 아니고 다른 무엇도 아니므로, 모든 지식의 무위無爲에 의해 전적으로 아니 알려지는 그분과 극상적極上的으로 합일되며, 아무것도 아니 앎knowing nothing으로써 지성을 넘어서 알게 됩니다(《신비신학》 I, 3, 1001A).

"아무것도 아니 앎으로써" 즉 무지를 통해 접근하는 초월적 앎의 상태는 구름 덮인 산 정상의 "신비한 어둠" 또는 《신비신학》의 서두에 등장하는 "찬란한 어둠 brilliant darkness"과 같은 모순어법 oxymoron을 통해 표현됩니다. 여기서 디오니시우스는 지나친 밝음이 인간의 수용력을 초과하는 눈부심 때문에 오히려 어둠으로 느껴지는 역설적 현상에 빗대어 신성의 본질에 대한 충만한 관상은 실제로 무지가 아니며 앎을 넘어서는 초월적 앎임을 천명하고 있습니다.

◆◆◆

더 읽어보면
좋은 책

Pseudo-Dionysius, Colm Luibheid trans., *Pseudo-Dionysius: The Complete Works*, Paulist Press, 1987.

위-디오니시우스의 저작, 즉 디오니시우스 총서는《위 디오니시우스 전집》이라는 제목으로 국내 기독교 계통의 출판사를 통해 약 10여 년 전에 출판되었으나 디오니시우스의 신비사상과 신플라톤주의에 대한 배경지식을 고려하지 않은 번역이므로 추천하기에 적절치 않다. 디오니시우스 신비사상에 대한 본격적인 접근을 위해 위 영어 번역본을 참고할 것을 제안한다.

전광식,《신플라톤주의의 역사》, 서광사, 2002.

프로클로스를 중심으로 플로티노스로부터 시작되는 신플라톤주의 형성의 역사와 이후 고대 후기와 서양 중세 및 근세에 이르기까지 프로클로스 사상의 영향사를 서술하고 있다. 저자는 프로클로스 계열의 신플라톤주의를 중세의 비잔틴사상과 스콜라철학, 근세의 르네상스철학과 헤겔의 변증법에 이르기까지 서양사상사의 저류에 자리 잡은 가장 중요한 지평으로 소개한다. 고대 후기에 있어 프로클로스의 영향을 취급하는 대목에서 약 20여 쪽을 할애하여 위-디오니시우스의 주요 사상과 저술을 소개한다. 260여 쪽 분량의 단행본 안에 수많은 철학자들과 사상가들을 시대와 학파별로 묶어 취급하고 있으므로 프로클로스의 형이상학에 대한 전문적이고 깊이 있는 지식을 전달하지는 않는다. 위-디오니시우스의 신비사상을 신플라톤주의 철학사의 넓은 지평에서 고찰하고자 하는 독자에게 개론적 참고서로 제안한다.

위·디오니시우스

115

앤드루 라우스, 배성옥 옮김, 《서양 신비사상의 기원》, 분도출판사, 2011.

이 저작은 '플라톤에서 디오니시우스까지'라는 부제목이 시사하듯이, 그리스도교 신비주의를 그 철학적 기원에서 출발하여 교부신학의 전개 과정이라는 신학사적 맥락으로 옮겨가면서 주요 인물들을 중심으로 서술하고 있다. 저자는 플라톤과 플로티노스로 이어지는 신플라톤주의 신비철학의 전통이 오리게네스, 아타나시우스, 니사의 그레고리우스 등 교부신학자들의 수용과 변용을 거쳐 그리스도교의 고유한 신비신학의 전통을 형성해가는 과정에 초점을 맞추어 고찰한다. 아울러 그리스도교 신플라톤주의의 다른 한 축을 대변하는 아우구스티누스의 신비사상을 소개한 후에 교부들이 이룩한 그리스도교 신비신학의 주요 흐름이 위-디오니시우스에 의해 완성되는 것으로 서술한다. 라우스는 비잔틴문화와 교부신학을 전공한 영국의 신학자이다. 이 책은 그가 해당 주제에 대해 여성 수도자들을 대상으로 한 일련의 강의에 기초하고 있으므로 깊이 있고 전문적인 내용을 비교적 평이하게 전달하는 장점이 있다. 한국어 번역은 부분적으로 신플라톤주의 철학의 맥락을 적절히 반영하지 못한 아쉬움이 있으나 원저자의 심도 있는 내용을 유려하고 읽기 쉬운 문체에 담아냈다는 점에서 나름대로 성공적이라고 할 수 있다. 디오니시우스의 사상을 그리스도교 신플라톤주의 내지 신비주의라는 종교사 또는 신학사의 맥락에서 탐구하고자 하는 이들에게 필독서로 권한다.

요하네스 스코투스 에리우게나, 신플라톤주의 철학을 서양 중세기에 녹여내다

김영철

—

요하네스 스코투스 에리우게나
Johannes Scotus Eriugena(810?~877?)

요하네스 스코투스 에리우게나는 아일랜드 출신으로 서양 중세
기에 새로운 학분석 전통인 논리학과 변증론이 등장하던 시
기를 연 대표적 인식론자이자 사변 철학자이다. 그는 40세쯤
에 대륙으로 건너와 프랑스의 대머리 황제로 유명한 샤를 대
제의 궁정학교 교사가 된다. 뛰어난 그리스어 실력자로 알려
져 있었으며 샤를 대제의 부탁으로 디오니시오스 아레오파
기타의 여러 작품들을 라틴어로 번역했고, 이는 곧 신플라톤
주의 철학이 서양 중세사상에 많은 영향을 끼치는 데 결정적
역할을 했다. 또한 그는 신플라톤주의 철학에 영향을 받아
형성된 그리스도교 사상을 종합적으로 보여주는 저서이자
서양 중세 초기의 유일한 철학서로 평가받는《자연구분론》
(~866)을 저술하기도 했다.

에리우게나의 사상은 철저하게 신플라톤주의 철학 노선에
서 있었다. 이러한 이유로 그는 현상세계에 존재하는 사물들
의 다양성이 어떻게 신의 단일성에서 나왔고 어떻게 다시 돌
아가는가를 설명하고자 했다. 현상세계에 존재하는 모든 것
이 신의 현현顯現이라는 그의 생각은 신과 자연을 동일시하
는 사상으로 간주되었고, 이로 인해 그는 당대는 물론 후대
에까지 범신론자로 오인받기도 했다. 하지만 서양 중세철학
전문가 대부분은 스콜라철학이 본격적으로 시작하던 11세기
이전까지 서양 중세철학을 대표하는 진정한 사변 철학자로
에리우게나를 뽑는 데 주저하지 않는다. 또한 그는 플로티노
스와 아우구스티누스가 받아들이고 발전시킨 신플라톤주의
철학 유산을 서양 중세에 전달한 대표적 사상가 가운데 한
명으로 평가받고 있다.

서양 중세기에 철학을 열다

서양 중세에는 철학이 존재하지 않았다고 말하는 사람들이 있습니다. 중세를 암흑의 시기라고 표현하는 것과 같은 의미인데요. 사실 이 문제는 서양 중세의 대표적 신학자 가운데 한 사람인 페트루스 다미아니Petrus Damianus의 유명한 명제, "철학은 신학의 '시녀philosophia est ancilla theologiae로서만 존재할 뿐이다"라는 언명으로부터 촉발되었다고 볼 수 있습니다. 어쩌면 이 말은 지극히 당연한 표현입니다. 당시 서양 중세는 그리스도교가 문화 전반을 지배하고 있었으니까요. 이로 인해 모든 것은 그리스도교 문화를 지탱하기 위한 수단으로만 존재했고 오직 교회의 권위를 정당화하는 그리스도교 신앙 혹은 신학만이 그 위상을 유지하고 있었다고 볼 수 있습니다.

그렇다면 철학이 없다는 것은 무엇을 의미할까요? 사람들은 보통 철학을 이성으로 표현합니다. 인간의 정신 능력인 이성을 뜻하는 것이지요. 그렇다고 철학이 없다는 것이 극단적으로 인간의 이성을 부정하는 것은 아닙니다. 당연히 인간은 이성을 지닌 존재겠지요. 하지만 서양 중세는 잘 알다시피 그리스도교, 즉 종교가 문화의 최고봉으로서 인간의 모든 삶을 지배하고 있었습니다. 종교적인 삶이 모든 인간이 궁극적으로 추구해야 하는 참된 삶이었기 때문이지요. 그래서 중세 교회는 인간이 이성을 자유롭게 활용하는 것보다는 교회의 권위와 신앙에 복종하도록 하였습니다. 그리고 오직 교회의 권위와 신앙에 따르기 위해 이성을 활용하도록 하였습니다. 말하자면 이성은 오직 신앙에 의존할 때만 진정한 의미가 있다고 본 것입니다. 결국 철학으로서의 이성은 교회의 권위와 신앙에 의해 주체적 의미를 상실한 것으로 평가되었습니다. 이것이 바로 중세에는 철학이 없다는 의미입니다.

하지만 과연 서양 중세시대에 철학이 없었을까요? 서양 문화사에 따르면 헤브라이즘 시대가 오기 전은 헬레니즘문화였습니다. 이성으로 상징되는 그리스문화입니다. 말하자면 그리스도교 신학이 서양 문화의 정점에 놓이기 전에 제왕 자리를 오랫동안 지켜온 것이 바로 철학입니다. 철학은 인간의 자유로운 이성입니다. 아무리 세상이 변하고 문화의 중심축이 바뀌어도 하루아침에 급작스럽게 철학의 위상이 변하지는 않습니다. 새로운 문화의 중심인 그리스도교도 항상 철학이라는 전통의 강자를 일방적으로 무시할 수는 없었다는 말입니다. 그래서 때로는 그리스도교가 철학을 억누르기도 하고 때로는 철학을 그리스도교 신학 다음에 놓아 2인자로 인정하는 등의 화해를 도모하기도 했습니다. 후자는 곧 철학적 이론을 통해 그리스도교 신학을 보다 공고하게 하고자 하는 의도로 연결됩니다. 하지만 당시 많은 지식인은 철학을 신봉하고 철학만이 진정한 정신적 문화라고 생각했습니다. 철학이 신학보다 더 우월한 문화이므로 결코 신학을 정립하고 증명하는 수단으로 간주하는 것을 허락하지 않았습니다.

신플라톤주의 철학을 서양 중세기에 녹여내다

중세 그리스도교 문화에서 꽃을 피운 대표적인 철학이 바로 신플라톤주의 철학과 아리스토텔레스주의Aristotelianism 철학에 기반을 둔 스콜라철학입니다. 물론 전통적으로는 신플라톤주의 철학을 대신하여 교부철학을 서양 중세 초기의 대표적 사상으로 소개합니다. 우리가 알고자 하는 에리우게나는 신플라톤주의 철학자로 알려져 있습니다. 말하자면 신플라톤주의 철학은 에리우게나가 자신의 철학을 형성하는 데 결정적인 토대가 되었으며, 그는 철저하게 신플라톤주의 철학 전통에서 자신의 사상을 펼쳤습니다. 에리우게나는 아리스토텔레스 철학보다는 플라톤 철학에 매료되어 있었습니다. 물론 9세기경 서양 문화계에는 아리스토텔레스에 대한 논의가 거의 없었습니다. 그의 저작이 거의 알려지지 않았기 때문입니다. 서양 중세에 아리스토텔레스의 저작들이 소개된 주된 이유는 십자군 전쟁입니다. 십자군 전쟁으로 12세기경부터 동방 이슬람문화에 소개된 아리스토텔레스의 저작, 그것도 이슬람 언어로 번역된 아리스토텔레스 작품들이 서방 그리스도교 문화로 이입되었고 이를 라틴어로 번역하면서부터 알려지기 시작했습니다. 이러한 이유로 9세기의 대표적 철학자인 에리우게나는 아리스토텔레스 철학에는 문외한이었습니다. 하지만 그는 신플라톤주의 철학을 중세기에 녹여내 꽃을 피운 대표적 사상가입니다.

신플라톤주의 철학의 주된 관심은 무엇일까요? 신플라톤주의 철학은 일반적으로 플라톤적 사상 전통과 맥을 같이합니다. 신플라톤주의라는 표현이 생긴 이유는 플라톤 사상이 갖는 어려움 혹은 난점을 새롭게 해석하고 보완하는 경향을 보인다는 관점에서 시작됐다고 볼 수 있습니다. 예컨대 칸트 철학의 난점을 해결하고자 했던 사람들을 신칸트학파라고 칭하고 데카르트의 난점을 해결하고자 한 사람들을 신데카르트학파라고 표현하는 것과 같다고 할 수 있겠지요. 잘 알려져 있듯이 플라톤은 기본적으로 세상을 이원론적으로, 다시 말해 두 개의 세계로 나누어 생각했습니다. 하나는 참된 세계로서의 이데아 세계이고 또 하나는 우리가 현재 잠시 머무는 거짓된 세계로서의 현실 혹은 현상세계입니다. 일명 이데아와 반대되는 의미로 거짓된 생각으로서의 독사doxa(억견)의 세계라고 칭합니다. 그리고 이 두 세계는 서로 단절되어 있다고 생각합니다. 하지만 신플라톤주의 철학은 이 단절된 두 세계에 다리를 놓고자 합니다. 말하자면 신플라톤주의 철학은 이데아 세계와 현상세계, 즉 정신세계와 현상으로서의 물질세계가 분리되어 있지만 이 두 세계가 서로 연결되어 있다고 생각합니다. 정신과 물질에는 상호 연관 혹은 연결점이 있으며 그것을 찾고자 질문을 던진다는 뜻입니다. 이에 대한 해답을 구하는 것이 바로 플라톤의 이원론적 세계관이 지닌 문제 혹은 난점을 해결 또는 보완하고자 하는 의도입니다.

신플라톤주의 철학의 주된 특징은 무엇일까요? 이것은 플라톤의 이원론적 세계관을 보완하는 사상과 연결됩니다. 신플라톤주의 철학은 플라톤의 사상과 달리 정신계로서의 진리의 세계와 물질계로서의 현상의 세계를 가르는 벽이 높지 않습니다. 이는 곧 다른 두 세계를 연결하는 가능성이 어딘가에 존재한다는 의미입니다. 신플라톤주의 철학은 이러한 논의를 인간과 연계해 설명합니다. 말하자면 진리의 세계로 나아가고자 하는 인간의 의지에 그 가능성, 즉 두 세계를 연결할 수 있는 단초가 있다고 생각했습니다. 예를 들면 인간은 참된 진리의 세계와 거짓된 현상의 세계 중간에서 두 세계를 자신의 의지에 따라 넘나들 수 있는 존재입니다. 이는 곧 인간이 거짓된 현상세계에서 참된 진리의 세계로 올라갈 수 있는 중간 영역에 놓여 있음을 의미합니다. 그러므로 인간의 의지, 즉 진리를 갈구하고 갈망하는 의지는 서로 다른 두 세계를 연결하는 단초이자 닫혀 있는 두 세계의 문을 열 수 있는 열쇠, 다시 말해 참된 정신의 세계로서 이데아 세계로 가는 가능성이 됩니다.

그렇다면 신플라톤주의 철학에서 말하는 인간의 의지, 즉 서로 다른 두 세계를 연결하는 가능성이자 열쇠는 도대체 무엇일까요? 의지는 자신의 내면을 보고자 하는 경향성입니다. 정확하게 말하자면 의지는 자신의 외면이나 내면을 보고자 하는 경향을 지니고 있습니다. 하지만 신플라톤주의 철학에서 주요하게 논의하는 의지는 내면으로 향하는 의지입니다. 일종의 내적 의지라고 표현할 수 있겠지요. 내면을 보고자 하는 경향을 가진 의지와 함께 인간은 자신의 내면을 보고자 합니다. 이 순간부터 인간은 더 이상 외적 감각에 의존하지 않게 됩니다. 말하자면 더 이상 감각에 의존하여 보고 들은 거짓된 현상세계에만 머물지 않고 자기 내면에 존재하는 참된 정신세계를 보게 될 수 있습니다. 이는 곧 자신에게 놓여 있는 의지의 전환입니다. 거짓된 현상세계에서 참된 이데아 세계로 올라가고자 하는 의지만 있다면 인간에게는 가능하다는 것입니다. 내 의지의 결정에 따라 내 삶의 영역이 바뀔 수 있습니다. 그러므로 의지는 곧 자신의 삶을 결정하고 감각에 의존하는 삶에서 벗어나 내면을 깊이 있게 바라보는 삶, 즉 자신을

성찰하는 삶을 가능토록 해 참된 정신의 세계인 이데아의 세계로
상승토록 하는 것을 뜻합니다.

신플라톤주의 철학에서는 자신을 성찰하는 삶이 곧 참된 정신
의 세계인 이데아의 세계로 싱승하도록 한다고 합니다. 이 또한
앞서 논의한 내용과 크게 다르지 않습니다. 우리 인간이 외적·감
각적 능력과 내적·정신적 능력을 지닌 존재임은 잘 알려진 사실
입니다. 하지만 감각적 능력에만 의존해 살면 외적 감각으로만
볼 수 있는 세상만을 보게 됩니다. 잘 알다시피 감각은 우리에게
거짓된 앎을 제공하기도 합니다. 이는 현대과학으로도 증명된 사
실이지만 우리 일상에서도 쉽게 확인할 수 있습니다. 예를 들어
물이 든 투명한 컵에 막대기를 넣으면 우리의 감각능력인 시각으
로는 휘어져 보입니다. 실제로는 곧은데도 말입니다. 이처럼 감
각은 우리에게 잘못된 인식을 유발할 수도 있습니다. 하지만 우
리가 감각 능력에 의존하지 않고 정신적 혹은 이성적 능력에 의
존하는 삶을 영위하고자 한다면 우리 자신뿐만 아니라 세상의 참
된 모습으로서의 이면裏面도 볼 수 있습니다. 말하자면 동일한 것
도 어떤 인간의 능력으로 보느냐에 따라 다르게 보인다는 의미입
니다. 동일한 대상도 감각적 능력으로 볼 때와 정신적 내면의 능
력으로 볼 때 서로 다르게 나타나는 뜻입니다. 이것이 바로 신플
라톤주의 철학의 중요한 사상적 특징 가운데 하나인 '동일성unum'
에 대한 논의입니다.

그렇다면 신플라톤주의 철학에서 논의하는 '동일성'의 문제는
어떤 의미일까요? 동일성이란 두 개 이상의 사물이나 사상이 서
로 다르지 않고 동일한 성질, 즉 '같다'는 의미를 지닙니다. 신플

라톤주의 철학에서 말하는 두 세계는 앞서 언급한 감각에 의존하여 감각적 능력으로 바라보는 감각적 세계와 정신적 능력으로 내면을 보고자 하는 정신적 세계입니다. 이 두 세계는 서로 다르지 않고 같습니다. '동일성'에 대한 논의는 신플라톤주의 철학의 창시자로 알려진 플로티노스의 유명한 사상인 '유출설'에서 출발한다고 할 수 있습니다. 유출설이란 쉽게 말하면 모든 것의 근원인 신으로부터 마치 태양에서 빛이 방사放射하고 샘에서 물이 흘러넘치는 것처럼 만물(현상세계)이 유출되었다는 것입니다. 말하자면 완전한 신으로서의 하나hen(근원, 단일성)로부터 만물인 다수polla(현상세계, 다양성)가 생성되어 나왔다는 학설입니다. 이는 곧 빛이 태양에서 멀어질수록 희미해지듯 근원인 하나에서 흘러나온 것도 근원인 하나와 멀어질수록 불완전해진다는 의미입니다. 불완전한 현상세계로서의 다수가 된다는 것으로 하나로부터 다수가 유출 또는 생성되어 나왔다는 뜻입니다. 하지만 플로티노스는 이러한 근원으로서의 하나(단일성)와 생성된 현상으로서의 다수(다양성)가 서로 다르지 않다고 주장합니다. 서로 다른 것을 같다고 주장하는 것인데요. 얼핏 생각하면 대단히 모순되어 보입니다.

그렇다면 신플라톤주의 철학에서는 어떻게 '하나가 다수hen polla'라는 동일성에 대한 논의를 전개할까요? 이는 하나에서 만물로서의 다수가 생성되는데 그 생성된 다수가 어떻게 하나와 동일한가에 대한 문제입니다. 즉 어떤 것의 근원과 그 어떤 것이 어떻게 같은가에 대한 논의입니다. 이 문제를 신플라톤주의 철학은 하나가 모든 것을 포함하고 있다는 데서 출발합니다. 말하자면 하나가 다수를 포함하고 있으며 하나가 현상세계에 다수로 드러나는 것이므로 둘은 본질적으로 서로 다르지 않다는 것입니다. 하지만 우리 인간은 이 다수로서의 현상세계가 하나로부터 생성된 것임을 알지 못합니다. 이는 우리가 감각적 능력에 의존해 세상을 보고 이해하고자 하는 데서 기인하는 문제라고 신플라톤주의 철학은 생각합니다. 말하자면 감각에 의존하면 세상의 근원을 보거나 이해할 수 없고 단지 내면의 정신적 능력으로 보고자 할 때 세상 만물의 근원으로서의 하나를 보고 이해할 수 있다는 뜻입니다. 이는 곧 인간의 외적인 감각 능력은 불완전하지만 정신적 능력은 현상세계와 그 근원을 인식할 수 있는 능력임을 의미합니다. 그리고 이러한 인간의 정신은 현상세계가 하나가 드러난 모습임을 인식할 수 있으며 이로 인해 하나와 현상세계로서의 다수가 서로 다르지 않고 같음을, 즉 동일함을 인식할 수 있다고 생각합니다. 이러한 이유로 신플라톤주의 사상가들은 하나와 다수가 서로 다르지 않고 같다는 동일성 개념을 강조하면서 다수로서의 현상세계에 내재하는 하나를 찾는 것이 중요하며 이를 위해 감각을 멀리하고 내면을 갈고 닦는 정신적 삶을 영위하고자 노력해야 한다고 말합니다. 아울러 이러한 동일성 개념의 이해를 통해 다양한 세계 현상과 사물의 본질이 바로 하나, 즉 만물의 근원이자 신적 존재로서의 하나임을 말하고 우리 인간은 이 하나를 찾고 닮아야 하는 것과 같은 의미입니다.

신플라톤주의 철학을
그리스도교 신앙에 접목하다

에리우게나는 철학과 종교를 동일한 것으로 이해했습니다. 이는
곧 이성과 신앙이 상반되지 않고 일치한다는 뜻입니다. 철학과
종교는 근원이 동일하며 그 목표 또한 같기 때문입니다. 그래서
그는 참되고 진실한 철학이 종교인 것처럼 참되고 진실한 종교도
철학이라고 생각했습니다. 말하자면 그 어떤 것이 다른 어떤 것
보다 우선하지 않으며 철학과 종교도 서로 동일하다는 것입니다.
이는 이성과 신앙의 일치하며 인간의 이성 속에 이미 신앙이 내
재해 있음을 의미합니다. 신이라는 동일한 근원과 신을 알고 신
으로 향하고자 하는 동일한 목표를 지니고 있기 때문입니다. 이
러한 생각은 앞서 설명한 신플라톤주의 철학의 동일성 개념에 대
한 논의와 의미가 다르지 않습니다.

또한 에리우게나는 존재 개념에 그리스도교의 창조 개념이라
는 옷을 입혔습니다. 이는 곧 신플라톤주의 철학에서 존재가 생
성되는 과정을 신의 창조 과정으로 설명한다는 뜻입니다. 신플라
톤주의 철학의 유출설에서 절대자인 하나로부터 다수의 존재가
생성되는 것처럼 신의 피조물 또한 창조주인 하느님이 세상에 드
러나는 것으로 이해했습니다. 달리 표현하자면 가장 높은 존재인
창조주 하느님이 하위의 피조물에게 존재를 부여해 세상에 드러
나도록 했다는 뜻입니다. 이러한 의미를 그는 플로티노스처럼 비
유를 활용하여 표현했습니다. 예를 들어 신과 피조물들은 태양
과 그것으로부터 발산되는 광선으로 비유했습니다. 또한 어떤 수

학적 원리와 복잡한 원리가 이해되어 나타난 결과 혹은 상황으로 비유하기도 했습니다. 이러한 에리우게나의 창조 개념은 곧 신이 스스로 드러남을 뜻하는 것으로서의 자기 현현을 의미합니다. 말하자면 하느님이 스스로 세상에 드러나셨고 세상의 피조물은 모두 하느님과 다르지 않고 동일하다는 것을 밝히는 것이지요. 이러한 하느님의 스스로 드러남으로서의 자기 현현은 곧 스스로를 계시啓示하는 것과 다르지 않습니다. 그러므로 에리우게나가 생각하는 창조는 절대자 하느님이 스스로를 계시하는 것을 의미한다고 볼 수 있습니다.

하지만 절대자이자 창조주인 하느님이 어떻게 피조물들과 동일할 수 있을까요? 이 문제는 에리우게나가 당시의 신학자들에 해명해야 할 가장 어려운 과제였습니다. 그는 하느님과 피조물들이 존재론적으로 동일함, 즉 동일한 존재자라고 생각하지는 않았습니다. 피조물인 존재자들 속에 많거나 적거나 창조자의 속성이 깃들어 있다는 의미이지 창조자와 피조물들이 완전히 동일한 존재라는 뜻은 아니었습니다. 에리우게나가 생각하는 존재의 동일성, 즉 창조주인 하느님과 피조물들과의 관계에 존재하는 동일성은 피조물들이 창조주인 하느님을 많거나 적거나 닮아 있다는 뜻입니다. 이는 그리스도교 사상에서 중요한 개념인 신의 형상imago dei으로서의 피조물이 인간이라는 의미와 그 뜻을 같이합니다. 즉 피조물은 신의 속성과 닮아 있다는 것입니다. 신의 형상과 닮아 있다는 것은 곧 하느님이 창조한 이후, 즉 시간적으로 창조주가 먼저 있고 그다음에 창조주와 닮은 피조물이 존재함을 뜻합니다. 분명 에리우게나는 이러한 닮음의 개념을 플라톤으로부터 흘러온

세계 생성의 원리인 분유metousia, participatio(~후에 존재성을 가짐) 개념으로 해석했습니다. 말하자면 창조자 이후에 존재자가 생성되는 과정, 즉 하위 존재는 상위 존재를 분유(닮음, 나눔)하여 위계적으로 생성되는 과정으로 본 것입니다. 하지만 우리가 잊어서는 안 되는 중요한 점이 있습니다. 바로 이러한 창조 과정에 신의 속성이 많거나 적거나 반드시 존재한다는 사실입니다. 그리고 이 사실이 바로 피조물인 인간이 절대자인 창조주를 인식하여 종국에는 서로 합일되는 단초로 중요한 역할을 하게 된다는 점입니다.

피조물의 반란, 창조주이자 근원인 하느님을 인식하다

과연 피조물인 인간이 자신의 창조주인 하느님을 인식할 수 있을까요? 서양 중세기의 문화는 한마디로 신이 지배하고 피조물인 인간은 신의 명령인 섭리에 무조건 따라야만 하는 복종으로 대변할 수 있습니다. 이러한 문화에는 피조물들의 자유로운 생각이나 행위 활동은 어디에도 없었습니다. 하지만 에리우게나의 철학에는 피조물로서의 인간이 자유로운 사유 활동을 하는데, 이러한 사유 활동에는 근원에 대한 질문이 있습니다. 바로 자신의 근원으로서의 창조주인 하느님에 대한 질문입니다. 하지만 자신보다 더 높은 존재인 하느님을 아는 것이 가능하지 않다는 것은 일반적인 생각입니다. 불완전한 존재로서의 피조물이 어떻게 완전한 존재인 창조주를 알 수 있을까요? 당연히 사유 논리로는 불가능하다고 볼 수 있습니다. 하지만 신플라톤주의 철학자인 에리우게나는 이 불가능한 사유 논리가 가능하다고 생각했습니다. 그리고 그 가능성을 바로 창조의 원리, 즉 만물이 생성되는 원리에서 찾았습니다. 앞서 설명했듯이 창조의 원리 혹은 과정에 신의 속성이 많거나 적거나 반드시 존재합니다. 피조물인 인간 속에 신의 속성이 존재한다는 사실, 바로 그로 인해 인간은 자신의 근원이자 창조주인 하느님을 인식할 수 있습니다. 이는 인간이 자신 속에 내재하는 신의 속성을 인식하는 것과 같습니다. 따라서 인간은 자신을 대상으로 하여 자신의 근원인 하느님을 알고자 해야 합니다. 이는 우리에게 잘 알려진 데카르트의 명제 "나는 생각한다. 고로 나는 존재한다cogito ergo sum"를 가능케 한 아우구스티누스의 명제 "내가 의심할 때, 나는 존재한다si enim fallor sum"와 같은 의미입니다.

　　피조물로서의 인간이 자신을 대상으로 하여 자신의 근원인 하느님을 알고자 해야 한다는 것은 곧 자신에 대해 질문하는 것과 다르지 않습니다. 이는 나 자신이 인식의 주체인 동시에 인식의 객체인 대상이 된다는 뜻입니다. 일명 자기 인식에 대한 논의이자 주체와 객체가 합일되는 문제이기도 하며, 인식주체와 인식대상의 동일성에 대한 문제입니다. 인간인 인식주체와 인간에게 내재하는 신의 속성으로서의 대상이 동일하다는 것은 인간과 신이 서로 다르지 않고 동일하다는 의미로도 볼 수 있습니다. 이러한 이유로 에리우게나는 인간이 자신을 인식할 수 있다면 그것은 곧 신을 인식하는 것과 다르지 않다고 생각한 것입니다.

자연 인식의 과정에서 자기 자신을 인식하다

에리우게나 사상에서 가장 유명한 것은 자연physis, natura 개념에
대한 논의입니다. 자연에 대한 논의는 그의 대표작《자연구분론de
divisione naturae》에서 다룹니다. 그가 생각하는 자연이란 존재와 비
존재 모두를 포함하여 일컫는 매우 포괄적인 개념입니다. "자연
은 창조된 모든 것만을 칭하는 것이 아니라 그것을 만든 자도 칭
하는 것이다. ……이는 그리 놀라운 일이 아니다. 왜냐하면 일반
적으로 자연을 구분한다는 것은 모든 세계, 무한자까지도 포함하
는 의미를 갖기 때문이다."

에리우게나는 자연으로서의 존재esse와 비존재non esse를 다섯
가지로 구분합니다. 첫째, 비존재는 신이나 사물의 본질essentia과
같이 인간의 인식범위를 벗어나 있는 것입니다. 존재는 인간이
인식 가능한 것이며 비존재는 인식 불가능한 것을 의미합니다.
둘째, 창조된 피조물들 가운데서의 존재와 비존재를 구분합니다.
에리우게나는 존재와 비존재를 긍정affirmatio과 부정negatio이라는
의미와 연결합니다. 말하자면 높은 존재든 아니든 우리가 어떤
창조된 것을 긍정한다는 것은 그것이 존재한다는 의미이며, 반대
로 어떤 것을 부정한다는 것은 그것의 존재성을 인정하지 않는다
는 의미입니다. 셋째, 감각적 세계인 시간과 공간의 영역에서 존
재성(드러남)과 비존재성(드러나지 않음)을 구분합니다. 여기서 비
존재란 존재성이 일종의 예정된 원인으로서 이미 주어져 있지만
아직 감각적인 시공의 세계에 드러나지 않은 상태를 말합니다.
이러한 비존재가 감각적인 세계에 드러나면 존재가 됩니다. 이를

에리우게나는 다음의 예로 설명합니다. 인간이 창조되기 이전에 신은 인간본성이라는 관념(원인)이 있었으며 그것이 감각적인 세계(결과)에 드러난 것이 바로 인간(아담)입니다. 마찬가지로 살아 있는 생명체들도 생명력 virtus seminum이라는 원인의 결과로 이 세상에 나타난 것이라고 설명합니다. 넷째, 존재란 오직 정신으로만 파악 가능한 정신적인 것이며 비물질적인 것인 반면 비존재는 물질적이며 변화하는 것을 의미합니다. 다섯째, 존재와 비존재를 인간본성과 관련해 구분합니다. 선한 본성을 유지하는 한 인간은 선하기 때문에 존재라고 칭할 수 있지만, 반대로 죄를 행한 인간은 죄지음으로 인해 근본적인 선한 본성을 망각 혹은 잃어버리게 되어 비존재라고 칭한다는 것입니다. 이러한 의미는 후에 인간이 이성 ratio을 사용하여 잃어버린 자기 본성을 되찾게 되면 비존재에서 존재로 귀환할 가능성이 있음을 제시합니다.

에리우게나는 자연을 네 가지로 구분했습니다. 이 구분은 창조자와 피조물의 양상을 보여주며 아울러 존재의 단계이자 위계질서를 보여주기도 합니다. 첫 번째 자연은 '창조하지만 창조되지는 않는 자연 natura quae creat et non creatur'입니다. 이는 모든 창조의 근원이자 원리로서의 신을 의미합니다. 이러한 자연으로서의 신은 자기 자신 안에서 스스로 분출시키며 이렇게 분출된 것들이 여러 피조물들의 생성원리가 됩니다. 두 번째 자연은 '창조되면서도 창조하는 자연 natura quae creatur et creat'입니다. 이는 첫 번째 자연인 신이 최초로 현상세계에 드러나는 것을 뜻합니다. 그래서 신의 현현이라고 할 수 있으며 신을 그대로 닮은 이데아로서 사물들을 창조하는 존재입니다. 신이 스스로 감각적인 현상세계에 모습을 드러내는 것은 예컨대 보이지 않는 하느님이 예수 그리스도 혹은 로고스logos로 나타나는 것으로 이해할 수 있습니다. 그리고 이 단계의 자연은 감각적이고 유한한 것들과 혼합된 상태가 아니며 오직 첫 번째 자연인 신의 뜻만 따릅니다. 선을 따르며 선한 행동만을 하게 됩니다. 하느님의 현현인 예수 그리스도의 삶이 여기에 해당합니다. 세 번째 자연은 창조물의 영역인 시간과 공간의 세계를 뜻하는 '창조되지만 창조하지는 않는 자연natura quae creatur et non creat'입니다. 이 세 번째 자연은 창조하는 능력을 지닌 두 번째 자연으로서의 이데아가 현상세계에 구체적인 사물의 형태로 드러나는 것을 말합니다. 이데아에 의해 창조된 존재로서의 세상을 뜻하는 겁니다. 이는 우리가 일반적으로 생각하는 시간과 공간의 세계를 의미합니다. 네 번째 자연은 '창조하지도 되지도 않는 자연natura quae nec creat nec creatur'입니다. 이 자연은 창조의 궁극적 목표이며 창조물이 나아가야 할 최종 목적으로 볼 수 있습니다. 이 단계에서는 원인과 결과가 일치하며 창조물인 인간이 자신의 근원인 신을 인식하여 원래의 근원인 신으로 돌아가게 됩니다.

에리우게나의 자연, 즉 존재의 위계질서 속에는 많거나 적거나 신의 속성이 머물러 있습니다. 이는 앞서 설명한 분유에 의한 존재의 생성을 의미합니다. 그리고 하위 존재가 자신의 근원인 상위 존재로 상승 혹은 귀환할 수 있음을 의미합니다. 말하자면 하위 존재가 자기 안에 내재하는 신의 속성을 인식하고자 하는 것으로부터 자신의 근원인 신으로 상승 혹은 귀환하게 되는 것입니다. 이러한 과정을 철학적으로는 존재의 귀환 혹은 상승이라고 하지만 그리스도교 교의에 따르면 구원, 즉 타락한 인간의 구원을 뜻합니다. 죄로 인해 하느님으로부터 떨어져 있지만 회개를 통해 자기 내면에 있는 신의 선한 속성을 알고 그것을 따르는 것으로부터 구원이 시작됩니다. 이러한 행위를 에리우게나는 인간 영혼의 행위와 관련하여 설명합니다. 영혼은 감각적 현상세계에 있을 때도 근원인 하느님을 완전히 떠나지 않습니다. 영혼은 언제나 순수한 지적 활동을 할 수 있으며 자신의 근원을 망각하거나 잊지 않는다는 뜻입니다. 따라서 영혼은 자신이 원하면 항상 하느님께 향할 수 있습니다. 말하자면 영혼은 자기 내면에 존재하는 하느님의 선한 본성을 인식함으로써 근원으로 귀환할 수 있는 것입니다.

◆◆◆

더 읽어보면
좋은 책

박승찬, 《생각하고 토론하는 서양 철학 이야기 2》, 책세상, 2006.

현재까지 우리나라에는 에리우게나와 관련된 저서가 없다. 따라서
이 책도 에리우게나의 사상을 소개하는 책이 아니다. 서양 중세철
학의 주요한 흐름을 학생들의 눈높이에 맞춰 쉽게 재구성한 일종
의 소개서이다. 이 책에서 저자는 서양 중세철학의 사상적 특징
을 단순히 소개하면서 그 내용을 학생들이 수동적으로 답습하도
록 하지 않는다. 중세철학이 서양사상사의 맥락에서 왜 중요한지
를 질문토록 하며 동시에 그 답변을 제시한다. 또한 서양 중세철
학의 새로운 개념인 인간의 존엄성, 자유의지, 악의 문제 등과 같
은 주제를 학생들이 스스로 탐구토록 유도한다. 더불어 중세철학
에 좀 더 쉽게 접근할 수 있도록 자세한 설명과 상세한 주석을 실
어 서양 중세철학 입문서로서 추천할 만하다.

K. 플라시, 신창석 옮김, 《중세철학 이야기》, 서광사, 1998.

이 책은 서양 중세철학을 사상사적으로 그리고 주제별로 정리하
면서 추적함으로써 중세철학의 뿌리와 발전 과정을 잘 보여준다.
특히 서양 중세철학 사상에 신플라톤주의 철학의 영향이 얼마나
지대한지를 보여주는데, 이는 아마도 저자가 신플라톤주의 철학을
오랫동안 연구한 결과일 것이다. 에리우게나도 신플라톤주의 철학
을 잘 보여주는 철학자이다. 이 책은 서양 중세철학과 함께 고대

◆ ◆ ◆

후기 그리스 사상이나 신플라톤주의 철학에 관심 있는 학생들에게 추천할 만한 서양 중세철학 개론서이다.

에티엔느 질송, 김길찬 옮김,《중세철학사》, 현대지성사, 1997.

이 책은 서양 중세철학 전반을 소개하는 개론서이다. 이 책에서는 비교적 에리우게나의 사상이 다양하게 소개되어 있다. 하지만 개론서임에도 학생들이 이해하기에는 내용이 좀 어려워 보인다. 또한 중세철학, 특히 에리우게나 관련 내용은 그리스도교 신앙에 상당 부분 경도되어 있다. 그렇지만 중세철학을 주제별로 잘 정리하면서 주요한 특징과 그에 대한 자세한 주석을 덧붙이고 있다. 따라서 중세철학을 다소나마 깊이 있게 알고자 하는 학생들에게 추천하고 싶은 책이다.

이성과 신앙의 접점을
찾았던 아비센나

—

서동은

아비센나
Avicenna(980~1037)

아비센나는 980년 오늘날 러시아 최남단에 위치한 부카라Bukkara 지역에서 태어났고, 24세에 키바Khiva로 나중에는 고리 신Khorassan으로 이사했다. 잠시 이스파한Ispahan에서 의학과 철학을 가르친 적이 있으며 이후 테헤란에 정착해서 살았다. 그는 원래 철학 분야보다도 의학 분야에서 더 유명했다. 12세기에서 17세기까지 유럽에서 그는 의학의 선구자로 알려졌다. 그는 성인과 같은 풍모의 사람이기보다는 술과 여자를 좋아했다고 알려져 있다. 이슬람 정통교리에 회의적이었음에도 의학적 능력 덕분에 왕자와 교분이 두터웠으나, 터키 용병에 대해 적대적 입장이어서 숨어다니기도 하고 투옥되기도 했다. 아비센나는 백과전서를 편찬하기도 했다. 그러나 이 책은 이슬람신학에 적대적이라는 이유로 동방세계보다는 서방세계에 더 알려져 있다.

아비센나의 철학은 보편논쟁 문제와 연관이 있다. 스콜라 철학자들이 보편논쟁을 펼친 바 있는데, 이 문제는 아리스토텔레스가 플라톤 철학을 계승함과 동시에 비판적 태도를 보인 것과 연관이 있다. 잘 알려져 있듯이 플라톤은 우리가 살아가는 사물의 세계 이전에 이데아의 세계를 전제한다. 즉 우리가 살아가는 세계 이전에 보편적 이데아의 세계가 있었고 현실세계는 이 보편적 이데아의 모방이라고 생각했다. 아리스토텔레스는 그의 《형이상학》에서 이 보편자를 상정하면서도 스승 플라톤처럼 보편자가 이 세상과 동떨어져 존재하지 않고 사물 자체 안에 있다고 생각했다. 아비센나는 인간의 사유가 이 형상 안에 있는 보편자를 파악할 수 있다고 생각했다. 이렇게 사유를 통해 파악되는 보편자는 사유 이전에도 사물에, 그리고 사물이 사라지고 없어져도 계속 존재한다고 생각했다. 만약 신이 사과를 창조하였다면 창조하기 이전에 사과에 대해 생각했을 것이고, 각각의 개별 사과 안에는 보편적인 사과의 이미지를 간직하고 있다. 비록 사과가 없어진다고 해도 마찬가지다. 개별적인 다양한 사과의 모양에도 불구하고 또 개별적인 사과가 사라진다고 해도 사람들은 사과에 대한 생각을 간직하고 있기에 사과는 사람들의 사유 속에 여전히 존재한다는 것이다.

서양철학사를 다루는 책을 보면 철학의 역사를 서술할 때 고대 그리스에서 바로 중세로 넘어가면서 아랍철학이나 유대철학을 잠깐 언급하는 경향이 있습니다. 이렇게 잠깐 언급하고 지나치는 두 철학 사조에는 간과할 수 없는 중요한 부분이 있습니다. 바로 아비센나, 아베로에스Averroes, 마이모니데스Moses Maimonides 등의 이슬람사상가의 그리스철학 해석들입니다. 이 사상가들의 플라톤과 아리스토텔레스 철학에 대한 해석과 전수가 없었다면 우리가 아는 서양의 중세철학은 존재할 수 없었을 것입니다. 플라톤과 아리스토텔레스의 철학을 있는 그대로의 철학적 사상이나 존재론이 아니라 자연신학적 차원에서 해석한 것은 바로 위에서 언급한 아랍 철학자들이었습니다. 이러한 아랍 철학자들의 사상에 도전을 받으면서 이를 수용하거나 반박하는 과정에서 서양 중세철학이 탄생한 것입니다. 예를 들면 아비센나는 창조는 필연적이고 영원하다고 주장했는데, 보나벤투라Bonaventura는 이것이 성서의 창조 교리와 어긋난다고 주장했습니다. 그는 창조가 시간의 어느 한 지점에서 신의 자유의지의 결과라고 생각했습니다.

당시에 아랍철학은 아리스토텔레스를 서구에 도입한 주요 경로 가운데 하나였습니다. 아리스토텔레스의 서적과 플라톤의 서적이 아랍어로 번역되어 아랍 신학자들과 학자들에게 해석·수용되었는데, 이는 아랍의 전통에 뿌리박은 자신들의 관점에 따라 고대 그리스 고전을 해석하는 과정과 연관됩니다. 이 과정에서 아비센나의 사상은 서양 중세의 신학에 어떤 매개 역할을 했는가에 대한 중요한 단서가 될 수 있습니다. 아비센나는 신플라톤주의 경향에 따라 아리스토텔레스의 철학을 새롭게 해석했습니다. 아비센나의

철학은 아리스토텔레스에 대한 그리스도교적 해석에 기여했다고
할 수 있습니다. 특히 토마스 아퀴나스의 신학은 아비센나의 철
학과의 논쟁을 빼놓고는 생각할 수 없을 것입니다.

고대 그리스사상과 이슬람신학의 만남

아비센나 철학의 독특성은 우연에 따라 세상을 설명하려는 입장
과 필연성에 따라 세상을 설명하려는 입장이 양립 가능하다는 데
대한 재인식에 있습니다. 그의 이 형이상학적 구분은 우연성과
필연성의 논리에 대한 통찰뿐만 아니라 자유, 미래 그리고 시간
과 무시간성에 대한 지속적인 논쟁의 근원을 제공합니다. 아비센
나는 아리스토텔레스, 플라톤, 신플라톤 및 이슬람사상가의 영향
을 받아 자신의 고유한 사상을 형성하게 됩니다. 그런데 그는 이
러한 사상가들의 사상을 단순히 수동적으로 받아들이기만 한 것
이 아니라 독창적으로 수용하면서 새롭게 해석해냈습니다.
  플라톤의 저작《티마이오스》를 비롯하여 아리스토텔레스의 저
작이 아랍어로 번역되면서 이슬람문화권의 신앙인 혹은 종교지도
자들은 플라톤의 사상을 이슬람신앙과 조화롭게 설명하고자 했습
니다. 플라톤은 무한히 반복되는 생명에 대한 새로운 설명을 제
공했는데 변하고 파괴될 수 있는 것은 어떤 원인자에 의해 창조
된 것이고, 그 자체로 변하지 않는 원인자는 변하고 창조되는 것
이 아니라 그 자체로 완전한 존재자라고 생각했습니다. 플라톤의
이러한 생각에서 나온 창조자 혹은 절대자는 보통 그리스도교 전

통에서는 믿음으로 받아들여야 하지만 이슬람신앙을 지켜야 하는 이슬람교도들에게는 논리적 추론을 통해서 입증해야 하는 문제였습니다.

잘 알려져 있듯이 서양 중세철학은 이러한 논리적 추론의 문제와 더불어 이슬람세계의 신앙인들과 마찬가지로 자신의 신앙과 이성이 어떻게 조화를 이룰 수 있을까에 몰두했습니다. 신과 자연 그리고 인간의 존재질서와 관계가 중요한 문제가 된 것입니다. 아비센나는 특별히 의학 분야에서도 많은 업적을 남겼는데 논리학, 형이상학, 인식론 등 다양한 차원에서 고대 그리스사상과 중세철학에 다리를 놓는 매개 역할을 충실하게 했습니다. 서양 중세철학은 아비센나의 철학을 한편으로는 긍정적으로 수용하는 방식으로 다른 한편으로는 비판적 논쟁의 대상으로 삼고 대결하는 방식으로 전개되었습니다. 아비센나의 철학적 의미는 다음 네 가지로 분류할 수 있습니다. ① 창조의 필연성과 영원성, ② 존재의 등급과 유출, ③ 매개적 지성론, ④ 가능하고 가변적인 존재와 필연적인 존재 사이의 구별입니다.

플라톤을 비롯하여 서양 존재론의 특징은 크게 두 가지로 나눠 고찰할 수 있습니다. 하나는 이 세상에 존재하는 것은 우연히 생겨난 것이라는 생각입니다. 이렇게 우연히 존재하는 것은 어떤 다른 것에 의존해야 하는 한계를 지니고 있습니다. 다른 하나는 어떤 다른 것에 의존하지 않고 그 자체로 존재하는 자가 존재한다는 생각입니다. 이 두 입장을 합치면 시간 안에 존재하는 모든 것은 우연성 혹은 가능성 가운데 존재하고, 영원히 존재하는 것은 필연적으로 존재한다는 것입니다. 그런데 이렇게 우연히 존재하는 것은 영원한 것에 의해서만 설명될 수 있습니다. 아리스토 텔레스 또한 이러한 존재론을 그대로 수용합니다. 다만 아리스토 텔레스는 플라톤의 존재 그 자체를 인정하면서도 구체적인 사물 을 떠난 추상적인 세계에서의 이데아를 받아들일 수 없었습니다. 아리스토텔레스는 플라톤의 존재 질서를 받아들이면서도 어떻게 시간 안에서 일어나는 사물의 변화를 그 자체 안에서 설명할 수 있을까를 고민했습니다.

아리스토텔레스가 명시적으로 말한 바는 없지만 모든 사물은 완전함을 지향한다는 생각은 사물을 초월적 존재자를 설정하지 않고 설명할 수 있는 좋은 방편이 될 수 있다고 보았습니다. 플 라톤 해석자들은 아리스토텔레스의 이러한 비판을 수용하면서도 플라톤이 말하는 시간 속에 존재하는 모든 사물의 원인인 창조의 존재를 포기하지 않았습니다. 이들은 자연 안에서 완전성을 향해 가는 사물의 동적 필연성을 인정하면서 신적 존재의 독립성을 주 장하기 위해 창조보다는 유출이라는 개념을 도입했습니다. 이에 따라 신이 창조한 것은 완전성을 향해 나아가는 과정에 있게 됩 니다. 그렇다면 다음과 같은 질문이 제기됩니다. 완벽한 신에 의 해 유출된 세계가 완벽함을 향해 나아가는 과정에서 자유는 존재 하는가? 혹은 악은 왜 존재하는가? 완벽한 신이 창조했다면 모든 것이 신의 결정에 따라 움직이고 그로부터 나온 생명체들은 필연 성에 따라 움직일 뿐 자유는 없는 것 아닌가? 혹은 완벽한 신이 창조한 세계에 왜 악이 존재하는가?

아리스토텔레스와 아비센나

아비센나는 아리스토텔레스의 사유방식을 따르면서도 이를 자신의 이슬람신학과 연관하여 독특한 방식으로 해석합니다. 예를 들면 그는 아리스토텔레스의 질료와 형상 개념을 차용해 사물 및 운동을 설명하면서도 영혼의 독립적인 존재를 주장함으로써 이를 이슬람신학적 차원에서 해석합니다. 그는 개인 존재가 가진 영혼은 물리적 신체나 다른 사물과 관계없이 영원히 존재한다고 생각했습니다. 이러한 아비센나의 생각은 데카르트의 생각과 닮아있습니다. 즉 시각이나 촉각을 통해 알 수 없지만 언제나 자신의 존재를 의식하고 긍정하는 자기의식은 자명한 존재의 성격을 가진다고 보았습니다. 이에 따라서 아비센나의 논리학도 아리스토텔레스와 마찬가지로 형상과 질료, 완전자와 불완전자의 도식에 따라 진행됩니다. 하지만 아비센나의 논리학이 단지 개념과 개념의 범주와 관련해 진행되는 형식논리학이고 특정한 전제조건이 맞으면 그에 따른 결론도 당연히 맞을 수밖에 없다는 주어-술어 구조에 따른 논리학이라면, 그의 논리학은 오늘날의 사실적 논리 propositional logic라고 할 수 있습니다. 즉 형식논리학이 아니라 형식논리학을 가능하게 하는 사실들 사이의 관계의 논리학입니다. 예를 들면 영어의 "I think that……"이라는 문장에서 that 이하에 나열된 사실이 참이면 그 문장은 참이 되지만 그렇지 않으면 참이 될 수 없다는 것입니다.

아리스토텔레스의 형식논리학은 개념이나 명제를 통해 우리의 사고를 명료하게 해줄 뿐 새로운 사실을 알게 해주지 않습니다.

하지만 한 문장이 갖는 의미가 사실과의 조회에서 참과 거짓 여부에 따라 결정된다는 생각은 아리스토텔레스 논리학을 보충해줄 수 있는 중요한 관점이 됩니다. 아비센나가 아리스토텔레스의 형이상학에서 개진하는 입장을 그대로 수용하는 부분도 있습니다. 예를 들면 필연적 존재는 그 자체가 다른 어떤 것의 원인자를 필요로 하지 않는 존재지만 우연적 존재는 다른 어떤 것에 의해서만 필연적인 것입니다. 아비센나에게 존재는 두 가지 의미가 있습니다. 그 자체로 필연적인 존재와 다른 것에 의해 원인이 있는 우연적 존재의 의미가 그것입니다. 신은 절대적인 선Good이기에 필연적으로 자신의 선을 확산하고 방출하려고 합니다. 아비센나는 신이 영원하기에 창조도 영원하며, 신이 필연성에 의해 창조하기 때문에 제1예지체부터 시작하여 열 가지 예지체를 연역하여 신의 유일성과 피조물의 다수성 사이에 다리를 놓습니다.

이 세상은 우연의 산물인가 필연의 산물인가?

성서 전통과 신플라톤주의 전통에서 이 세상은 우연의 산물입니다. 그런데 이 우연은 어떤 다른 것에도 의존하는 필연적 존재자에 의해 창조된 것입니다. 따라서 이 세상에 존재하는 모든 것은 신의 존재자에 의해 창조되고 유지됩니다. 하지만 아리스토텔레스 전통에서 볼 때 존재하는 모든 것이 우연이라고 말하는 것은 일상의 경험에서 맞지 않습니다. 우리의 경험에 따라 살펴보면 지금 존재하는 것은 언젠가 존재했고 계속해서 존재할 것입니다.

세상은 우연히 존재하는 것 같지만 잘 생각해보면 언제나 지속되고 따라서 영원한 것입니다. 존재하는 모든 것은 그 본성상 필연적입니다. 우주는 조화의 원리로 각자의 형상과 종을 유지해나갑니다. 철학자 혹은 과학자들이 연구하는 것은 바로 이러한 자연 속 법칙과 지혜입니다. 만약 신적인 지혜를 인간이 헤아려 알 수 있다면 이러한 자연 속 지혜와 법칙을 발견함으로써 가능한 일입니다.

신플라톤주의와 성서 전통에서는 자체 필연적인 것을 우주 혹은 자연의 법칙을 넘어선 초월자의 영역에서 설정하고 이것이 이 세상의 존재에 개입함으로써 자연의 질서가 유지된다고 봅니다. 아리스토텔레스는 필연성을 초월성의 영역에 놓고 보는 것이 아니라 자연 혹은 인간의 이성에 내재하는 것으로 봅니다. 그래서 신적인 영역과 인간적인 영역의 접점을 찾습니다. 아리스토텔레스의 입장에서 보면 신플라톤주의는 신적인 것과 인간적인 것의 접점을 어디서 찾을 것인가라는 물음이 나옵니다. 신플라톤주의는 창조의 과정을 유출의 과정으로 보고 이를 각각의 인식과정으로 위계질서화한 다음 인간의 위치를 설명합니다. 플라톤 사상에서 인식과정에서 최고 정점은 이성적 인식episteme인데, 신플라톤주의에서는 이것을 영지Intelligence라는 개념으로 설명합니다. 전자가 수학적 이성과 변증법적 대화 이성을 넘어서는 최고의 지식 단계인데, 신플라톤주의에서는 이와 비슷하게 신을 인식할 수 있는 최고의 영지를 말하지만 어디까지나 신비적 성격의 지식입니다.

아비센나는 신플라톤주의 전통에 따라 신과 인간 사이의 질적 차이를 인정하고 어떤 것에도 의존하지 않는 존재자의 창조, 즉 유출에 의해 이 세상이 만들어졌다고 생각합니다. 그러나 그는 이 창조 혹은 유출 행위가 성서 전통에서 주장하는 것처럼 자유로운 선택으로 우연히 생긴 것이 아니라 아리스토텔레스 전통에 따라서 필연적인 것으로 설명합니다. 이러한 설명은 기독교 혹은 이슬람 전통의 신학에 부합하지 않는 듯 보입니다. 앞에서도 언급했듯이 보나벤투라는 아비센나의 이러한 창조설을 반박한 바 있습니다. 하지만 아비센나의 설명은 중세 및 중세 이후 근대에 이르기까지 이성 혹은 과학적 설명을 통해 신적 영역으로서의 자연의 신비에 접근해갈 수 있다고 하는 사고방식과 연결됩니다. 갈릴레오가 만약 신이 세상을 창조했다면 수학자였을 거라고 주장한 이유는 바로 이러한 사유 전통에서만 가능한 일입니다. 데카르트가 수학을 지표로 하여 지식의 명증성을 설명하고 이를 보증하는 신을 요청한 것도 이러한 맥락에서 이해할 수 있습니다. 반면에 신플라톤주의 전통은 신과 인간 사이의 질적 거리를 전제하고 인간이 신의 세계를 이해할 수 있는 유일한 길은 종교적 신비의 길, 곧 영지를 통해서만 가능하다고 보고 이 세상에 존재하는 우연성의 피조물들은 결코 직접적으로 신에 대한 지식에 이를 수 없다고 봅니다. 이러한 사유 전통은 아우구스티누스 독일 신비주의 철학자 에크하르트와 종교개혁자 루터 그리고 파스칼의 사상 전통과도 연결됩니다.

아비센나는 신플라톤주의와 아리스토텔레스의 입장에서 공통된 존재론과 논리를 수용하면서 이슬람 신학적 입장과 조화를 꾀합니다. 그에 따르면 이 세상에 존재하는 모든 것은 우연히 존재합니다. 이와 달리 신은 우연히 존재하는 것이 아니라 필연적으로 존재합니다. 신은 어떤 것에도 의존하지 않고 그 자체로 존재하기 때문입니다. 우연히 존재하는 것은 그 자체로 존재하는 것이 아니라 언제나 외부의 어떤 것에 의존하여 존재합니다. 이 존재는 자기 외부의 어떤 원인자를 가지지 않으면 안 됩니다. 그런데 우연적인 존재가 자기 바깥의 어떤 원인자에 의해 존재한다면 이때 이 존재자는 더 이상 우연적인 존재가 아니라 언제나 필연적인 존재일 수밖에 없습니다. 한마디로 신에 의해 의존하지 않는 존재는 그 자체로 우연히 존재할 뿐이고, 이렇게 우연히 존재한다는 것은 실제로는 존재할 수도 있고 존재하지 않을 수도 있다는 뜻이 됩니다. 필연성의 이유를 그 자체에 가지고 있지 않기 때문입니다. 필연성이 없는 곳에서는 존재가 있을 수도 있고 없을 수도 있습니다. 따라서 우연적인 존재는 있다고 해도 없다고 해도 상호 모순이 성립되지 않습니다. 만약 외부의 원인자 곧 신에 의해 존재하게 되면 이때 존재는 필연적으로 존재하게 되기 때문에 존재를 부정하는 것으로서의 비존재를 상정하는 것은 자체 모순이 됩니다. 필연적인 존재는 언제나 존재하기 때문입니다. 아비센나는 구약성서에서 모세에게 야훼가 자신을 계시하면서 했던 말 "나는 스스로 있는 자I am that I am"라는 말을 이 세상 우연을 필연성의 존재로 가능하게 하는 필연성의 원인자로 설정함으로써 성서의 우연적 존재론을 고대 그리스의 필연성의 존재론의 틀에서 설명합니다.

신의 필연성을 어떻게 알 수 있을까?

아비센나에게 있어서 지식 혹은 인식론의 문제는 매우 중요했습니다. 플라톤은 일찍이 인간의 지식 단계를 4단계로 나눈 바 있습니다. 감각을 통해 얻는 지식, 신념, 사유, 인식 등의 단계로 나누어 지식을 설명했는데 이 중에서 가장 보편적이고 본질적인 지식이 사유나 인식을 통한 지식입니다. 플라톤과는 달리 경험론자들은 인간의 지식은 기본적으로 감각을 통해 생성되며 보편적인 개념은 이러한 감각적 경험을 추상화하는 과정에서 생성된 것이라고 봅니다. 지식의 성립 과정을 설명하는 데 있어서 전통적인 설명 방식은 두 가지입니다. 하나는 개념적인 선험성a priori을 전제하고 그것이 경험을 가능하게 한다는 설명 방식이고 다른 하나는 감각에서 출발하여 그것이 축적되어 점차 일반적인 경험을 가능하게 한다는 설명 방식입니다. 아비센나는 지식을 두 가지로 나누어 일상의 경험을 회의할 때 작동하는 사유를 통해 발생하는 지식과 구체적인 경험을 축적해 이를 바탕으로 과학을 가능하게 하는 지식으로 설명합니다. 과학을 가능하게 하는 지식은 감각과 연관되지만 사유를 발생시키는 지식은 능동지성과 접촉할 수 있는 능력이라는 것입니다. 이 정신의 능력은 육체와 관계없이 언제나 존재하며 연장과 속성을 가지지 않고 그 자체로 독립적으로 존재합니다. 이러한 정신 혹은 영혼이 신에 대한 지식을 가능하게 합니다.

고대 그리스의 델피 신탁에 기록되어 있는 말 "너 자신을 알라"는 소크라테스를 비롯하여 서양 정신사에서 자기비판과 검토의

격언으로 이해됩니다. 또는 우리는 신이 아니고, 따라서 언제나 죽을 유한한 존재임을 알라는 말로 해석되기도 합니다. 아비센나 및 이슬람신학 전통에서 이 말은 신과의 관계성 맥락에서 이해됩니다. 인간은 신을 인식할 수 있는 유사성이 있는데 이 유사성 때문에 신을 인식할 수 있는 매개가 가능합니다. 구약성서 창세기에 나오는 신의 형상imago dei이라는 말도 이에 상응합니다. 아비센나에게 이 말은 나 자신을 아는 것은 그 자체로 신을 아는 것과 같은 의미로 이해됩니다. 인간은 자신이 가진 영혼으로 능동지성과 접촉해 자신을 알게 됨으로써 신을 아는 데 이릅니다. 이러한 생각은 신의 성실성을 통해 인간의 정신을 보증한다고 생각하는 데카르트와 닮아 있습니다. 실제로 영혼 불멸성과 이 영혼이 곧 신을 알 수 있는 인간의 지식에 해당한다고 본 점에서 아비센나의 생각은 데카르트의 생각과 닮아 있습니다. 차이점이 있다면 데카르트가 방법적 회의를 통해 객관적이고 절대적인 지식의 가능성을 추구했다면, 아비센나는 신에게 이르는 매개적 지성을 설명하고자 독립된 영혼의 존재와 불멸성을 주장했다는 점입니다. 이렇게 아리스토텔레스의 형이상학을 이슬람신학의 맥락에서 해석하는 아비센나는 인간의 존재 및 영혼과 관련해서도 아리스토텔레스의 입장을 독자적인 방식으로 수용해 해석합니다.

영혼은 불멸하는가?

아비센나는 이 세상에 존재하는 생명체의 물리적 운동을 설명하는 데 있어 영혼의 개념을 도입했습니다. 이 영혼 개념은 아리스토텔레스의 《영혼에 관하여De Anima》에 대한 해석과도 연결됩니다. 그런데 이 개념은 기본적으로 아리스토텔레스의 질료 형상 개념의 틀에서 전개된 운동의 최초 원인자로서의 영혼 개념입니다. 즉 인간이 스스로 의지적으로 활동한다고 생각하는데 이 의지적 활동을 가능하게 하는 것은 물리적인 육체 안에 있는 어떤 힘이 아니라 육체 바깥에 독립적으로 존재하는 영혼 덕분이라는 것입니다. 이러한 아비센나의 생각은 근대의 뉴턴이 물체를 움직이는 힘은 질량과 결부되어 있다고 주장함으로써 치명타를 입습니다. 하지만 뉴턴의 중력이론은 오히려 아비센나의 입장과 통하는 바가 있습니다. 외부의 어떤 힘으로 물질이 움직인다는 생각 때문입니다. 이러한 생각도 우연히 존재하는 모든 사물은 자기 충족적인 원인을 가져야 한다는 아리스토텔레스의 입장과 동떨어진 것이 아니었습니다. 아비센나에 따르면 우리가 어떤 것에 대해 생각한다는 것은 물리적·육체적 감각으로 만들어지는 것이 아니라 그 자체로 독립적인 형상, 곧 인간만이 가진 '영혼'의 활동입니다. 이러한 생각은 인간만이 다른 식물이나 동물과 구별되는 영혼이 있다는 아리스토텔레스의 생각을 그대로 반영합니다. 이는 이후 데카르트의 생각에도 반영되어 있습니다.

아비센나는 아리스토텔레스의 형상 및 영혼 개념을 수용하면서 이슬람신학에서 전제한 영혼의 재생 및 불멸과 연결점을 찾은 듯합니다. 이러한 이슬람신학과 고대 그리스어의 영혼psyche 개념은 상통하는 바가 있습니다. 그리스어 사전에 보면 오늘날 영혼으로 번역되는 프시케pysche는 한편으로는 영혼이면서 다른 한편으로는 생명입니다. 이 두 가지 뜻에는 생명이란 영혼이 존재한다는 것, 즉 몸에 영혼이 존재하는 한 살아 있다고 말할 수 있지만 영혼이 없으면 죽은 것이나 마찬가지라는 고대 그리스인의 사고방식이 담겨 있습니다. 이러한 세계관에서 보면 몸은 우연적이지만 영혼은 불멸합니다. 우리는 보통 뇌와 의식의 상태를 동일시하지만 아비센나는 육체가 없어진다고 해도 영혼은 살아 있습니다. 영혼은 육체에 의존하지 않는 독립적인 것이기 때문입니다. 이것은 인간의 의식에 통일성을 주고 신을 인식하거나 자연법칙이나 원리를 이해하게 해주는 직관의 원천이기도 합니다. 이는 데카르트의 더 이상 의심할 수 없는 자아와 유사한 개념이라고 할 수 있습니다. 그리고 이 자아res cogitans의 지속성은 데카르트에 따르면 신의 성실성veracitas dei을 통해 설명할 수 있습니다. 아비센나는 이 자아를 '떠다니는 인간Floating Man'이라고 불렀습니다. 다만 아비센나는 데카르트처럼 방법적 의심을 통해 이러한 결론에 도달한 것은 아닙니다. 단지 외부의 감각이나 연장에 의존하지 않는 어떤 것을 가정(혹은 사고 실험)하면서 나온 개념입니다.

떠다니는 인간 논증

앞에서도 잠시 살펴보았듯이 플라톤은 육체와 영혼이 뚜렷이 구별되는 서로 다른 것이라고 보았습니다. 플라톤에 따르면 인간은 영혼이 인간의 육체에 갇히게 되어 영혼 본래의 순수성을 잃어버리고 육체의 감각에 의존하여 살아가게 됩니다. 인간은 죽음 이후에야 비로소 육체로부터 해방되어 영혼의 세계로 돌아가고 다시 또 다른 육체에서 환생합니다. 아비센나는 플라톤의 이러한 이원론적 입장을 받아들여 영혼이 육체와 분리되어 있다는 사실을 사고 실험을 통해 입증하고자 했습니다. 그가 이렇게 사고 실험을 한 이유는 육체를 통해 감각적으로 지각된 세계가 사실은 진리가 아니고 허위라고 간주하고 가능한 한 육체적 감각의 세계에서 벗어나 절대적 진리에 이르려고 했기 때문입니다. 이러한 생각은 데카르트의 이원론적 관점의 선구가 됩니다. 아비센나는 우리에게 팔다리가 분리되어 아무것도 만질 수 없다고 가정해보라고 합니다. 그렇다고 해도 나는 나 자신이 여전히 존재한다고 확신할 것이라고 합니다. 이때 존재한다는 의식은 내가 어떤 것을 가졌는지 알지 못하기에 육체의 일부가 아니라 그 자체로 독립적으로 존재합니다. 영혼이 존재하는 방식은 우리의 육체처럼 길이나 넓이 곧 연장延長을 지니지 않습니다. 따라서 영혼은 물질적 특성이 없습니다. 영혼은 축소되거나 확대되지 않고 그 자체로 존재합니다.

우리가 보통 '나'라고 말할 때 혹은 '나의 생각'이라고 말할 때 생각하는 주체는 어떤 보편적 정의를 한번에 파악할 수 있는 능력과 연관되어 있습니다. 이러한 영혼의 특성은 육체와 같은 방식이거나 육체의 일부에 해당하지 않습니다. 바로 이 점에서 아비센나의 이원론은 플라톤의 이원론과 구별됩니다. 플라톤은 영혼이 육체의 감옥에 갇혀 있다고 생각했지만, 아비센나는 정신이 육체와 독립되어 존재한다고 생각합니다. 토마스 아퀴나스는 아비센나와 달리 정신과 육체가 훨씬 더 밀접하게 연관되어 있다는 생각에 동의하여 아리스토텔레스의 입장을 옹호했습니다. 길버트 라일은《정신의 개념》에서 정신과 육체의 이러한 이원론을 정신과 육체를 서로 다른 범주로 설정한 데서 오는 범주오류라고 말했습니다. 아퀴나스는 육체에서 감각을 느끼는 '나'와 생각하는 '나'는 같다고 했습니다. 현대의 과학자들도 이와 비슷하게 인간의 뇌와 인간의 생각이 서로 동시적 사건이라고 주장합니다.

아비센나의 철학은 후에 이슬람세계 및 페르시아에 큰 영향을 끼쳤습니다. 또한 그의 의학 서적은 현대의학이 발전하기 전까지 이슬람세계에 지배적인 영향을 미쳤습니다. 아비센나가 토마스 아퀴나스에게 끼친 영향도 큽니다. 비록 아퀴나스가 아비센나의 이론 중 많은 것을 비판하기는 했지만 말입니다. 그의 논리학과 의학 서적은 17세기 이전까지 권위 있는 저술이기도 했습니다.

아비센나의 철학은 두 문화의 만남을 잘 보여줍니다. 우리는 이슬람문화에 대해서 잘 모르지만, 아비센나를 비롯한 당시 이슬람의 신학자들과 사상가들은 이미 오래전에 고대 그리스 철학자들의 책을 자신들의 말로 번역하고 해석해서 자신들의 종교를 철학적으로 정당화·체계화하려고 했습니다. 그들은 고대 그리스문화를 자신들의 문화의 관점에서 해석하면서 독특한 문화를 만들어갔습니다. 그리고 이러한 시도가 다시 서양으로 수출되면서 서양 사상가들이 고대 그리스문화에 눈뜨게 됩니다. 이후 점차 서양의 철학자들이 고대 그리스어로 된 플라톤과 아리스토텔레스의 철학을 번역·소개하고 그리스어를 라틴어로 번역하면서 독자적인 중세철학을 만들어가게 됩니다. 고대 그리스와 서양 그리스도교의 만남이 중세철학을 형성했지만 고대 그리스철학은 근대 자연과학의 발전과도 밀접한 연관이 있습니다. 서양의 근대도 중세를 지나 플라톤과 아리스토텔레스 철학과의 논쟁을 통해 탄생했다고 할 수 있습니다. 바로 이 점에서 아비센나의 이슬람철학이 갖는 역사적 의미를 찾을 수 있습니다. 아비센나 철학의 역사적 의의는 무엇보다도 중세 서양인들이 자신들만의 중세철학 및 근대철학을 열도록 플라톤 아리스토텔레스의 철학을 소개하고 재해석하여 그리스의 합리적 정신과 기독교와 이슬람의 신앙 전통을 이어 보려고 했다는 점에 있다고 할 수 있습니다.

◆◆◆

더 읽어보면
좋은 책

에티엔느 질송, 김길찬 옮김, 《중세철학사》, 현대지성사, 1977.

이 책 5부에서는 아랍철학과 유대철학을 비교적 상세하게 다루고 있다. 여기서 저자는 아비센나의 철학을 소개하는데, 아비센나의 논리학, 물리학, 천문학, 심리학, 형이상학, 신학 등으로 분류하여 서술하고 있다. 특별히 저자는 아비센나가 이후 기독교신학에 미친 영향에 주목하면서 아비센나 철학의 핵심 개념들을 서술하고 있다.

아 비 센 나

155

프레드릭 코플스턴, 박영도 옮김, 《중세철학사》, 서광사, 1988.

이 책에서 저자는 이슬람철학이 서양 그리스도교 철학에 영향을 끼친 중요한 철학임을 인정하면서도 이슬람철학에 대한 체계적인 논의는 전개하지 않는다. 저자는 아리스토텔레스의 철학이 이슬람문화권에서 독창적으로 해석되었는데, 토마스 아퀴나스나 중세의 다른 철학자들을 충분히 이해하기 위해 다소 알아둘 필요가 있다는 점에서 간략하게 소개한다. 알파라비, 알가잘리, 아베로에스 등의 철학을 다루면서 아비센나의 철학을 소개하고 있다.

◆◆◆

윌 버킹엄 등, 이경희·박유진·이시은 옮김, 《철학의 책》, 지식갤러리, 2011.

이 책은 서양의 유명한 철학자들의 핵심 사상들을 일목요연하게 설명하고 있다. 이 책의 특징은 각 철학자들의 사상이 다른 철학자들의 사상과 어떤 점에서 연결되어 있는지를 살펴볼 수 있도록 유기적으로 연결해놓은 데 있다. 저자들은 아비센나의 '떠다니는 인간 논증'과 관련된 사고 실험 및 이러한 시도가 플라톤과 데카르트의 생각과 어떤 연관이 있는지를 소개한다.

안셀무스,
이해를 추구하는 신앙

—

박일준

안셀무스
Anselmus(1033~1109)

안셀무스는 존재론적 신 존재 증명으로 유명하다. 이는 인간의 이성에 근거하여 신의 존재를 증명하는 논증으로, 당대의 신학방법을 새롭게 창출한 논증이다. 그것은 곧 성서나 교회의 권위 같은 전통적 권위에 의존하지 않고 오직 인간의 이성을 통해 신학하는 방법의 창출이었다. 안셀무스는 '스콜라철학의 창시자' 혹은 '스콜라철학의 아버지'로 불린다.(김영철 2006, 15) 스콜라철학은 본래 '중세대학의 교수 방법'을 가리키는 말로 "학교 수업에 사용되는 교수학적 방법인 단편적인 것을 이해하고lectio, 논쟁하고disputatio 그리고 증명argumentatio하는 방법과 쌍방의 이견을 서로 조정하는 방법 등에 대한 것을 중시하며 가르"쳤다. 이성의 시대를 연 위대한 신학자 안셀무스는 이성에 근거하여 합리적으로 논증하고 증명, 논쟁하는 방법을 도입함으로써 중세를 단순하고 몽매한 믿음의 시대로부터 철저한 이성의 시대로 탈바꿈시켰다. 그의 신 존재 증명은 기독교의 신인 하느님을 존재론적으로 증명하는 데 방점이 있는 것이 아니라 우리가 신앙으로 믿는 하느님일지라도 그를 이성의 논리로 이해하지 않는다면 우리의 믿음은 완성되지 않는다는 신학 혹은 철학적 신념의 표현이다. 그래서 그는 '믿기 위해 알고자' 했던 아우구스티누스의 철학적 신학의 공식을 뒤집어, '믿기 위해서 안다'는 모토 즉 '이해를 추구하는 신앙'을 주장했다.

이성, 혼탁한 시대를 풀어가는 능력:
안셀무스의 생애와 서임권 투쟁

안셀무스의 이성의 기획은 서임권 투쟁을 시대적 배경으로 합니다. 당시 유럽에서 성직자에 대한 임명권은 교황이 아니라 신성로마제국의 황제 혹은 영국의 국왕에게 있었습니다. 이 서임권 투쟁을 배경으로 한 유명한 사건이 바로 '카노사의 굴욕'입니다. 서임권 투쟁은 중세 유럽에서 가장 중요한 논쟁 중 하나입니다.

안셀무스는 이탈리아 북서부 알프스산맥의 아오스타 지역에서 1033년경 태어난 것으로 추정됩니다. 알프스 최고봉인 몽블랑 인근 지역입니다. 경제적으로 여유가 있는 하위층 귀족 집안에서 태어난 안셀무스는 아버지와의 사이가 그다지 좋지 못했습니다. 그러던 와중에 정신적·영적 지주였던 어머니가 사망하자 안셀무스는 아버지와의 갈등을 이겨내지 못하고 프랑스 전역을 방황합니다. 1059년경 안셀무스는 프랑스 북부 노르망디의 베네딕트수도회 소속 베크수도원에 들어가 공부를 하게 됩니다. 당시 베크수도원은 최고의 학문 교육기관으로 유명했는데, 특별히 안셀무스가 들어갈 당시 부원장인 랜프랭크Lanfranc와 안셀무스가 원장을 연이어 맡던 시절이 전성기였습니다. 수도원에 들어간 이듬해 아버지가 사망하면서 안셀무스는 베네딕트수도회에 입회해 수도사가 됩니다. 그리고 스승 랜프랭크가 다른 수도원 원장으로 임명되어 베크를 떠난 1063년에 그의 뒤를 이어 부원장이 되면서 수도원 학교의 교장이 됩니다. 이 시절 안셀무스는 자신의 대표작인 《모노로기온》과 《프로슬로기온》을 비롯한 많은 저술을 남깁니다.

안셀무스는 이후 1078년 수도원의 원장이 되었고 베크수도원은 이전보다 더 많은 사람들이 찾아오는 수도원이 되었습니다.

안셀무스가 베크수도원에 머물던 시절 교회사적으로 중요하고도 유명한 카노사의 굴욕 사건이 벌어집니다. 이 사건은 중세 서임권 투쟁의 연장선상에 있었습니다. 앞서 전술한 바와 같이 당시 성직자의 임명권은 교황이 아닌 평신도 신분의 황제나 국왕에게 있었는데, 이는 963년 오토제국 이래 시대적 관행이었습니다. 고위성직자 임명권을 종교적 수장인 교황이 아닌 세속권력의 수장인 국왕이 갖고 있었기 때문에 영적 지도자가 되어야 할 고위 성직자 자리에는 정치에는 능하지만 영적으로 미흡하거나 무책임한 지도자들이 임명되는 일이 많았습니다. 또한 정치에 능한 사람이 고위직에 오르기 때문에 부패 문제도 심각해졌습니다. 주교나 대수도원장 같은 직책의 사람들은 직위에 따라 토지 소유도 가능했기 때문에 세속적 이권에 마음을 두고 임명권자인 국왕 편에서 로비를 시도하는 일도 많았습니다. 서임권 투쟁이란 바로 세속 권력에 종속된 성직 임명권을 교황과 교회의 손으로 되찾아오려는 교회 개혁 운동이었습니다. 1059년 교황 임명권을 되찾은 그레고리우스 7세는 황제와 국왕에게 주어진 대주교와 같은 고위 성직자 임명권도 되찾고자 했습니다. 이에 따라 1075년 성직에 대한 모든 임명권을 교회가 갖는다는 개혁안을 발표하고 선언합니다. 이상주의적 개혁 성향을 지닌 교황 그레고리우스 7세의 개혁 방안에는 "세속의 권력으로부터 교황권의 독립, 성직 매매 금지 그리고 성직자의 혼인 금지 및 세속 권력자의 성직 임명을 금하는" 내용이 담겨 있었습니다(김영철, 2006, p.25). 당시 신

성로마제국 황제였던 하인리히 4세는 교황의 이러한 시도에 반
발하여 자신의 가신을 밀라노 주교로 임명하며 맞섭니다. 그러자
1076년 교황은 황제 하인리히 4세를 파문합니다. 결국 주변 귀
족과 고위직 성직자들의 압박에 못이긴 황제가 1077년 알프스
산맥의 카노사를 찾아가 회개의 옷을 입고 이틀간 교황의 선처를
구하는데, 이 사건이 바로 '카노사의 굴욕'입니다. 교황이 무소불
위의 권력을 획득한 사건으로 잘못 알려진 카노사의 굴욕은 많
은 사람들이 알고 있는 것과 정반대의 결과로 끝이 납니다. 카노
사의 굴욕 이후 교황을 지지하는 독일 제후들은 1081년 라인펠
트의 루돌프를 내세워 새로운 독일 황제를 추대하지만 하인리히
4세에게 패하고 맙니다. 황제는 그길로 로마로 쳐들어가 굴욕을
안긴 교황 그레고리우스 7세를 폐위하고 자신의 편인 귀베르트를
새로운 교황으로 임명합니다. 결국 교황 그레고리우스 7세는 살
레르노로 유배당하고 거기서 병사하고 맙니다. 안셀무스의 시대
는 이러한 격변이 휘몰아치던 시대였습니다.

　베크수도원 원장이었던 안셀무스는 1093년 캔터베리 대주교로
임명되는데, 이때부터 본격적으로 '서임권 투쟁'에 휘말리게 됩니
다. 그의 전임 대주교는 스승 랜프랭크였습니다. 하지만 1089년
랜프랭크 대주교가 서거한 이후 당시 영국 왕이던 윌리엄 2세는
대주교 관구의 수입과 소유물을 압류하고 후임 대주교를 임명하
지 않고 있었습니다. 이런 상황에서 갑자기 건강이 악화한 윌리
엄 2세가 후임 대주교로 안셀무스를 임명합니다. 당시 캔터베리
대주교는 "교구가 15개에 달하는 영국 교회의 수장"이면서 대륙
에 있던 교황권의 손길이 직접 미치지 못하는 관계로 "영국 왕의

지휘하에 있는 형편"이었습니다(공성철, 2005, p.10). 캔터베리 대주교로 임명된 안셀무스는 서임권 투쟁에서 교황의 입장에 전적으로 공감하고 있었고 교회 개혁의 취지에 동의했습니다. 더구나 스승인 랜프랭크 대주교 사후 대주교의 주요 자산을 압류한 윌리엄 2세였기 때문에 대주교로 임명된 안셀무스에게는 국왕에게 주어진 성직자 임명권이 건전해 보일 리 없었습니다. 아무리 국왕이라도 영적 지도자인 성직자를 평신도인 국왕이 임명하는 것은 정치적으로 성직 매매의 근원이 된다고 보았기 때문입니다. 카노사의 굴욕 사건 이후 서임권 투쟁이 무릎을 꿇었던 황제의 승리로 끝나면서 교회의 권위가 흔들리던 시절 안셀무스는 교회 개혁, 즉 교회 내 갱신 운동에 상당한 열정을 가지고 있었고 그 일환으로 성직자의 독신 서약을 주장했습니다.

이런 상황에서 영국 국왕은 안셀무스를 캔터베리의 대주교로 임명하지만 안셀무스는 이를 거절하다 교황 우르반 2세의 동의가 있고 나서야 직책을 받아들입니다. 이는 영국 국왕의 고위 성직자 임명 관행에 대한 분명한 반대 입장 표명이었습니다. 하지만 당시 교황 우르반 2세가 영국 국왕과 교회로부터 인정받지 못하던 상황에서 안셀무스의 이런 태도는 국왕의 미움을 사기에 충분했습니다. 결국 악화된 국왕과의 관계에 적응하지 못한 안셀무스는 프랑스로 망명했고, 거기서 자신의 대표작 중 하나인 《인간이 되신 하나님》을 저술합니다. 1100년 성직 임명권을 두고 갈등을 빚었던 윌리엄 2세가 사망하고 헨리 1세가 즉위하여 자신을 복권시키자 안셀무스는 캔터베리로 돌아옵니다. 하지만 다시 헨리 1세와 성직 임명권을 두고 갈등하다 1103년 망명길에 오릅니다.

1106년 안셀무스는 영국 국왕이 임명했다 파문한 주교들을 인정하기로 타협하고 국왕은 대주교에게서 빼앗은 캔터베리대성당 재산을 돌려주기로 함으로써 영국에서의 서임권 즉, 성직자 임명권을 둘러싼 갈등은 종지부를 찍습니다. 긴 갈등을 마무리하고 영국으로 돌아왔지만 안셀무스는 평온한 시간을 얼마 누리지 못한 채 1109년 4월 21일 파란만장한 삶을 마감합니다.

베크수도원에서는 훌륭한 신학자로, 캔터베리의 대주교로서는 교회개혁을 위한 투사로 살았던 안셀무스는 교회의 권위와 신앙만으로는 보편적 설득력을 가질 수 없었던 시대를 살았습니다. 비록 왕권과 결탁한 부정 행위들이라 할지언정 성직자의 축첩과 성직 매매는 교회와 성서 그리고 신앙의 권위를 바닥으로 추락시켰습니다. 성직자가 선포하는 말씀의 권위를 어디에서 구할 수 있을지 고민하던 시대에 안셀무스의 '이해를 추구하는 신앙faith seeking understanding, *fides quaerens intellectum*'은 바로 그러한 시대적 물음에 대한 대답이었던 셈입니다. 그리고 안셀무스가 주는 대안으로서 이성 개념을 확증할 수 있는 실험이 바로 그의 유명한 신 존재 증명이었습니다.

오직 이성으로만!:
이성의 시대로서 중세의 주창자 안셀무스

안셀무스가 중세에 일으킨 혁명은 바로 그의 유명한 말 '이해를 추구하는 신앙'으로 압축됩니다. 본래 이것은 《프로슬로기온》

의 제목이었습니다(안셀무스, 2007, p.45, 서문). 우리는 이 말을 통상 아우구스티누스의 또 다른 유명한 말, 즉 "믿기 위해서 안다 *intelligo ut credam*"의 맥락으로 이해합니다. 아우구스티누스의 말은 믿음이 우리 앎의 목적 혹은 대상이라는 것입니다. 즉 우리의 지적 공부는 믿음에 이르기 위한 것이지 다른 것이 아니라는 것입니다. 그런데 안셀무스는 바로 이 중세적 신앙과 이해의 도식을 뒤집었습니다. 안셀무스의 공식 속에서 믿음은 앎의 대상이거나 목적이 아니라 오히려 그 반대입니다. 즉 믿음의 목적 혹은 추구 대상이 바로 '이해'인 것입니다. 안셀무스의 공식을 아우구스티누스의 말을 빌려 표현하자면 우리는 "알기 위해서 믿는다"가 됩니다. 아우구스티누스의 공식을 정반대로 뒤집은 것입니다. 이는 우리가 통념적으로 '암흑의 시대'로 알고 있는 중세에 대한 이해를 전복하는 것입니다.

철학자 화이트헤드는 중세를 "보편주의"와 "합리성"에 대한 강조가 절정에 달한 시대라고 평가합니다(Whitehead, 1970, p.9). 그는 근대가 오히려 믿음의 시대라고 강변합니다. 화이트헤드에 따르면, 중세적 합리성은 심지어 "무한을 합리화하려는 욕망"으로 압축됩니다(Whitehead, 1970, p.57). 그래서 그는 중세를 "이성에 근거한 믿음의 시대"라 부르는 한편, 근대는 "믿음에 근거한 이성의 시대"라 불렀습니다(Whitehead, 1970, p.57). 말하자면 중세는 합리성의 보편성을 철저히 믿은 시대였고, 그래서 심지어 '무한' 혹은 '신'조차도 합리적으로 설명되지 않는다면 믿을 수 없는 시대였습니다. 우리는 통상 근대과학은 이성의 활용을 통해서 도래했다고 '믿지만,' 사실 근대는 이성이 아니라 엄연한 사실에 대한 경험이 강조되던 시대였습니다. 따라서 근대는 이성을 발전시킨 것이 아니라 '사실fact'에 대한 개념을 인간의 감각적 경험을 통해 확증한 시대였습니다. 오히려 중세는 이러한 경험과학의 도구들이 충분히 발달하지 못했기 때문에 사실의 진위 여부를 가리는 일에 크게 괘념치 않았고, 진리의 진위를 가리는 유일한 도구로서 이성을 활용한 논리적 추론밖에 없었기 때문에 더욱 이성에 의존하는 시대였습니다. 바로 이렇게 이성의 시대로 중세를 확립한 이가 안셀무스입니다.

안셀무스 이전의 중세는 성서나 교회의 권위가 지배하는 사회였습니다. 신앙적 권위에 대한 믿음에 이성이라는 것은 그저 "신앙을 보조하는 수단"에 불과했습니다(김영철, 2006, p.28). 말하자면 이성은 스스로 독자적 기능을 갖지 못하고 신앙을 위한 보조자로서 교회의 권위에 종속된 것으로서만 기능했습니다. 이는 곧 이성의 독자성이 전혀 인정되지 못하고 있었다는 말입니다. 이러한 시대 분위기를 대변하는 유명한 말이 바로 페트루스 다미아니의 "철학은 신학의 시녀이다"입니다(김영철, 2006, p.29). 진리는 오직 신앙, 즉 믿음으로만 이를 수 있으며 이성의 기능은 신앙이 진리에 다가가도록 도와주는 역할만을 감당할 수 있을 뿐입니다. 하지만 11세기로 진입하면서 더 이상 성서와 교회의 권위에만 의존하여 설명의 설득력을 갖추기 어렵다는 인식이 생기기 시작했습니다. 그리하여 신학 내부에서조차 이성을 중시하는 성향이 나타나기 시작했고, 이성을 "신학의 시녀"로 간주하던 성향에서 이성과 신앙의 관계를 상보적으로 이해하려는 시도가 나타났는데 이러한 중도적 입장을 대변하는 사람이 바로 안셀무스의 스승인 랜프랑크였습니다. 안셀무스는 이러한 상보적 입장을 넘어 "신앙보다는 이성을 강조"하는 데까지 나아갔고, "신앙적인 대상의 정점인 신 존재를 이성적이고 논리적인 사고방식으로 증명하려고 시도"하는 데까지 이르게 됩니다(김영철, 2006, p.30). 그의 주저 중 하나인 《모노로기온》의 첫 장 첫 문장은 이렇게 시작합니다.

비록 우리가 신앙을 공유하지 않더라도 우리는 하나님과 그분의 창조에 관해 필연적으로 믿어야 하는 대부분을 어느 누구나 전적으로 이성으로써 *sola ratione* 납득할 수 있다(이은재, 2015, p.11에서 재인용).

이성을 중시하는 이유는 믿는 사람이나 안 믿는 사람이나 모두 납득할 수 있는 이해의 토대를 마련해준다는 데 있습니다. 서임권 투쟁으로 갈라진 시대에 안셀무스는 입장의 차이를 뛰어넘는 보편성의 토대를 찾고 있었고 그것이 바로 이성이었습니다. 당시 전통적 권위의 전거인 성서와 교회가 시대의 갈등 속에서 역할을 다하지 못할 때 안셀무스는 '이성'을 시대를 합리적으로 추스를 근거로 보았던 것입니다. 그래서 심지어 안셀무스는 다음과 같이 말합니다.

성서의 권위를 완전히 배제하(고) 하나님이 무엇인가를 찾고 '오직 이성으로만 *sola ratione*' 발견했다. 참 신앙이 하나님에 관해 생각하는 것을 반박할 수 없는 근거를 갖고 바로 그러하다는 것을 증명했다 (Mühlenberg, 1989, p.557에서 재인용).

말하자면 안셀무스는 심지어 하나님조차도 '성서의 권위를 배제하고' 오직 '이성으로만' 생각하고 찾아갈 수 있다고 믿었으며 그래서 그의 신학 방법론이 '오직 이성으로만'입니다(공성철, 2005, p.22). 그의 신학의 출발점은 교부 테르툴리아누스의 표현을 흉내내자면 "나는 믿는다, 고로 나는 이해한다*Credo, ut intelligam*"입니다. 이를 다른 말로 표현한 것이 바로 그의 이해를 추구하는 신앙입니다. 안셀무스는 《프로슬로기온》 서문에서 "믿기 위해서 알려고 하는 것이 아니라, 알기 위해서 믿습니다"라고 말합니다(29). 인간의 이성은 믿음을 위한 보조 수단이 아니라 우리가 믿음으로 나아가는 데 필수적인 능력입니다. 하나님께서 이 지성을 우리에게 허락하신 것이기 때문입니다. 이 지적 능력은 단지 믿는 이들 사이에서만 설득력이 있는 것이 아니라 오히려 하나님을 믿지 못하는 이들에게까지도 진리의 확실성을 설득할 수 있다는 점에서 믿기 위한 보조적 수단에 그치지 않습니다. 신이 존재하지 않는다고 믿는 사람 앞에서 신의 존재를 설명하거나 입증할 수 있는 것은 '믿음'이 아닙니다. 오히려 믿는 자와 믿지 않는 자가 공유하는 능력을 통해서만 설득과 비판, 토론이 가능하고 그것이 바로 이성입니다. 이성적으로 자명하다면 이성을 통해 이해한 것을 따라야 합니다. 따라서 "모든 것을 신앙으로 해명"하고자 하기보다는 "이성적인 통찰에 근거해서 신앙의 진리들과 그밖의 것들을 해명"하고자 했던 안셀무스의 시도는 단연 시대를 뒤집는 사고방식이었습니다(김영철, 2006, p.31).

하지만 안셀무스의 이 이성의 혁명을 곧 믿음이 "이해를 위한 수단"이라는 말로 오해해서는 안됩니다(공성철, 2005, p.32). 오히려 안셀무스는 믿음이 "이해의 출발이라는 것을 말하는 동시에 ······ 믿음과 이해는 다른 것임을" 말하고자 합니다(공성철, 2005, p.32). 핵심은 믿음과 이해를 분리하거나 이해를 믿음에 종속시킨 것이 아니라 이해의 본래적 가치를 회복시킨 데 있습니다.

나는 믿기 위해 알려 하지 않고 알기 위해서 믿나이다. 왜냐하면 '내가 믿지 않으면 알 수 없다는 것'도 믿기 때문입니다(안셀무스, 2007, 1장, p.63).

고대로부터 종교적 믿음을 이해와 다른 과정으로 분류하거나 이해를 믿음에 종속된 것으로 이해하는 유의 사유가 지배해왔습니다. 안셀무스는 바로 이 고대적 신앙과 이해의 관계를 상보적 관계로 전이시킵니다. 이해하기 위해 믿지만, 그러나 모든 이해의 토대는 바로 믿음입니다. 다시 말해 이성적 이해만으로 어리석은 자들을 설득시킬 수 있다고 안셀무스는 생각하지 않았습니다. 그가 이성을 중시한 것은 어리석은 자에게도 "자기가 듣는 것을 이해"할 수 있는 능력이 지성 속에 여전히 잠재되어 있다고 생각했기 때문입니다(안셀무스, 2007, p.65). 따라서 안셀무스의 논증은 "믿으라고 믿음을 요구하지 않"습니다(공성철, 2005, p.32). 오히려 "이해는 우리에게" 믿음의 대상이 실재함을 인정하라고 말합니다(공성철, 2005, p.32). 다만 이 과정에서 이성은 신의 "존재를 믿는 자나 믿지 않는 자 모두가 예외 없이" 받아들일 수 있도록 해준다는 것입니다(공성철, 2005, p.33).

따라서 안셀무스를 이해할 때 신앙과 이성이라는 단어를 우리

시대의 이해를 투사하여 이해하지 않도록 유의해야 합니다. 그에게 신앙과 이성은 결코 분리된 것이 아니었습니다. 예를 들어 안셀무스는 《프로슬로기온》을 강의의 형식을 취하여 말하거나 철학적 논증의 형식을 취하지도 않습니다. 오히려 《프로슬로기온》은 "하나님께 기도하고, 감사하고 찬양하면서 전개"됩니다(공성철, 2005, p.36). 즉 안셀무스는 신학을 전개한 것이 아니라 "신앙으로 신학 작업"을 수행한 것입니다(공성철, 2005, p.38). 하지만 안셀무스에게 이 신앙의 작업은 "이성적 작업 없는 직관"의 추구가 결코 아니었습니다(공성철, 2005, p.38). 그에게 신앙의 작업은 이성적으로 수행해야 하는 것이었습니다. 그리고 그의 이성적 작업은 기도와 감사와 찬양 가운데 온전히 이루어지는 것이었습니다. 즉,

> 신앙은 모두 비이성적이지 않다. 그러나 신앙은 모두 이성적 작업으로 나타나는 것이 아니다. 신앙은 지적 활동으로나 도덕적 삶으로도 나타날 수 있다. 신앙은 곧 이해가 아니고, 신앙은 곧 의지 활동이 아니다. 신앙은 하나님 앞에 있는 것이다(공성철, 2005, p.39).

안셀무스에게 신앙이란 삶의 모든 것을 의미합니다. 삶 속에서 신앙과 이성의 분리란 있을 수 없습니다. 따라서 성서와 교회의 권위를 배제하고 오직 이성으로만 신의 존재를 입증하고자 하는 그의 작업은 어리석은 자, 즉 신을 믿지 않는 자들을 향한 대화의 상황에서 의미 맥락을 갖는 것이지 결코 성서와 교회의 권위를 배제하는 작업은 아니라는 말입니다. 그의 직업이 캔터베리 대주교라는 사실을 기억해야 합니다. 신앙의 추구 대상이 이

해라는 것은 곧 그 이해가 신앙보다 위에 있는 것이라는 것을 의미하지 않습니다. 오히려 그 이해도 하나님이 가르쳐주시고 발견할 수 있도록 해주었음을 믿는 것입니다. 즉 이성은 신의 선물이기 때문에 우리의 믿음의 추구 대상이 되는 것이지 이성 그 자체가 믿음보다 우위에 있는 것은 아닙니다. 바로 이런 맥락에서 안셀무스는 "나에게 믿는 것을 알게 하여 주시옵소서"라고 기도할 수 있었습니다(안셀무스, 2007, 2장, p.65).

알기 위해서 믿는다는 안셀무스의 모토 속에서 '앎'이란 곧 "신에 대해 알아가는 것"입니다(김영철, 2006, p.35). 여기서 이성은 신 존재 증명을 위한 부차적 도구나 기능이 아니라 오히려 "신앙이나 신앙적인 요소들을 증명 또는 논증할 수" 있는 유일한 능력입니다(김영철, 2006, p.36). 이성은 이제 독자성을 획득하게 된 것입니다. 물론 이성이 독자성을 획득했다는 것이 신앙 혹은 믿음을 배제한다는 의미는 결코 아닙니다. 단지 안셀무스는 "권위에 안주하지 않고 모든 것을 사고의 대상"으로 삼았고, 더 나아가 "하나님의 계시마저 선포가 아니라 증명의 대상으로 만들"었으며 "모든 불신자의 질문 가능성을 스스로가 제기하며 수용할 뿐만 아니라 실제로 제시된 가우닐로의 도전을 냉철한 문법적 지식과 논리로 맞받아주었"습니다(공성철, 2005, p.40). 이 안셀무스를 통해 신학은 "이제 도그마나 성서에만 의존하지 않고 이성적인 합리성을 기반으로 하는 학문이 되었"습니다(김영철, 2006, p.90).

무한을 합리화하다: 존재론적 신 존재 증명

안셀무스의 신 존재 증명은 "오직 인간의 건전한 이성"만으로 신의 존재를 이해하는 데 이를 수 있다는 것에서 출발합니다(김영철, 2006, p.38). 이는 이성의 능력에 대한 확신 혹은 자신감을 의미합니다. 최고 진리인 신을 인식하고 이해하는 데 다른 권위의 근거를 배제하고 "오직 이성만을" 출발점으로 삼는다는 것은 곧 인간이 스스로 이성적 능력으로 진리에 이를 수 있다는 확신을 의미합니다. 이 신 존재 증명은 안셀무스의 주저 중 하나인《프로슬로기온》2~4장에 등장하는 논증입니다. 이 논증은 "단순하고 복잡하지 않아야 하며 논리적으로 자족적이어서 그 자체로는 논증이 더 이상 필요하지 않아야" 합니다(김영철, 2006, p.38). 즉 이 논증은 "자기 검증을 위해서 다른 논증이 필요 없으며 이 자기 논증 하나만으로 아래의 것들이 증명되는 논증"이어야 했습니다(안셀무스, 2007, 서문, p.43). 이 논증에서 안셀무스는 하느님을 "그보다 더 위대한 것을 생각할 수 없는 존재a being than which no greater can be conceived"라고 정의합니다. 가장 위대하다는 것은 곧 마음속으로 존재하는 데 그치지 않고 실재적으로in reality 존재함을 의미입니다. 마음속으로 존재하는 것보다 실재로 존재하는 것이 더 위대하기 때문입니다. 그렇다면 신은 혹은 하느님은 "단지 우리의 마음속에만 존재하는 것이 아니라 실재로 존재한다"는 결론으로 자연스럽게 이어집니다(Caputo, 2006, p.14).

'그보다 더 큰 것(혹은 위대한 것)을 생각할 수 없는 존재'로서 신 혹은 하느님을 생각할 수 있다면, 그리고 마음속으로 존재하는 것보다 실제로 존재하는 것이 더 위대하다는 전제를 받아들인다면 신은 논리적으로 당연히 존재해야만 합니다. 그렇지 않다면 '그보다 더 위대한 것을 생각할 수 없는 존재'란 정의는 '모순'에 빠지게 됩니다(안셀무스, 2007, 3장, p.69). 마음속에 (생각으로) 존재하는 것보다 실제로 존재하는 것이 '더 크기greater' 때문입니다. 다시 말해서 "'더 큰 것을 생각할 수 없는 것'이 생각 속에만 있다면 '그보다 더 큰 것을 생각할 수 없는 것'은 '그보다 더 큰 것을 생각할 수 있는 것'이 (되기)" 때문입니다(안셀무스, 2007, 2장, p.67).

이에 대해 가우닐로는 "우리의 정신에 존재하는 관념이 무엇이든 실제로도 존재한다는 주장은 잘못"이라고 주장합니다. 그는 화가가 그림을 그릴 때 먼저 마음속에 그릴 것을 떠올리고 나중에 그것을 화폭에 구현하는, 예를 들어 마음속에 존재하는 것과 실재로 존재하는 것 사이에 차이가 존재할 수 있음을 예증합니다(가우닐로, 2005, p.147). 아직 화폭에 구현되기 전의 그림에 대한 생각은 아직 실재적으로 존재하지 않은 것임을 지적하면서, 생각으로만 존재하는 것이 있음을 가리키는 것입니다. 따라서 누군가 '그보다 더 큰 것을 생각할 수 없는 존재'라는 말을 들었다 하더라도 이것이 실제로 존재한다는 것을 실증할 수는 없습니다. 혹은 내가 듣고 이해하는 것이 실존한다고 가정하더라도 말하는 사람이 거짓말을 말한다면 어떻게 될까요? 이 거짓말의 경우는 곧 "이미 지성 안에 존재한다고 증명된 것이 결국 모든 것보다 큰 것이 아니게 되는 경우"에 해당합니다(가우닐로, 2005, p.153). 이런 논증에 근거하여 가우닐로는 안셀무스가 "자신이 말하는 것을 충분히 주목하지 않"는다고 비판합니다. 그러고는 저 유명한 '가장 완전한 섬'에 대한 상상을 예로 듭니다. 가장 완전한 섬을 상상할 수는 있지만 그것이 실제로 반드시 존재한다는 보장은 없다는 것입니다. 모든 것이 완전한 섬을 상상할 수 있기에 그러한 섬은 반드시 존재한다고 누군가 주장한다면 그것을 사람들은 "농담"이라고 생각할 것이라고 말하며 가우닐로는 안셀무스를 조롱합니다(가우닐로, 2005, p.155). 이러한 비판은 두 가지를 전제로 하는데 첫째, "아무도 마음속에 신의 관념을 가질 수 없"다는 것을 전제합니다(김영철, 2006, p.40). 인간의 마음은 유한하고 신은 무한한 존재이기 때문입니다. 둘째, 마음의 관념으로부터 존재로 나아가는 추론은 언제나 오류에 빠집니다. 가장 완전한 섬에 대한 비유가 이 오류를 적나라하게 보여줍니다. 생각할 수는 있지만 그 존재를 증명할 수 없는 존재들이 있다는 것입니다.

이러한 가우닐로의 비판에 대해 안셀무스는 '가장 완전하다'는 것의 정의는 우리가 상상할 수 있는 완전함에 국한되지 않음을 지적합니다. 즉 절대적 완전성이란 존재의 필연성을 이미 담지한다는 것입니다. 가우닐로가 예로 든 화가의 머릿속에 존재하는 것과 그것을 화폭 속에 구현하는 것 사이의 차이는 하나님이라는 신적 존재에게 적용되지 않습니다. 완전한 존재, 즉 그보다 더 큰 것을 생각할 수 없는 존재는 "시작이 없어야만 존재"합니다(안셀무스, 2007, p.163). 시작이 있는 존재는 소멸이 있고 그런 존재는 "그보다 더 위대한 것을 생각할 수 없는 존재"가 아니라는 것입니다. 말하자면 안셀무스의 증명 속에 등장하는 완전은 오직 신에게만 적용되는 것이지 존재 일반에게 적용되는 개념일 수 없습니다. 그래서 이를 '그보다 더 큰 것을 생각할 수 없는 존재'라고 한 것입니다. 따라서 우리가 '그보다 더 위대한 것을 생각할 수 없는 존재'를 "생각할 수만 있다면 그것은 필연적으로 존재한다"고 반박합니다(안셀무스, 2007, p.163). 즉 '그보다 더 큰 것을 생각할 수 없는'이라는 전제가 있기 때문에 이런 존재는 신 이외에 없습니다. 생각할 수는 있는데 실제로 존재하지 않을 가능성이 있다면 그런 존재는 논리적으로 '그보다 더 위대한 것을 생각할 수 없는 존재'가 아닙니다. 만일 우리가 '그보다 더 위대한 것을 생각할 수 없는 것'을 생각할 수 있다면 이는 '다른 사물들로부터 도출될 수' 없습니다(안셀무스, 2007, p.185).

안셀무스의 이러한 논증에 대해 토마스 아퀴나스는, 사람들은 '그보다 더 위대한 것을 생각할 수 없는 존재'와 같은 개념으로 신을 생각하는 것이 아니라고 비판합니다. 그리스의 신들은 개념적 신이 아닐 뿐만 아니라 육신을 가진 존재들이고, 기독교의 하나님도 성육신하시는 하나님임을 기억할 때 추상적 개념으로 신을 규정하는 것 자체가 부적절하다는 것입니다. 이는 곧, 설혹 우리가 안셀무스의 논증을 논리적으로 수용한다 해도 이렇게 증명된 신이 정말 기독교의 하나님일까라는 물음이 떠오르게 합니다. 아퀴나스의 비판은 바로 이런 지점입니다.

그럼에도 불구하고 안셀무스의 신 존재 증명은 우리가 살아가는 근·현대적 상황을 전제로 하고 있지 않다는 점을 고려하는 것이 중요합니다. 안셀무스가 이 신 존재 증명을 미국 철학학회나 미국 종교학회에서 발표한 것이 아니기 때문입니다. 그는 수도사들에게 자신의 생각을 기도 형식으로, 《모노로기온》에서는 독백의 형식으로 그리고 《프로슬로기온》에서는 상대방에게 고하는 형식으로 전합니다(Caputo, 2006, p.15). 이 글 속에서 안셀무스는 "'그분을 통하여, 그분과 더불어 그리고 그분 안에' 살아가는 종교적 삶의 경험"을 표현합니다(Caputo, 2006, p.15). 더구나 안셀무스가 이 논증을 서서 발표한 것이 아니라 "무릎 꿇고" 기도하는 모습으로 전개했음을 기억해야 합니다(Caputo, 2006, p.15). 안셀무스는 이러한 신앙적 경건이 이성과 함께 나아가지 않는다면 맹목적이며 타락할 수 있음을 경고하는 것입니다.

우리 안에 하나님의 형상으로서 이성

안셀무스의 신학적 혁명은 신앙의 근거를 이성이라는 토대 위에 올려놓은 데 있습니다. 바로 여기에 안셀무스의 철학적 전복이 존재합니다. 그는 진리를 인간에게 초월적인 외부에서 찾는 대신 "우리 자신, 즉 우리의 내부에서 찾으려고" 했습니다(김영철, 2006, p.47). 이 (변증론의) 과정은 "인간 이성이 스스로 인식하는 과정이며 또한 자신 안에 기거하고 있는 진리를 인식하고 파악하는 과정"임을 주창합니다(김영철, 2006, p.47). 다시 말해 안셀무스는 "이성만을 진리 인식의 출발점"으로 삼았습니다(김영철, 2016, p.48). 그는 《모노로기온》 서문에서 다음과 같이 말합니다.

만일 인간이 단지 평균의 (보통의) 능력을 지니고 있다면, 그는 최소한 그의 이성으로 그리고 이성의 인도로 진리를 알 수 있다는 것을 확신할 수 있다(김영철, 2016, p.48에서 재인용).

이 인용문에서 알 수 있는 것은 안셀무스에게 이성이란 단지
진리로 나아가는 출발점만을 제공하는 것이 아니라 앎의 목적을
달성하도록 하는 인식의 주체가 되기도 한다는 점입니다. 곧 "이
성에 의해서 진리의 인식이 시작되고 또한 파악되며 결국에는 이
성에 의해서 진리의 인식, 즉 앎이 정립되고 완성된다는 것"을 의
미합니다(김영철, 2006, p.48).

안셀무스는 인간의 정신 혹은 이성을 "신의 모상imago Dei" 혹은
"하느님의 형상"으로 보았습니다(김영철, 2006, p.49). 그 때문에 인
간 정신은 신 인식과 관련하여 "항상 '어떤 것에 의한per aliud' 정
신"으로서 유사성의 원리에 의한 신 인식, 즉 신에 대한 개념에
도달할 수 있다고 보았습니다(김영철, 2006, p.53). 만일 이성이 신
의 모상, 즉 하나님의 형상이라면 신은 인간의 세계를 초월한 피
안의 세계에 존재하는 것이 아니라 오히려 "인간 정신의 가장 내
면"에 존재하는 것이 됩니다(김영철, 2006, p.51). 바로 이 점에서
인간 이성의 자기 인식은 자기를 인식하는 동시에 자기를 초월하
는 인식, 즉 자기를 넘어서는 존재인 신의 인식에 이를 가능성이
열리는 것입니다.

그렇다면 이제 인간의 자기 인식을 통해 신의 인식에 이르는
데 핵심적으로 요구되는 것은 "정신 스스로가 훨씬 더 열정적으
로 자신을 이해하기 위(한) 노력"을 하는 것입니다(김영철, 2006,
p.51). 그 노력의 행위자 혹은 주체agent가 바로 이성입니다. 인간
의 신 인식에 궁극적인 한계가 있다고 하더라도 유사성의 원리에
의해 신을 인식하는 개념적 지평에 도달할 수 있기에 인간은 진
리인 신을 알기 위해 나아가야 합니다. 인간은 그런 노력을 경주

할 수 있는 유일한 존재로서 하나님의 형상입니다.

이성은 이제 스스로를 인식함으로써 종국에는 신 인식에 이릅니다. 이성이 스스로를 인식한다는 것은 스스로를 타자화시키는 것입니다. 그러므로 타자는 "이성의 타자가 아니라, 이성과의 관계 안에서의 타자" 즉 "이성의 자기 관계성 안에서의 타자"를 의미합니다(김영철, 2006, p.56). 이러한 관계는 신, 즉 하느님과의 관계로 연장됩니다. 다시 말해 신의 모상으로서 이성이 신을 인식한다는 것은 완전한 타자를 인식하는 것이 아니라 자기 "스스로에게로 귀환"하는 것입니다(김영철, 2006, p.56). 이성은 이미 신 안에 있기 때문입니다. 그 신의 모상으로서 이성이 인간 안에 있다면 신은 역설적으로 인간 안에 또한 있는 것입니다. 만일 이성이 신을 사유한다면 신은 이성에게 스스로를 현시하는 것이며 이런 맥락에서 신은 이성의 신 인식을 통해 스스로를 사유하고 인식합니다.

인간 정신이 신의 모상 혹은 하느님의 형상임을 논리적으로 설명하는 것이 안셀무스에게는 바로 삼위일체론이었습니다. 삼위일체는 신의 일체성 즉, 성부와 성자와 성신의 삼위일체를 말하기보다는 오히려 "신의 모상*imago dei*으로서의 인간 정신이 원형인 신에 대해서 사유하고 자기반성을 하는 것"을 가리킵니다(김영철, 2006, p.80).《모노로기온》에서 안셀무스는 삼위일체를 다음과 같이 말합니다.

만일 창조된 모든 것들 중에서 정신만이 스스로를 기억하고 인식하고 사랑할 수 있다면, 모든 창조물 가운데서 자신을 기억하고 인식하며 사랑한다는, 즉 말로는 표현하기 힘든 삼위일체의 본질의 가장 참된 모상이라는 점이 부정된다고는 생각할 수 없다. 또는 정신은 스스로를 기억하고 인식하고 사랑함으로 인해 훨씬 더 진리의 참된 모상이 된다 (김영철, 2006, p.80).

인간은 신의 모상으로서, 하나님이 삼위일체이듯이 인간도 삼위일체의 모습을 유사성의 원리에 의해 갖고 있는데 그것이 바로 기억과 인식과 사랑입니다. 이러한 논지는 《프로슬로기온》에서도 이어집니다.

내 안에 '당신의 형상'을 창조하셔서 내가 당신을 기억하면서 생각하며, 사랑하게 하심이니다. …… 당신이 다시금 새롭게 하고 다시금 조성하셔야만 나 자신의 존재를 이행할 수 있나이다(안셀무스, 2005, 1장, p.63).

기억과 생각(혹은 인식)과 사랑은 하나님의 형상을 따릅니다. 비록 하나님과 인간은 질적으로 무한한 차이를 갖는 존재이지만, 그럼에도 불구하고 "(인간의) 마음이 믿고 사랑하는 (하나님의) 진리를 얼마만큼이라도 알기를 사모"하는 가운데 인간은 하나님의 형상을 실현해나갑니다(안셀무스, 2005, p.63).

이것들을 일치시키고 통일하는 것은 인간의 이성이며, 이런 의미에서 이성은 '인간 정신의 최고 능력'입니다(김영철, 2006, p.81). "이성적 정신은 스스로를 기억할 수 있고, 인식할 수 있으며, 사랑할 수 있고, 모든 것들 중에서 가장 좋은 것이며, 최고의 것"이기 때문입니다(김영철, 2006, p.81에서 재인용). 결국 이성은 "기억과 인식 그리고 사랑의 운동을 일치하는 능력"이며 이 일치를 통해 이성은

"일자로서의 진리를 인식"할 수 있게 됩니다(김영철, 2006, p.84).

　　최고의 본질에 대한 기억은 완전히 그것의 인식과 사랑 안에 있다. 인
　　식은 기억과 사랑 안에 있고, 사랑은 기억과 인식 안에 있다. 최고의 정
　　신은 그의 모든 기억을 인식하며 사랑한다. 그리고 최고 정신의 모든
　　인식은 기억되며, 그는 그것을 완전히 사랑한다. 최고 정신의 모든 사랑
　　은 기억되며, 그것을 완전히 인식한다(김영철, 2006, p.84에서 재인용).

　　기억은 "망각된 것을 파악하고, 다시 기억하고, 현재화하는 능
력, 즉 되돌아보는 인식능력"입니다(김영철, 2006, p.85). 즉 기억은
과거의 것에 대한 것이 아니라 그것을 '현재화하는 능력'입니다.
다시 말해 과거에 매인 것이 아니라 오히려 과거를 넘어 현존하
는 것에 대한 생각을 의미합니다. 따라서 기억한다는 것은 곧 "인
간의 자기의식의 완성"을 의미합니다(김영철, 2006, p.85). 이런 의
미에서 보자면 인간의 인식은 근원적으로 기억입니다. 현재 인식
하는 것은 시간의 불가역적 흐름 속에서 언제나 과거로 넘어가기
때문입니다. 따라서 기억한다는 것은 곧 인식한다는 것이며 단지
과거를 심적으로 반복하는 것이 아니라 종합적으로 재구성된 인
식을 한다는 것을 의미합니다. 이런 맥락에서 기억은 "인간 정신
의 자기 인식이며, 인간 스스로의 완성이며, 일자로서의 진리 자
체를 의미"합니다(김영철, 2006, p.85).
　　인식은 물론 "외적인 사물들과의 관계에서의 능력"이지만 현
상세계의 다양한 사물들에 대한 파악일 뿐 "보이지 않는 일자의
세계, 즉 진리를 파악할 수 있는 능력"은 아닙니다(김영철, 2006,

p.86). 이러한 의미에서 인식은 칸트의 오성Verstand에 가깝습니다. 하지만 안셀무스에게 인식은 칸트의 오성적 의미를 넘어서는 부분이 있는데, 바로 이성을 따라가는 능력입니다. 인식이 이성에 종속되어야만 자기인식에 이를 수 있고, 그래서 진리 인식에 이를 수 있기에 이런 의미에서의 인식이 다수의 사물들의 세계에 대한 인식보다 더 중요하다고 할 수 있습니다.

사랑은 "기억과 인식"을 개념적으로 통일하는 "점, 즉 일치점"입니다(김영철, 2006, p.87). 바로 이 사랑 안에서 기억과 인식이 일치를 이룹니다. 그렇기 때문에 "사랑 안에서 기억과 인식의 일치는 진정한 인간정신의 목적이며 완성인 것"입니다(김영철, 2006, p.87). 따라서 사랑이 없다면 기억과 인식은 쓸모없고, 역으로 기억과 인식이 없다면 사랑은 가능하지 않습니다. 이를 신 인식으로 연장해서 말하자면, "사랑 없이는 신인식도 없고, 반대로 신인식 없이는 사랑 또한 없"습니다(김영철, 2006, p.88). 바로 이런 의미에서 사랑은 "감각적 세상에 살고 있으나 정신적인 세계로 상승 또는 귀환하려고 하는 인간의 완성이며, 동시에 최고의 진리이며 최고의 선"입니다(김영철, 2006, p.88).

이해를 추구하는 신앙

안셀무스의 이해를 추구하는 신앙은 이성을 사용하여 사유하는 학문의 전통을 낳았습니다. 아울러 다른 어떤 권위에 의존하지 않고 오로지 이성으로만 진리에 이르는 길을 정초했습니다. 그

길이 믿음의 길과 일치할 것을 믿으며 말입니다. 이를 통해 종교
는 신학이 되었고 신학은 모든 학문을 하수인으로 삼고 조작하
고 통제한 것이 아니라 모든 이성적 탐구의 어머니가 되었습니다.
물론 모든 것을 낳는 만물의 어머니 '코라'가 결국 자식들에게 부
정당하는 운명을 맞이한 것처럼 신학도 이후의 시대에 부정당했
지만 말입니다. 오늘날 신학은 학문 분야에서 근거 없는 억측을
생산해내는 비생산적인 분야로 외면당하고 있습니다. 그럼에도
불구하고 우리가 믿는 바가 이성을 바탕으로 이해되어야 한다는
정신은 이후 서구 과학기술 문명을 낳는 산파 역할을 충실히 감
당했습니다.

이 글에 쓰인 인용문헌

가우닐로, 〈이 글에 대하여 어리석은 자를 대신한 한 사람의 응답: 가우닐로의
    반박〉, 안셀름·공성철 옮김,《프로슬로기온》, 한들출판사, 2005.
공성철, 〈저자 안셀름 소개와 프로슬로기온 해제〉, 안셀름·공성철 옮김, 《프로슬
    로기온: 신 존재 증명》, 한들출판사, 2005.
김영철, 《안셀무스: 기독교에 이성을 접목한 사상가》, 살림출판사, 2006.
김용규, 《서양문명을 읽는 코드, 신》. 휴머니스트, 2010.
안셀름, 공성철 옮김《프로슬로기온: 신 존재 증명》, 한들출판사, 2005.
안셀무스, 이은재 옮김, 《인간이 되신 하나님》, 시리우스 총서 07, 한들출판사,
    2007.
이은재, 〈성 안셀무스의 생애와 사상: 그의 Cur Deus Homo를 중심하여〉, 이은
    재 옮김, 《인간이 되신 하나님》, 한들출판사, 2015.
Caputo, John D., *Philosophy and Theology*, Abingdon Press, 2006.
Mühlenberg, E., "Dogma und Lehre im Abendland," *Handbuch der
    Dogmen-und Theologiegeschichte*, Bd. I, Hg., Göttingen, 1989.
Whitehead, Alfred North, *Science and the Modern World*, Simon and
    Schuster, 1970(재발행판).

♦♦♦

더 읽어보면
좋은 책

안셀무스, 공성철 옮김,《프로슬로기온: 신 존재 증명》, 한들출판사,
2005.

안셀무스의 유명한 존재론적 신 존재 증명이 나오는 글이다. 존재
론적 신 존재 증명은 안셀무스 자신이 사용한 용어가 아니라 칸트
가 논증에 붙여준 이름인데, 사실 존재론적 신 존재 증명은《프로
슬로기온》전체가 기도의 형식으로 서술되는 가운데 나오는 짧은
기도 형식으로 구성되어 있다. 길지 않은 분량이라 쉽게 고전 읽
기에 도전해볼 만하다.

안셀무스, 이은재 옮김,《인간이 되신 하나님》, 한들출판사, 2007.

안셀무스의 유명한 말, '이해를 추구하는 신앙'을 성숙한 신앙을
가지고 해설한 책으로, 이성이 하나님의 형상을 담지하고 있기에
이성적 작업은 곧 신적 능력의 육화incarnation가 될 수 있다는 논
증을 담고 있는 책이다.

김영철,《안셀무스: 기독교에 이성을 접목한 사상가》, 살림, 2006.

안셀무스의 사상에 대한 간략한 해설서로 적합하며, 두껍지 않지
만 매우 정확하게 생애와 사상을 담고 있다.

아베로에스,
서양 중세사상과
근대사상의 선구자

—

이부현

아베로에스
Averroës(1126~1198)

아베로에스는 1126년 스페인 코르도바의 법관과 의사 집안에서 태어났다. 아베로에스는 라틴어명으로 정식 이름은 아불 왈리드 무함마드 이븐 아흐마드 이븐 루시드Ibn Rushd이다. 아베로에스 가문은 알무와히드 왕조와 깊은 연관이 있었다. 이슬람 율법과 신학 분야에 철저한 교육을 받은 아베로에스도 세비야와 코르도바의 법관으로 지냈는데, 천문학과 우주론뿐만 아니라 의학에도 정통해 1182년에 칼리프(무함마드의 후계자)의 시의侍醫가 되기도 했다. 이런 상황에서도 아베로에스는 아리스토텔레스의 자연학, 형이상학, 분석론 등에 대한 학문적 사색을 통해 독보적인 세계관을 구축한 아랍 계통의 최고 철학자이다.

아베로에스는 26년간 아리스토텔레스 저작 대부분을 주해한다. 그는 다양한 독자층에 아리스토텔레스를 소개하기 위해 동일 저작을 세 가지 유형, 곧 소小주해서 또는 요강要綱, 중中주해서, 대大주해서 등으로 나누어 주해했다. 소주해서나 요강은 중요한 철학적 주제를 선별해 설명하는데, 소주해서는 단락으로 구성된 논변을, 대주해서는 문장을 하나하나씩 주해한다. 아베로에스는 아리스토텔레스의《자연학》,《형이상학》,《영혼에 관하여》,《천체에 관하여》,《분석론 후서》등에 대해 앞의 세 가지 유형의 주해서를 집필했다. 그는 신플라톤주의에 입각해 아리스토텔레스를 읽고자 하는 당시 풍토에서 벗어나 아리스토텔레스 자체로 돌아가고자 했다. 그래서 중세시대에 아리스토텔레스의 '주석가 Commentator'로 공인받게 된다.

이러한 주해서 이외에도 독자적인 저서들이 있다. 율법을 근거로 철학 연구의 정당성을 주장하는《결정적 논고》, 알가잘리 등 아슈아리파 신학자들에 대한 비판을 주로 하는《종교적 믿음의 증명 방법에 대한 설명》, 알가잘리의《철학자의 모순》에 대한 비판서인《모순의 모순》등이 있다. 그러나 그가 이교도의 학문을 언제까지나 편안하게 수용할 수만은 없었다. 그에게 음모가 닥쳤고 칼리프는 1195년에 그를 내친다. 그의 책은 불살라졌고 아베로에스는 루세나로 추방당한다. 그러나 곧 복권되어 마라케시에서 지내다 1198년 세상을 떠난다.

이슬람세계에 유입된 그리스문화:
신앙이 이성을 만나다

이슬람군대가 7세기경 동방의 지중해 내해를 정복했을 때 이슬람 사람들은 서양 학자들과는 오래전에 격리된 그리스 후기 문화라는 신세계를 접하게 되지요. 알렉산드리아와 시리아, 특히 에데 사(터키 남동부 도시)에는 철학과 자연학에 대한 연구물이 남아 있 었고 시리아와 메소포타미아의 수도원에서는 여전히 아리스토텔 레스와 신플라톤주의의 색채를 띤 아리스토텔레스 주석서를 연구 하고 있었습니다. 이슬람사람들은 처음에는 이 문화를 받아들이 기를 주저했지요. 하지만 750년경부터는 서서히 그리스 서적이 아랍어로 번역되기 시작합니다. 번역은 시리아에 살았던 그리스 도교도인 네스토리우스파로부터 비롯됩니다. 그리고 칼리프 하룬 알라시드가 번역 운동을 조직화합니다.

그래서 9세기경 아랍에 철학이 최초로 전파되기 시작합니다. 이때 철학자 알킨디Alkindi(870년 사망)가 활동합니다. 그리고 10세 기에 철학이 만개해서 아베로에스가 죽을 때까지 지속됩니다. 당 시의 중요 철학자는 알파라비Al-Farabi(950년 사망), 라틴어로 아 비센나라 부르는 이븐 시나(1037년 사망) 그리고 아베로에스입니 다. 서양 사람들은 여태까지 듣지도 보지도 못한 것을 아랍 사상 을 통해 알게 됩니다. 이는 아랍 사상가들이 라틴 서방에 얼마나 큰 역할을 했는지 말해줍니다. 서양 사람들은 12세기부터 톨레도 에서 그리고 그 후 남부 이탈리아에서 아랍어 작품들을 라틴어로 번역하기 시작합니다. 그래서 서양인들이 아랍 사상가들과 그들이 전해준 아리스토텔레스에 대해 알게 됩니다.

이슬람교의 출현이 7세기경이라면 이슬람세계에 철학이 유입된 시기는 대개 9세기경입니다. 이슬람세계에 철학이 유입되면서 철학과 이슬람교를 어떻게 결합할까 히는 문제가 발생하지요. 신앙과 이성 또는 철학과 신학의 조화를 시도하려는 노력이 서양 스콜라철학의 전유물처럼 보일 수도 있습니다만 사실은 그렇지 않아요. 스콜라철학에서 주요 신학자들은 동시에 철학자였습니다. 철학적 작업은 대개 철학부에 해당하는 교양학부보다는 신학부에서 나왔지요. 철학과 신학의 조화 문제는 신학자들에게서 비롯되었다고 보면 됩니다. 처음부터 철학자보다는 신학자에 유리한 게임이었지요.

이와 달리 중세 이슬람의 경우 신학과 철학의 구분 또는 조화 문제는 그리스철학이 수용되면서 발생합니다. 그러니까 신학과 철학 또는 신앙과 이성의 문제가 본격적으로 거론된 곳은 이슬람세계라고 볼 수 있어요. 이슬람신학은 쿠란(코란)의 해석과 무함마드(마호메트)의 생애를 둘러싼 전통에서 비롯된 토착 학문인 반면 철학은 그리스에서 유입된 이방 학문이었으니까요. 이슬람의 주요 신학자는 무타질라파와 아슈아리파를 들 수 있습니다. 그들은 처음에는 철학에 그다지 부정적인 태도를 취하지 않아요. 쿠란이나 율법을 해석하기 위해 철학적 추론을 사용하기도 하고 자신의 신학적 입장을 정당화하기 위해 철학 이론을 가져오기도 했지요.

8세기 말에 성립한 무타질라파는 쿠란의 해석과 신학 연구에 이성을 적극 사용했습니다. 그들은 신의 유일성을 주장하면서도 인간의 자유에 대한 신념을 고수했지요. 하지만 이후 알아슈아리가 세운 아슈아리파는 이성 사용에 반대하지는 않았지만 권위의 우월성을 강조하는 전통주의의 입장에 서고자 했습니다. 피조물의 세계에서 일어나는 인과성을 부정하고 오직 신만이 모든 사건의 원인이라고 봅니다. 그래서 신이 모든 사건에 그때그때 개입한다고 생각했지요. 오늘날 일부 그리스도인들도 그렇게 생각합니다. 그래서 희망하는 일을 하느님께 이루어지게 해달라고 기도하지요. 아슈아리파는 인과관계를 통해 세계의 변화를 설명하는 아리스토텔레스 이론을 비판합니다. 그래서 신학자와 철학자의 관계가 차츰 소원해지게 되지요.

그래서 '철학과 신학이 양립할 수 있는가?'라는 물음이 제기됩니다. 토착 신학과 신앙을 우선시하는 신앙주의에 대항한 사람이 바로 이성주의자 알파라비인데요. 그의 기본 입장은 첫째, 진리를 파악하는 데는 다수의 대중보다 소수의 철학자가 더 우수하다는 플라톤의 엘리트주의적 입장과 둘째, 통념을 바탕으로 하는 변증론적 추론이나 설득력에 비중을 둔 수사학적 추론보다 참된 명제에 바탕을 둔 논증적 추론을 상위에 놓는 태도입니다. 이런 맥락에서 알파라비는 종교를 '철학의 노예'로 규정합니다. 이는 이슬람신학뿐만 아니라 그리스도교신학과도 상반된 입장이지요. 그는 신학자와 철학자의 불협화음은 신학자의 '무지'에 기인할 따름이라고 생각했습니다. 이러한 알파라비의 이성주의적 전통은 아비센나와 아베로에스로 이어집니다.

아베로에스,
철학은 신앙과 일치한다고 주장하다

이성주의에 반대해 신앙주의를 정립하고자 했던 알가잘리Al-Ghazali는《철학자의 모순》을 저술합니다. 그는 이 책에서 무슬림(이슬람교 신자)에게 해악을 끼치는 스물다섯 가지 철학적 오류를 열거합니다. 그중 대표적 오류는 첫째, 세계가 영원하다는 철학자들의 주장이고 둘째, 보편적인 것이 아닌 특수한 것에 대해 신은 인식하지 않는다는 주장이며 셋째, 사후 신체의 부활을 부정하는 주장 등입니다. 이런 철학적 주장은 아리스토텔레스의 이론에 근거하고 있습니다. 아베로에스는《모순의 모순》이라는 저서에서 이러한 알가잘리의 입장을 비판합니다. 철학의 정당성에 관한 논의는 이 책뿐만 아니라《결정적 논고》에서도 거론되는데 여기서는《모순의 모순》의 주요 내용만 보기로 합니다.

아베로에스가 방대한 아리스토텔레스 주석을 쓰게 된 철학적·정치적 배경을 밝히는 이 책은 철학에 대한 알가잘리의 비판에 대해 철학적 인식의 보편성과 필연성뿐만 아니라 이론적 측면에서나 실천적(윤리적) 측면에서 이성의 우월성을 주장합니다. 세계가 인과성에 따라 생성·변화한다는 주장을 옹호하고 신의 전능하심을 인간적 방식으로 해석하는 것을 비판하기도 하지요. 그리고 피조물적 사물에 일관적이고 이성적인 원리가 내재해 있다고 주장하기도 합니다. 또한 아비센나의 작품 가운데 스며든 아리스토텔레스주의와 신플라톤주의의 혼합을 비판하기도 하지요.

더 나아가 이 작은 작품은 종교와 철학의 관계를 해명합니다.

여태까지의 신학이 분명하지 않은 혼합물이며 파벌을 형성함으로써 무슬림의 평화를 파괴한다고 비판하지요. 아베로에스는 이슬람사회에 최선의 학문을 제공하고자 했습니다. 그는 철학이 코란의 해석에 꼭 필요하다고 확신하고 철학에 대한 신학의 공격을 어떻게 다시 극복할 수 있는지 그리고 철학의 진리가 쿠란의 진리와 모순되지 않음을 보여주고자 했지요. 그는 결코 철학의 진리와 종교의 진리가 다르다는 '이중진리론'을 가르치지 않았어요. 그는 종교에 접근하는 세 가지 방식을 구분합니다. 이는 곧 수사학적 추론 방식, 변증법적 추론 방식, 논증적 추론 방식인데, 세 가지 방식은 사람들이 자신의 지적 수준에 따라 각각 다르게 종교에 접근하는 방식인 셈입니다.

첫째, 이론적 주장을 모르는 단순한 신앙인들은 상상 또는 표상적 이야기에 만족합니다. 이들은 쿠란 해석에 책임지지 않고 윤리적·정치적 삶을 위해 종교가 필요한 사람들입니다. 이들은 '수사학'의 단계에 만족하는 사람들로, 설득력 있는 이야기에 만족하고 살지요. 따라서 신학자들은 이들이 성서를 상상에 바탕을 두고 해석한다고 비판해서는 안 됩니다.

둘째, 단순한 신앙과는 다른 신학은 확실성의 중간 방식입니다. 이들의 추론은 아리스토텔레스의 의미에서 '변증법'적입니다. 개연적 전제와 통념에서 추론을 시작한다는 의미에서 '변증법'이라 하는데요. 달리 말하면 신학은 전통주의와 철학 사이의 중간에 머물고 있지요. 따라서 신학은 그것을 필요로 하지 않는 단순한 민중에게도 엄밀한 증명을 요구하는 지성적 엘리트에게도 도움이 되지 않습니다. 신학은 개연성에 머물 뿐 어떤 확실성에 도달하지 못한다는 것입니다. 아무튼 수사학적 추론 방식과 변증법적 추론 방식은 대중을 위해 진리를 표출하는 방식입니다.

셋째, 소수의 사람만이 사용 가능한 신이 준 이성은 필연적 확실성을 가져다준다고 합니다. 그래서 아리스토텔레스 철학민이 필연적 확실성을 가능하게 하며, 필연적 확실성을 불순물로부터 순화시킨다고 하지요. 따라서 아리스토텔레스 철학만이 이슬람의 정치와 제도에 이성적 의미를 제공해줄 수 있다고 합니다. 그렇다면 아리스토텔레스 주석서는 인간이 도달할 수 있는 만큼의 이성을 드러내는 것이라 할 수 있지요. 만약 이성이 계시와 모순에 빠진다면, 이성은 수사학이 인도하는 민중과 개연성에 바탕을 두는 신학을 위해서가 아니라 스스로를 위해 계시를 해석하고 신앙과 지식의 조화를 입증할 수 있다고 생각하지요. 따라서 이런 조화에 대한 증명은 극소수의 지적인 사람을 위한 것입니다. 그래서 이성은 신이 어떤 것을 의지적으로 결정할 때 마치 인간이 의지적으로 결정하듯 한다고 생각하는 전통주의를 지적 수준이 낮은 사람에게는 여전히 유효하다고 인정합니다.

아베로에스는 신앙과 지식의 충돌을 진리에 대한 세 가지 접근 방식에 대한 논의를 통해 해소하고자 합니다. 그는 신이 하는 인식은 인간이 하는 인식과 방식이 다르다고 주장합니다. 신의 인식은 세계를 창조하는 인식인 반면 인간의 인식은 세계가 주어져야 비로소 가능하기 때문입니다. 아베로에스는 철학으로 어느 정도는 신을 이성적으로 인식할 수 있다고 생각한 것 같습니다. 그는 신으로부터 주어진 이성 능력이 보편적이고 필연적인 인식을 가능하게 하는 능력이라 생각했습니다. 이런 이성의 능력은 '철학적 신론'에도 역시 적용될 수 있다고 생각했지요. 서양 사람들이 아베로에스가 전통적 신앙을 인정하면서도 철학적 접근 방식을 통해 종교적 진리를 분명하게 알 수 있다고 한 그의 주장을 '이중진리론'이라고 공격했지만 정작 그는 그렇게 생각하지 않은 것 같습니다. 그는 오직 철학을 통해서만 신을 제대로 인식할 수 있다고 생각했으며, 전통적인 신앙은 참은 아니지만 대다수 민중의 삶과 사회의 유지를 위해 그냥 인정하고자 했던 것 같습니다. 철학은 어차피 극소수를 위한 학문이니까요.

이러한 논의는 근대의 위대한 철학자 헤겔Hegel을 연상시키지요. 헤겔 철학에서 예술, 종교, 철학은 동일한 영역, 곧 절대정신의 영역에 머물고 있어 동일한 내용을 지니지만 형식에서는 차이가 있다고 합니다. 그 형식은 예술은 '직관의 형식'을, 종교는 '표상의 형식'을 그리고 철학은 '이성'의 형식을 갖습니다. 결국 헤겔에게 철학은 이성의 형식으로 최종적 진리인 절대정신(신)을 밝히는 것이지요. 우리는 아무도 헤겔이 '삼중三重진리'를 주장했다고 생각하지 않습니다. 한마디로 헤겔과 마찬가지로 아베로에스는 철저한 이성주의자이지요. 우리는 아베로에스로부터 서양 이성주의의 태동을 봅니다. 이런 의미에서 아베로에스는 헤겔의 선구자라는 생각이 듭니다. 그럼 아베로에스의 이성주의적 면모를 철저하게 보기 위해 그의 지성(이성, 정신)에 대한 논의로 넘어갑니다.

아리스토텔레스 주석가 아베로에스,
서양 세계에 지성 개념을 전달하다

1. 지성에 대한 사전 이해

플라톤이나 아리스토텔레스가 말하는 누스nous는 우리말로 정신 spirit/Geist, 지성intellectus, 또는 이성Vernunft 등으로 번역합니다. 이하에서 우리는 누스를 서양 중세의 전통을 따라 지성이라 번역할 것입니다. 그런데 대개 소박 실재론자인 우리나라 사람은 서양의 지성 개념을 제대로 이해하기가 대단히 어렵습니다. 지성 개념이 이데아나 형상과 관계되는 개념이기 때문이지요.

　플라톤은 특정 사물의 종種적인 본질(개념)을 이데아라 불렀습니다. 그에 따르면 이데아들은 실제로 존재합니다. 이것을 이데아 세계라 하지요. 우리가 사는 현실 세계는 이데아들이 스며들어 있는 감각적 세계일 뿐이지요. 이데아 세계는 감각 세계를 넘어서 있기에 감각적 방식으로는 인식할 수가 없습니다. 이데아 세계는 지성적(예지적·이성적·정신적intelligible) 방식으로 인식할 수밖에 없습니다. 그는 이데아 세계를 인식하는 주체를 지성(누스)이라 불렀고 인식대상인 이데아 세계를 예지적 대상noema/noeton라 불렀습니다. 그리고 지성이 예지적 대상을 직관하는 것을 인식 episteme이라 불렀습니다. 예컨대 우리는 삼각형을 감각적으로 지각할 수 있지만 내각의 합이 180도인 삼각형의 본질은 감각적으로 지각할 수 없지요. 삼각형의 이데아인 삼각형의 본질은 오직 지성만으로 인식할 수 있습니다.

　그런데 이데아를 이데아가 되게 하는 이데아가 최고선이라는 이데아이지요. 이데아 세계는 최고선을 기점으로 질서 잡혀 있습니다. 철학의 목표는 이데아에 대한 인식을 통해 최고선에 도달하는 것으로 이런 방식으로 이데아 세계 전체를 있는 대로 인식할 때 인간은 비로소 자기 자신을 완전히 인식하는 것이라고 생각했지요. 다시 말해 아베로에스는 지성과 이데아 세계의 완전한 일치 지점이 인간의 완전한 자기 인식 지점이라 생각했던 것이지요.

아리스토텔레스는 플라톤의 이데아 세계가 사물과 떨어져 존재하는 것이 아니라 사물 가운데 있다고 말합니다. 그리고 사물 가운데 있는 이데아를 형상이라 부르고 형상을 품을 수 있는 물질적인 것을 질료matter라 불렀습니다. 형상은 순수형상(형상들의 형상)을 기점으로 질서 지워져 있다고 합니다. 순수형상을 기점으로 형상 전체를 인식할 수 있는 능력이 바로 지성이지요. 그에 따르면 물질적인 것을 떠난 형상의 세계에서는 인식주체인 지성과 인식대상인 형상은 똑같습니다. 지성은 있는 대로 형상을 인식하기 때문입니다. 그래서 형상 세계를 완전히 인식하는 지성은 형상 세계 자체와 같습니다. 이런 의미에서 지성을 자기 자신을 인식하는 능력이라 말하기도 하지요.

아리스토텔레스 주석가인 아베로에스는 세계의 모습을 다음과 같이 생각합니다. 천체는 우주의 중심에 있는 지구 주위를 돕니다. 비물질적 지성이 천체운동에 질서를 부여하지요. 그리고 그 위에 있는 최고의 비물질적 근원적 존재(지성 자체)는 운동의 근거일 뿐만 아니라 존재의 근거이기도 합니다. 그리고 최하위에 지상적 사물에 형상을 부여하는 지성이 있다고 합니다. 곧, 최고 지성 그리고 천체에 질서를 부여하는 지성 또한 지상의 것에 형상을 부여하는 지성 등이 있다는 것이지요. 이것이 그가 말하는 지성의 위계질서입니다. 그는 감각적 사물의 세계 이외에 지성의 세계가 있다고 생각했습니다. 지성의 세계는 플라톤 말로 하면 이데아의 세계이지요. 아베로에스는 이데아 세계를 능동적으로 지적 활동을 하는 지성의 세계로 해석합니다. 그중에서 인간이 관계하는 지성은 최하위의 지성이지요. 아리스토텔레스의 《영혼에 관하여》에 나오는 영혼과 지성에 대한 논의로부터 개별적 인간과 지성과의 관계를 알아보았으면 합니다.

2. 아리스토텔레스의 영혼과 지성에 대한 정의

아리스토텔레스는 식물, 동물, 인간이 살아 있는 것은 영혼이 있기 때문이라고 합니다. 그는 《영혼에 관하여》 2권 1장에서 영혼을 생명을 가능태로 가지는 자연적 신체의 '형상' 또는 '현실태'로 정의합니다. 이때 신체와 영혼의 관계는 질료와 형상의 관계에 해당하지요. 질료와 형상이 떨어질 수 없듯이 신체와 영혼은 분리할 수 없는 하나입니다. 그렇다면 지성도 신체나 질료와 결합할 수 있을까요?

아리스토텔레스는 《영혼에 관하여》 3권 4장에서 인간 영혼이 그것을 갖고 사유하는 지성은 "모든 것을 사유하기 위해 단순하며simplex, 물질적인 것에 영향을 받지 않으며, 어떤 것과도 섞여 있어서도 안 되며, 모든 것으로부터 벗어나 있어야 한다"고 말합니다. 그래서 지성은 마치 시각이 눈이 있는 것처럼 어떠한 신체 기관도 갖고 있지 않습니다. 아리스토텔레스는 지성은 눈이 모든 색깔을 받아들이기 위해 아무런 색깔을 지니고 있지 않듯이, 그 자신도 모든 것을 받아들이기 전에는 아무것도 씌어 있지 않은 텅 빈 서판書板과 같다고 말합니다. 모든 것을 받아들이고 수용한다는 측면에서 아리스토텔레스는 이 지성을 수동지성이라 부릅니다. 수동지성은 '모든 것으로 되는 지성'이지요. 아베로에스는 이 수동지성을 질료지성이라고 합니다. 또 중세 사람들은 수동지성을 가능지성이라고 부릅니다.

또한 《영혼에 관하여》 3권 5장에서 아리스토텔레스는 '모든 것을 산출하는 능동지성'에 대해 논하는데요. 이 능동지성은 모든 것을 인식 가능한 형상으로 만듭니다. 곧, 능동지성은 감각적 표상imaginatio/phantasia으로부터 형상을 추상해내지요. 그래서 아리스토텔레스는 능동지성을 모든 것을 비추는 빛으로 묘사합니다. 그는 능동지성을 모든 형상을 인식하는 능동성으로서 사멸되지 않고 영속하는 것이라 말합니다. 또한 신체에서 분리되며 질료와 섞이지 않는 것으로 묘사하고 있지요. 그렇다면 수동지성이 받아들이는 것은 외부 세계로부터 받아들이는 무엇이 아니라 능동지성의 작품인 형상입니다. 그래서 두 종류의 지성이 성립합니다. 단적으로 능동지성이 형상을 부여하고 수동지성이 그것을 수용하는 것이지요.

3. 지성에 대한 아베로에스의 해석

앞에서 우리는 질료에 해당하는 신체의 형상인 영혼이 신체와 분리될 수 없다고 했습니다. 그런데 지성은 신체와 섞일 수 없으므로 신체와 섞일 수 있는 영혼과는 다른 것이지요. 그렇다면 도대체 지성과 영혼의 관계는 어떻게 될까요? 아리스토텔레스가 남긴 이런 문제를 해석하기 위해 3세기경 아프로디시아스의 알렉산드로스와 4세기경 테미스티우스 같은 주석가들이 고민하게 됩니다. 이들에 이어 아베로에스를 비롯한 이슬람철학자들이 이 문제를 해명하려 했는데요. 이런 상황에서 13세기 중세지성사에 충격을 준 아베로에스의 해석은 어떤 것일까요?

그는 지성은 감각과 달리 인간영혼의 일부분이 아니라고 단정합니다. 곧, 지성은 영혼의 정의에 속할 수 없다고 보았지요. 지성이 신체와 전혀 섞이지 않는다면 비물질적인 실체일 수밖에 없지요. 개별적 인간과 분리된 지성체知性體일 수밖에 없습니다. 아베로에스는 이 지성을 인간종人間種과 관계하는 단 하나밖에 없는 지성이라 해석하지요. 즉 모든 인간이 공동으로 사용할 수 있는 하나의 지성이라 생각합니다. 질료가 개체화의 원리라면 결코 질료일 수 없는 지성은 자연적으로 모든 인간에게 관계하는 하나일 수밖에 없으니까요. 그렇다면 지성은 개별 인간의 지성이 아니게 됩니다. 모든 인간은 단일한 지성을 공유할 뿐입니다. 이런 논의가 바로 아베로에스의 그 유명한 '지성단일론'입니다. 실제로 보편문법이나 수학의 법칙 또는 논리학 법칙 등은 인간의 사유 이전에 이미 주어진 모든 인간에게 공통적인 사유 틀입니다. 인간은 신체와 섞여 있지 않지만 사유 이전에 이미 전제된 이런 틀을 통해 사유하기 때문에 각각 다른 사람들이 사유해도 동일한 결론에 도달할 수 있게 되지요. 이런 논리에 따르면 지성은 모든 인간이 사유할 수 있는 신체와 관계없는 사유 틀에 비유할 수 있지요. 반면 개별 인간은 감각적 영혼, 곧 신체적·심리적 주체에 지나지 않게 됩니다.

아베로에스는 신체와 전혀 다른 지성은 신체와 존재론적 관계는 없지만 지성이 작용하는 과정에서 신체와 접한다고 주장합니다. 우선 개별적 인간의 인식과정은 간단하게 말하면 감각적 지각sense → 표상imagination이라는 예비적 단계를 거치지요. 감각적 지각에는 오류가 없지만 표상에는 오류가 있을 수 있습니다. 감각 지각은 주어진 대상을 직접 보는 것이라면 표상은 직접 보는 것이 아니라 머리에 떠올리는 것이지요. 우리는 눈을 감고서도 잠을 자면서도 표상을 가질 수 있습니다. 표상은 감각적 기억을 매개로 성립합니다. 아베로에스에 따르면 능동지성은 이런 표상으로부터 형상을 끄집어내지요. 이때 개별적 인간의 표상이 지성과 접하게 되는데 이것이 그의 개별적 인간과 보편적 지성의 접목conjunction 이론입니다.

여기서 접목은 곧장 하나로 결합union된다는 뜻이 아닙니다. 아베로에스에 따르면, 지성적 통찰에 헌신하는 삶을 통해 모든 것을 지성적인 것으로 만드는 능동지성이 우리의 고유한 형상이 될 수도 있습니다. 아베로에스는 지성적 인식에도 단계가 있다고 생각했습니다. 사유하는 인간은 더욱더 정신적 세계로 성장해 들어갈 수 있다는 것이지요. 개별 인간이 지성적 삶 가운데서 보편적 지성과 접목하여 더욱더 보편적 지성을 자신의 고유한 형상으로 삼을 수 있다는 것입니다. 개별 인간과 보편적 지성의 접목이 상승 과정을 통해 하나로 결합copula하는 지점이 바로 목표 지점입니다. 이는 사람이 완전히 달라지는 지점을 뜻하지요.

아베로에스는 이 지점에 도달하면 지성 자체가 나의 본질 형상이 될 것이라 주장합니다. 나는 나 자신이 되어버린 보편적 지성을 통해 모든 존재자를 인식하게 된다고 말하지요. 인간은 이런 인식을 통해 신과 유사하게 됩니다. 나의 인식은 모든 것의 형상적 근거인 신적 지식에 참여하기 때문이지요. 신적으로 된 삶이 바로 인간의 행복입니다. 이제 행복은 피안에서 오는 것도 아니고 외투를 걸치듯이 바깥으로부터 오는 것도 아닙니다. 이제 인간은 현세에서도 행복이 가능하게 됩니다. 아베로에스는 아리스토텔레스를 따라 지성의 완전한 실현에서 행복을 찾았습니다.

하지만 현세에서의 완전한 행복의 성취는 그리 쉽지 않을 것 같습니다. 그에 따르면 신의 인식과 인간의 인식은 여전히 다르지요. 신의 인식은 만물의 원인에 해당하는 인식이지만 인간의 인식은 이미 주어진 결과(만물)로부터 시작하기에 완전성의 정도가 다르기 때문입니다. 그렇다면 인간은 어느 순간, 어느 정도에 있어서 행복을 느낄 수 있는 것으로 보아야 하겠지요.

4. 서양 세계로 전파된 아베로에스의 지성 개념

이러한 '지성단일론'은 아랍세계보다는 13세기에 아베로에스 주석서를 통해 아리스토텔레스를 받아들인 라틴세계의 철학자들(라틴 아베로에스주의자)에게 수용됩니다. 라틴 아베로에주의자들은 13세기 신학자들에게 거부감을 일으키는데요. 특히 지성을 개별적 인간의 한 부분으로 보고자 하는 신학자들의 개별자 구원에 대한 주장은 아베로에스의 입장과 충돌합니다. 급기야 이 때문에 파리대학의 인문학부 일부 교수들이 1270년과 1277년에 단죄되기에 이르는데요. 이외에도 아베로에스는 서양 중세에 많은 논쟁을 불러일으킵니다. 서양 사람들이 '이중진리론'으로 불렸던 아베로에스의 철학과 신학(종교)에 대한 논의 그리고 내세가 아닌 현세에서 행복 실현의 가능성에 대한 아베로에스의 논의 등이 그러했지요. 다들 종교적 이유에서 비롯된 논쟁들입니다.

하지만 아베로에스는 모든 인류가 공유하는 지성은 신체적·심리적 주체인 개별 인간과 무관하게 존재하며, 개별 인간이 보편적 지성과 접목할 수 있거나 더 나아가 보편적 지성으로 전환될 수 있다고 주장함으로써 개별 인간도 지성적으로 인식할 수 있다고 말합니다. 그러니까 신체적·심리적 주체로 사는가 아니면 지성적 주체로 사는가 하는 문제는 개인의 의지적 선택으로 볼 수 있습니다. 그리고 현세에서의 행복 실현의 가능성에 대한 논의, 이성적 종교 해석 등도 철저히 아리스토텔레스의 입장을 고수한 귀결이겠지요. 이런 입장은 M. 에크하르트(1260~1328)로 흘러갑니다. 그는 개별 인간이 질료적인 것, 시간적인 것, 공간적인 것을 버리고 떠나면 순수한 수동지성이 되어 신적 형상을 모두 수용해 신과 하나가 될 수 있다고 말합니다.

또한 아베로에스의 '지성론'은 헤겔을 연상시키기도 합니다. 헤겔은 지성을 정신Geist이라 부르지요. 절대정신(신)의 역사 속에서의 자기 전개 과정을 그리는 그의 《정신현상학》의 최초 제목은 《의식의 경험의 학》이었습니다. 그러니까 이 두 제목을 합하면, 절대정신(절대이념, 최고형상)이 역사 속에서 자신을 전개하는 대로 유한한 인간정신이 그것을 경험할 수 있다는 것입니다. 이는 자신을 역사 속에서 전개하는 신적 능동지성을 수용할 수 있는 인간의 수동지성을 연상시킵니다. 이러한 정신이 칸트에 의해 제한

되는데요. 정신의 제한을 설파한 칸트의 저서가 바로《순수이성
비판》입니다. 결국 아베로에스 사상은 감각적 경험에서 출발하여
관념철학으로 귀결되는 관념론idealism에 해당합니다. 저는 그의
논의를 M. 에크하르트뿐만 아니라 독일관념론의 초석으로 이해
하고 싶습니다. 아무튼 아리스토텔레스의 지성 개념은 아베로에
스를 통해 서양에 전해집니다. 그 이후로 서양 사람들이 지성을
이성, 정신 등으로 부르면서 지성을 바탕으로 세계와 인생을 해
석하고 싶어 했지요.

그 밖의 아베로에스 주요 사상은 무엇인가?

1. 세계는 창조된 것인가 아니면 영원한 것인가?

성경은 "태초에 하느님이 하늘과 땅을 창조하셨다"고 합니다. 그
리고 쿠란 곳곳에서도 세계가 신에 의해 창조되었으며 시초가 있
다는 표현이 나옵니다. 생명을 갖고 인식활동을 하는 작용자가
있다는 아슈아리파의 이론을 수용하는 알가잘리는《철학자의 모
순》에서 신을 원하는 대로 무엇이든 할 수 있는 작용자라고 생각
합니다. 바로 전능한 작용자인 신이 세계를 창조했으며 원하기만
하면 마음대로 세계를 소멸시킬 수도 있다고 주장하지요. 세계
의 창조뿐만 아니라 창조 이후 세계의 변화도 다 신의 뜻에 따라
이루어집니다. 따라서 세계에 내재하는 필연적 인과성도 부정하
게 됩니다. 그는 세계가 영원하다든지 세계 내에 인과적 필연성
이 있다든지 하는 것은 신의 전능을 부정하는 잘못된 생각이라고

판단했습니다. 그래서 세계는 신의 '영원한 의지(뜻)'을 통해 시간 안에서 창조되었다고 주장합니다.

아베로에스는《모순의 모순》에서 알가잘리의 주장이 신의 영원한 작용과 인간의 일시적 작용을 구별하지 못하는 데서 비롯되었다고 반박합니다. 유한한 인간의 경우 행위를 하기 전에 그 행위를 할지 말지를 미리 생각합니다. 그래서 생각과 행위 사이에 시간의 틈이 생깁니다. 그러나 신의 영원한 행위의 경우 시간의 흐름이 존재하지 않습니다. 따라서 아베로에스는 시간을 전제로 한 신의 세계 창조는 신의 전능을 오히려 부정하는 것이라고 반박합니다. 그뿐만 아니라 알가잘리가 말하는 신의 '영원한 의지' 개념도 문제가 있다고 지적합니다. 의지는 선택을 전제로 해서 일어나는 욕구와 관계되지요. 그리고 욕구가 충족되면 욕구의 소멸과 함께 의지도 소멸합니다. 이런 점에서 영원한 의지라는 말에서 마치 비겁한 용사라는 말처럼, 영원하다는 형용사는 소멸하는 의지의 개념과 모순됩니다. 물론 아베로에스도 신의 자유의지를 인정합니다. 하지만 그는 인간에게 적용되는 의지가 신에게도 그대로 적용될 수 없다고 주장하려고 했던 것입니다. 이런 연유로 그는 세계가 유한한 시간 안에 창조되었다는 주장은 오히려 신을 유한한 시간적 존재로 탈바꿈시키는 것이라고 주장합니다.

2. 신은 특수한 것을 인식하는가?

알가잘리는《철학자의 모순》에서 신이 변화하고 소멸하는 특수한 것에 대해 명확하게 인식한다는 쿠란의 구절을 들어 신은 보편적인 것만 인식한다는 철학자의 주장을 공격합니다. 그는 신이 세계에서 일어나는 사건 하나하나를 다 알지 못한다면 우리의 행위를 어떻게 판단하며 우리의 기도를 어떻게 들어줄 수 있는지 묻습니다. 또한 죽어서 신이 어떻게 개개인에게 상이나 벌을 내릴 수 있는지 반문하지요.

아베로에스는 《모순의 모순》에서 이러한 알가잘리의 생각은 신의 인식과 인간의 인식을 동일하게 여기기 때문에 빚어진 오류라고 말합니다. 우리는 뜨거운 불과 차가운 물을 경험할 때 감각적 신체를 도구로 사용합니다. 그리고 우리 몸도 지각대상에 따라 뜨거워지든지 차가워집니다. 따라서 신도 특수한 것을 지각한다면 신 자신도 변해야 합니다. 아베로에스는 신이 지각대상에 반응하면서 그때그때 변한다는 것은 알가잘리도 수용할 수 없는 전제라고 반박하지요. 신의 인식이 세계를 존재하게 하는 원인으로서의 인식이라면 인간의 인식은 특수한 것이 존재하고 나서야 비로소 성립하는, 지각대상에 따라 변화하는 인식이라 할 수 있다는 것이지요. 따라서 인간의 인식과 전적으로 다른 신의 인식에 대해 특수하다거나 보편적이라고 말할 수 없다고 아베로에스는 주장합니다.

3. 세계의 변화는 신의 의지에 따른 것인가? 인과법칙에 따른 것인가?

세상에서 일어나는 모든 사건은 신의 자발적 작용으로 일어난다고 주장하고 싶었던 알가잘리는 《철학자의 모순》에서 원인과 결과 사이에 필연적 관계가 존재하지 않는다고 논합니다. 신은 어떤 경우에는 불이 솜을 타게도 할 수 있고 그렇게 하지 않을 수도 있다고 주장하지요. 그래서 불이 원인이 되어 솜을 불타게 하는 결과를 가져온다는 철학자들의 인과법칙을 부정합니다. 철학자들의 이런 주장은 무엇이든 할 수 있다는 신의 전능성과 신이 직접 개입하여 일으킨 기적을 부정하는 이론이라고 거부합니다.

아베로에스는 《모순의 모순》에서 이러한 알가잘리의 논변을 궤변으로 일축합니다. 신이 부여한 이성이 있는 사람이라면 모든 사건이나 작용에는 원인이 내재해 있음을 부정할 수 없기 때문이지요. 어떤 사건에 대한 원인을 알 때 우리는 그 사건을 안다고 말합니다. 따라서 사건 사이의 필연적 관계가 성립할 수 없다면 그에 대한 지식을 가질 수 없게 됩니다. 알가잘리의 논변을 받아들인다면 그는 우리가 확실한 지식을 가질 가능성이 없어지게 된다고 말합니다. 지식의 가능성을 부정할 때 증명이나 정의도 사물의 본질적 속성도 알 수 없게 된다고 말합니다. 물론 그도 쿠란에 나오는 기적을 부정하지 않지만, 기적을 이성을 넘어서는 사건으로 보고 이성적으로 기적을 정당화하는 이론을 거부합니다.

이외에 그는 사후에 '신체의 부활'에 대한 신학자들의 주장에 대해서는 애매한 태도를 취합니다. 그의 사상에 따르면 영혼은 신체와 분리될 수 없으므로 신체의 소멸은 영혼의 소멸을 뜻합니다. 그래서는 그는 신체의 부활을 액면 그대로 받아들일 수도 부정할 수도 없었던 같습니다.

아리스토텔레스의 위대한 주석자인 아베로에스는 주석뿐만 아니라 알가잘리의 《철학자의 모순》에 직접 대응하는 《모순의 모순》, 철학을 신학적으로 정당화하는 《종교적 믿음의 증명 방법에 대한 설명》 그리고 율법적 관점에서 철학자의 책임과 의무에 대해 논하는 《결정적 논고》 등을 저술합니다. 그의 주석과 저서들은 모두 그가 철저한 이성주의자임을 입증합니다. 우리는 이슬람문화를 비합리적인 문화라고 곧잘 오해하지만 실제로 13세기 중세 유럽에 아리스토텔레스의 이성주의를 전달한 이들은 아비센나와 아베로에스 같은 무슬림입니다. 이런 이성주의는 당시 중세 유럽을 소용돌이 속으로 몰아넣었을 뿐만 아니라 근대 독일철학의 기초로 작용합니다. 현대철학에 들어서는 E. 후설, M. 셸러 등과 같은 현상학자들에게도 지대한 영향을 미칩니다. 그래서 이성이 무엇인가? 정신이 무엇인가? 지성이 무엇인가? 의식이란 무엇인가? 라는 물음에 답하려면 아베로에스를 거치지 않을 수 없습니다. 한마디로 아베로에스는 13세기 중세 이후 유럽철학사에 이성주의를 각인시킨 사람이라 할 수 있겠습니다.

더 읽어보면
좋은 책

아리스토텔레스, 유원기 역주, 《영혼에 관하여》, 궁리, 2001.

이 책은 아리스토텔레스의 저술인 《페리 프시케스》를 번역한 책으로, '역주자 해설', '본문' 그리고 각주에 적힌 '주석' 등 세 부분으로 되어 있다. 이 저술은 아랍철학자들을 통해 중세 유럽에 소개되어 현대에 이르기까지 서구 정신사에 지대한 영향을 미치고 있다. 특히 역주자 유원기가 본문을 그리스어에서 번역하고 주석 등을 통해 본문 내용의 정확한 번역을 위해 심혈을 기울인 흔적이 엿보인다.

아베로에스, 김재범 옮김, 《아베로에스의 아리스토텔레스 형이상학》, 한국학술정보, 2012.

김재범이 M. 호르텐이 아랍어 판본을 독일어로 옮긴 *Die Metaphysik des Aristoteles*를 번역한 책이다. 아베로에스의 아리스토텔레스 형이상학 주석서에는 '소小주해 또는 요강', '중中주해', '대大주해' 등 세 가지 장르가 있는데, 이 책은 '소주해 또는 요강'에 해당하는 책이다. 아베로에스가 어지럽게 쓰인 아리스토텔레스의 형이상학을 잘 정리하고 덧붙여 자신의 철학을 잘 표현하고 있다는 점이 특징이다. 번역본은 거칠긴 하지만 직역을 하려고 애쓴 흔적들이 잘 드러나 있다.

◆◆◆

아베로에스, 이재경 옮김, 《아베로에스 결정적 논고》, 책세상, 2015.

이재경이 아베로에스의 《결정적 논고Fasl al-maqāl》와 《부록Dam-ma》
을 번역한 책이다. 아베로에스가 알가잘리의 비판에 맞서 철학자들의
정당성을 옹호하는 내용을 담고 있다. 아베로에스는 이 책에서 철학
과 종교의 관계를 재정립하고자 한다. 그에 따르면 이슬람의 율법은
철학에 대한 연구를 금하지 않으며 오히려 논증적 추론 능력을 지닌
철학자에게 철학 연구를 의무로 부과한다고 주장한다. 역자의 성실하
고 깔끔한 번역을 위한 노력이 엿보인다.

앙리 코르반, 김정위 옮김, 《이슬람철학사》, 서광사, 1997.

이슬람 초기부터 12세기 말까지의 중세 이슬람철학자들의 사상을 개
관하고 있는 이 책은 국내 최초로 소개된 이슬람철학사이다. 이슬람
철학 연구의 새로운 지평을 연 책이라 볼 수 있다. 하지만 번역상의
문제가 다소 있는 듯하다.

맬리스 루스벤, 최생열 옮김, 《이슬람이란 무엇인가》, 동문선, 2002.
안네마리 쉼멜, 김영경 옮김, 《이슬람의 이해》, 분도출판사, 1999.
H. A. R. 깁, 이희수·최준식 옮김, 《이슬람》, 주류성, 1997.

이 책들은 이슬람의 역사와 문화에 대한 소개서이다. 우리는 이 책들
을 통해 이슬람의 생소한 용어와 사상을 쉽게 접근할 수 있다. 이슬
람에 대해 알고 싶어 하는 사람이 있다면 권장하고 싶은 책들이다.

유대철학의 거인,
모세스 마이모니데스

—

최중화

모세스 마이모니데스
Moses Maimonides(1135~1204)

모세스 마이모니데스는 1135년 스페인 코르도바주에서 태어났다. 그의 히브리어 이름은 랍비 모세스 벤 마이문Rabbi Moses Ben Maimum이고, 히브리어로 머리글자만 줄여서 '람밤RAMBAM'이라고 부른다. 우리에게 익숙한 이름인 마이모니데스는 람밤의 라틴식 이름이다.

마이모니데스는 다재다능한 유대인이었다. 그는 술탄의 의사이며 유명한 법학자였고, 당시 이집트 유대공동체의 지도자 역할을 하던 랍비였다. 무엇보다 마이모니데스는 철학자로도 잘 알려져 있는데, 많은 이들에게 중세(혹은 유대 역사 전체)의 가장 위대한 유대철학자로 여겨지기도 한다. 마이모니데스가 위대한 철학자인 이유는 그의 학설이 당대 다른 학자들이 따라올 수 없을 정도로 독창성이거나 그의 논리가 타의 추종을 불허해서가 아니다. 마이모니데스의 철학적 업적은 유대교의 여러 이슈를 범주화해 철학적으로 정의했기 때문이다.

마이모니데스 생전과 사후에 그의 글로 인해 많은 논쟁이 있었지만 상당한 영향력이 있었다. 마이모니데스 당대에도 그렇고 지금도 《미슈네 토라》는 유대법을 다루는 가장 권위 있는 책 중 하나이고, 그의 철학이 담긴 《혼란스러워하는 사람들을 위한 안내서》는 중세와 근대, 현대 유대철학의 근간이 되었다. 마이모니데스는 유대철학뿐 아니라 중세 기독교 스콜라주의에도 큰 영향을 미쳤다. 마이모니데스는 1204년 12월 12일 이집트에서 죽었고, 그의 시신은 이스라엘의 갈릴리로 이송되어 디벨리아스에 묻혔다.

마이모니데스와 아랍제국 시대

21세기 한국에서 마이모니데스를 이해하기는 쉽지 않습니다. 일단 유대인이라는 민족적·종교적 배경이 생소하고 아랍제국 치하의 중세가 낯설기도 하기 때문입니다. 따라서 마이모니데스의 작품과 철학을 이야기하자면 그의 생애와 당시 상황을 살펴보지 않을 수 없습니다.

마이모니데스는 아랍제국이 세계를 다스리던 1135년 스페인 코르도바주에서 태어났고 이후 무와히드Almohad 왕조의 유대교 및 기독교 탄압을 피해 1166년 카이로로 이주했습니다. 사실 아랍제국은 일반적으로 유대인에 우호적이었기에 무와히드 왕조의 유대교 압제는 특이한 케이스였다고 할 수 있습니다. 카이로에서 마이모니데스는 일가족을 먹여 살리기 위해 의사로 일했는데, 당시 이집트와 시리아의 술탄이었던 살라흐 앗딘(살라딘Selahaddin)은 마이모니데스를 그의 아들 알아프달의 주치의로 임명했습니다.

마이모니데스의 철학을 이해하려면 마이모니데스가 아랍제국 치하에서 유대인이라는 소수민족으로 살았다는 사실을 기본적으로 알아야 합니다. 그의 저작 대부분이 유대-아랍어Judeo-Arabic로 출판된 후 히브리어나 라틴어로 번역되었습니다. 실제로 마이모니데스가 히브리어로 쓴 책은 종교적 유대인들이 독자인《미슈네 토라Mishneh Torah》가 유일합니다. 마이모니데스의 철학이 잘 드러난《혼란스러워하는 사람들을 위한 안내서The Guide to the Perplexed》도 처음에 유대-아랍어로 썼고 곧바로 히브리어와 라틴어로 번역되었습니다.

이런 상황에서 마이모니데스가 무슬림 철학자들의 영향을 받은 것은 전혀 이상하지 않습니다. 마이모니데스는 신플라톤주의의 영향도 받았습니다. 하지만 그의 철학적 뿌리는 아리스토텔레스주의라고 할 수 있습니다. 마이모니데스는 아리스토텔레스 철학을 무슬림 철학자들에게 배웠는데, 그에게 영향을 미친 인물은 이븐 티본Ibn Tibbon에게 보낸 편지에서 유추해볼 수 있습니다. 이 편지에서 마이모니데스는 아리스토텔레스 철학을 공부하려는 이븐 티본에게 몇몇 철학자를 소개하는데, 아프로디시아스의 알렉산드로스나 테미스티우스Themistius 같은 고대 작품 그리고 아베로에스로 알려진 이븐 루시드를 추천합니다. 하지만 마이모니데스가 《혼란스러워하는 사람들을 위한 안내서》를 쓸 때는 아베로에스의 저작을 잘 알지는 못했던 것으로 보입니다. 이외에도 알파라비와 아벰파세Avempace로 알려진 이븐 바자Ibn Baja 그리고 아비센나로 알려진 이븐 시나의 저작을 높이 평가했는데, 이 중 알파라비를 가장 높게 평가합니다.

《미슈네 토라》 그리고 철학을 공부할 시간

마이모니데스의 철학을 이해하려면 그가 아랍제국 시대에 살았으며 유대공동체의 수장이었다는 사실에 주목해야 합니다. 《예멘으로 보내는 편지Epistle to Yemen》에서 알 수 있듯이 마이모니데스는 이집트뿐만 아니라 예멘, 이라크 등 당시 흩어진 여러 유대공동체에 영향력 있고 존경받는 리더 중 하나였습니다. 이러한 삶의 정황은 마이모니데스의 저작에도 영향을 미쳤는데, 무엇보다 주목할 것은 철학자로서의 명성에 비해 철학 논문을 거의 쓰지 않았다는 것입니다. 초기에 쓴 철학 논문 한 편("Treatise on Logic")을 제외하고 논문의 형식으로 글을 한 편도 쓰지 않았습니다. 따라서 철학과 종교를 연결시켜주는 마이모니데스의 관심사는 논문보다 다른 저작에서 그의 철학이 잘 드러납니다. 대중을 위해 쓴 《미슈네 토라》에도 일부 드러나고, 특히 종교적 신앙이 있지만 철학의 도전으로 혼란스러워하는 사람들을 위해 쓴 《혼란스러워하는 사람들을 위한 안내서》에 철학적 사고가 집중되어 있습니다.

　마이모니데스의 걸작 중 하나인 《미슈네 토라》를 먼저 간단히 살펴보겠습니다. 14권으로 이루어진 《미슈네 토라》가 중요한 이유는 주후主後 3세기 초반에 집대성된 최고 권위의 유대법전 《미쉬나The Mishnah》 이후 천년 만에 처음으로 종합적으로 편찬된 유대법전이기 때문입니다. 유대법전은 주로 종교적인 유대인의 삶에 관한 법을 다루기에 겉으로는 철학과 전혀 상관없어 보이지만 가까이 들어가보면 《미슈네 토라》를 쓴 목적은 철학과 연결점이 있습니다.

　《미슈네 토라》의 특이한 점은 복잡하고 난해한 법 해석을 거의 근거 인용 없이 써내려갔다는 것입니다. 일반적으로 유대인들이 법적인 논의를 할 때 유대법전의 모태라 할 수 있는 《미쉬나》로부터 출발해 탈무드와 여러 주석들을 인용합니다. 《미쉬나》 이후 천년이 더 지난 마이모니데스 당시 유대법을 공부하기 위해서는 이전에 살았던 랍비들의 방대하고 난해한 법 해석을 공부하는 것이 기본이었습니다. 문제는 그 내용이 상당히 방대해지고 난해해졌다는 것입니다. 마이모니데스가 보기에는 많은 종교적 유대인들이 과거 랍비들의 법 해석을 공부하는 데 평생을 보내는 안타까운 상황이었던 것입니다. 진리에 이르는 철학적 사고를 한번도 접해보지 못한 채 말이죠. 이에 마이모니데스는 종교적 유대인들을 위해《미슈네 토라》를 집필하면서 복잡하고 난해한 법 해석을 간단명료하게 거의 근거 인용 없이 씁니다. 그가《미슈네 토라》를 근거 인용 없이 쓴 이유는 아마도 성경과《미슈네 토라》를 통해 법 해석을 빠르게 정리하고 남는 시간에 절대적 진리에 이르는 철학적 사고를 하도록 장려하기 위해서였을 것입니다.

사실 마이모니데스의 아이디어는 당시 상황에서 상당히 도전적이었습니다. 일단 성경과《미슈네 토라》만 보면 따로《탈무드 The Talmud》를 많이 연구하지 않아도 된다는 생각이 도전적이었고, 구체적인 근거 인용 없이 스스로 결론에 도달하는 글쓰기 스타일도 당시에는 상당한 논란을 불러일으켰습니다. 이는 초기에《미슈네 토라》가 일부 랍비들에게 받아들여지지 않는 이유가 되기도 했습니다.

정리하면, 종교법에 파묻힌 사람들이 정작 진리에 이르는 철학을 공부할 시간이 없다는 것을 알고 마이모니데스는 그동안의 방대한 법 해석을 정리해 결론만 이야기해주는《미슈네 토라》를 쓰게 된 것입니다. 이런 의미에서 하나님을 믿는 유대인들을 위한《미슈네 토라》는 마이모니데스의 철학으로 초대하는 길이라고 할 수 있습니다.

《혼란스러워하는 사람들을 위한 안내서》 = 아리스토텔레스주의 + 유대교 신앙

이제 마이모니데스의 철학 안으로 한 걸음 더 들어가보겠습니다. 마이모니데스의 철학적 업적을 한마디로 이야기하면 철학과 종교의 연결이라고 할 수 있습니다. 마이모니데스는 아리스토텔레스주의와 그가 몸담았던 유대교를 연결했는데, 1190년에 쓴 대표적 저작물인 《혼란스러워하는 사람들을 위한 안내서》(이하 《안내서》)에 그의 철학적 사고가 잘 나타나 있습니다. 제목에서도 나타나듯이 《안내서》는 대중을 위한 책은 아니었습니다. 《안내서》는 유대교와 철학을 동시에 접한 엘리트를 위한 책입니다. 유대법과 신앙의 출발인 토라Torah와 당대 철학을 동시에 접한 후 서로 모순되는 것 같아 혼란스러워하는 신앙이 있는 사람들을 위한 책입니다. 다시 말하면 《안내서》는 신앙이 있는 사람이 철학적 질문에 대답할 수 있도록 하기 위해 쓰였고, 동시에 철학자가 논리를 벗어나는 신앙을 이해할 수 있게 하려고 쓰였다고 할 수 있습니다. 크게 대략적으로 이야기하면 《안내서》는 아리스토텔레스학파의 견해로 유대교를 합리적으로 재해석한 것입니다.

마이모니데스에게 철학이란 종교와 떨어진 것이 아니었습니다. 종교는 철학이고 철학은 종교와 떨어져 생각할 수 없었습니다. 결국 진리는 하나이기 때문입니다. 신앙은 일종의 지식이고 철학은 신앙으로 가는 길이기 때문입니다. 이제 마이모니데스의 철학 안으로 조금 더 들어가보겠습니다.

마이모니데스의 신 존재 증명

마이모니데스의 신 존재 증명은 다분히 아리스토텔레스적이라 할수 있습니다. 마이모니데스는 모든 세계가 하나님에 의해 창조되었다고 주장함과 동시에 이 세상은 끝이 없다고 이야기합니다. 성경의 창조론과 아리스토텔레스의 세계관이 동시에 나타나는 것입니다. 실제로 마이모니데스가 철학과 종교를 조화시키는 과정에서 아리스토텔레스적 세계관을 희생하고 창조론을 받아들였는지 아니면 아리스토텔레스적인 영원한 세계관을 가지고 있는데 대중에게 이야기할 때만 하나님의 창조를 이야기하는지는 학자들의 해석이 엇갈리는 부분입니다.

어쨌거나 마이모니데스가 이야기하는 하나님은 이 세상 어떤 것과도 구별되기 때문에 인간에게 적용되는 속성attribute으로 정의할 수 없습니다. 예를 들면 성경에 등장하는 선하다, 나쁘다, 힘이 있다, 질투한다 등의 하나님을 묘사하는 표현은 인간의 감각적인 언어로 하나님의 행동을 은유적으로 표현하는 것일 뿐 하나님을 정의하지는 못한다는 것입니다. 이러한 이유로 마이모니데스는 하나님에 대한 묘사를 문자적으로 이해하는 것을 지양하는데, 특히 신인동형론anthropomorphism을 거부합니다.

다른 한편으로 마이모니데스는 본질적인 속성을 드러내는 묘사는 부정으로 해야 한다고 주장합니다. 이것을 부정신학Negative Theology이라 합니다. 피조물을 나타내는 표현이 신을 나타내는 표현과 똑같은 의미로 적용될 수 없기 때문에 술어는 다의적일 수밖에 없다는 것입니다. 결론적으로 신에 대해 말할 수 있는 방법은 '부정의 길Via negativa 밖에 없다는 것입니다. 예를 들어 이야기하면 더 이해가 쉽겠습니다. '하나님은 선하시다'라는 뜻은 '하나님은 악하지 않으시다'라는 것과 최소한 '우리와 같은 방법으로 선하신 것은 아니다'라는 의미가 내포되어 있다는 것입니다.

결국 이 논리의 끝은 성경에 나오는 하나님에 대한 성경의 직접적 묘사는 하나님을 정의할 수 없고 결국 '하나님은 하나님이다'만 진리가 될 수 있다는 것입니다. 다시 말하면, 하나님은 인간에 의해 정의될 수 있는 존재가 아니며 만물이 존재하는 궁극적 원인cause으로만 이야기된다는 것입니다. 마이모니데스에게 신앙은 철학적 이해를 바탕으로 한 확신이었습니다.

능동지성을 통한 예언과 계시에 대해

마이모니데스는 하나님이 예언을 통해 자신의 뜻을 전달했다는 것을 잘 알고 있었습니다. 그렇다면 마이모니데스는 성경에 나타난 예언을 어떻게 이해했을까요? 당시 전통적인 접근과는 달리 마이모니데스는 예언을 철학적으로 이해합니다.

마이모니데스는 《안내서》에서 성경에서 예언자에게 주어지는 예언이란 하나님으로부터 온 '능동지성'으로 주어진 것이라고 설명합니다. 여기서 좀 어려워집니다. 아리스토텔레스 전통에서 능동지성에 대한 논의는 다양한데, 마이모니데스는 알파라비나 아비센나 같은 무슬림 전통과 발맞추어 능동지성을 하나님에게서부터 나온 인간 이성 밖에 있는 힘으로 생각했습니다. 즉 예언은 능동지성으로 주어진 것이고 인간은 능동지성과 연합해 철학적인 진리에 도달할 수 있다는 것입니다. 이런 의미에서 예언은 궁극적 진리인 철학에 도달할 수 있는 통로입니다. 마이모니데스에게 예언은 하나님이 인류에게 준 선물이었습니다.

한 가지 더 짚고 넘어가야 할 점은 많은 예언자 중 유독 모세는 메시지 받는 방법이 달랐다는 것입니다. 모든 예언자는 위에서 이야기한 방법으로 환상 중에 예언을 받았습니다. 하지만 모세는 하나님으로부터 직접 메시지를 받았다는 것입니다. 이는 모세를 가장 위대한 예언자로서 절대적 위치에 놓는 유대교 전통과 마이모니데스의 철학적 예언이 서로 만나는 부분이라 할 수 있습니다.

마이모니데스가 바라본 토라 공부 = 삶의 목적이 아닌 철학적 진리에 이르게 하는 도구

일반적으로 랍비유대교Rabbinic Judaism 전통에서는 토라를 공부하는 것이 삶의 궁극적인 목적입니다. 하지만 마이모니데스에게는 토라 공부가 삶의 궁극적 목적이 아니었습니다. 토라와 계명은 그것 자체가 진리가 아니기에 시대마다 합리적 도전과 질문을 받는 것이 당연하고, 토라와 계명은 인간을 도덕적으로 올바르게 이끌고 지적인 잠재력을 끌어내어 몸과 영혼을 건강하게 하기 위해 존재한다고 보았습니다. 따라서 마이모니데스는 궁극적으로 우리가 추구해야 할 것은 토라를 공부하는 것이 아니라 토라를

통해 하나님을 알고 경배하고 사랑하는 것이라 보았습니다. 결론
적으로 마이모니데스에게 하나님은 철학적 진리를 통해서만 알
수 있다는 것을 감안한다면 경건함과 토라 공부는 철학적 진리에
이르는 도구가 되는 셈입니다.

철학적으로 바라보는 유대교

마이모니데스 당시 중세유대교Medieval Judaism는 공부하고 행하
는 종교였습니다. 따라서 어떻게 살아야 하는지에 대한 규범을
논의하고 행위를 규정하는 법적 논의가 공부의 핵심이었습니다.
따라서 마이모니데스 당시 유대교에서 무엇을 믿는가는 그리 중
요하지 않았습니다. 이러한 사조에 반하여 유대교를 철학적으로
정의한 사람이 바로 마이모니데스입니다. 마이모니데스는 잘 믿
는 유대인이면 공통으로 가져야 하는 13신조Thirteen Principles를 만
들었습니다. 결론적으로 마이모니데스는 철학을 통해 믿음을 이
야기합니다.

① 하나님의 존재함
② 하나님의 유일하심
③ 하나님의 비물질성
④ 하나님의 영원하심
⑤ 하나님 한 분만을 섬겨야 함
⑥ 예언

⑦ 모든 예언자 중 가장 위대한 예언자인 모세

⑧ 토라는 하나님이 주신 것

⑨ 토라의 불변성

⑩ 하나님은 인간의 행위를 아심

⑪ 하나님의 상급과 징벌이 있음

⑫ 메시아와 메시아 시대에 대한 믿음

⑬ 죽은 자의 부활에 대한 약속

마이모니데스가 미친 영향

《안내서》를 출판한 이후 중세 유대철학에서 마이모니데스의 영향력은 절대적이라고 할 수 있습니다. 일단 《안내서》의 주석들이 쏟아져나왔는데요. 마이모니데스를 수용하든 하지 않든 그는 중세 유대철학의 가장 중요한 화두였습니다. 《안내서》의 많은 주석 중 현재 출판된 저작을 중심으로 살펴보면, 프로피앗 두란Profiat Duran(Efodi)과 셈 토브 벤 요셉 이븐 셈 토브Shem Tov ben Joseph Ibn Shem Tov, 그리고 아셰르 크레스카스Asher Crescas, 이삭 아브라바넬 Isaac Abrabanel의 주석들이 대표적입니다. 이와 더불어 셈 토브 이븐 팔라케라Shem Tov ibn Falaquera의 《모레 하-모레Moreh ha-Moreh》도 주목할 만합니다. 팔라케라는 아랍어 원본을 중심으로 이븐 티본의 히브리어 번역 일부를 교정하기도 했습니다. 또한 사무엘 이븐 티본Samuel ibn Tibbon은 《안내서》의 철학용어집을 편찬했는데 제목이 《페루시 메-하-밀롯 하-자롯 아셰르 베-마아

마레이 하-라브Perush me-ha-Millot ha-Zarot asher be-Maamarei ha-Rav》입니다. 여기에 하나 더 추가하자면 살로몬 마이몬Salomon Maimon(1753?~1800)의《기밧 하-모레Givat ha-Moreh》를 주목할 필요가 있는데,《기밧 하-모레》는 마이모니데스의 견해와 동시대에 살았던 아베로에스의 견해를 조화시키려 한 시도였습니다. 정리하자면 마이모니데스의《안내서》이후 유대철학은《안내서》를 중심으로 전개되었다고 해도 과언이 아닙니다.

《안내서》의 영향력은 중세에 머무르지 않고 현대 유대사상을 형성하는 데 큰 역할을 합니다. 유대인 계몽주의에 해당하는 '하스칼라' 운동의 선구자 모제스 멘델스존Moses Mendelssohn (1729~1786)은 마이모니데스를 통해 철학적 사고를 접했고 결과적으로 마이모니데스는 중세철학에서 근대철학으로 넘어가는 다리 역할을 했다고 할 수 있습니다. 그뿐만 아니라 마이모니데스가 유대교 전통에 이성적으로 접근한 것처럼 시대는 바뀌어도 그의 이성적인 전통을 뒤이은 철학자들이 계속 나왔습니다. 근대 철학자 중 마이모니데스의 영향을 받은 사람을 추려보면 다음과 같습니다. 모제스 멘델스존, 살로몬 마이몬, 나흐만 크로크말 Nahman Krochmal, (마이모니데스의 이성주의에 반대한) 사무엘 다비드 루차토Samuel David Luzatto, S. L. 슈타인하임S. L. Steinheim, 헤르만 코헨 Hermann Cohen, 아하드 하 암Ahad Ha-Am.

마이모니데스는 유대철학을 넘어서 기독교 스콜라주의에도 큰 영향을 미쳤습니다. 영향을 받은 주요 인물로는 헤일즈의 알렉산더Alexander of Hales, 오베르뉴의 윌리엄William of Auvergne, 알베르투스 마그누스Albertus Magnus, 토마스 아퀴나스, 마이스터 에크하르트, 둔스 스코투스Duns Scotus 등이 있습니다. 이들 중 토마스 아퀴나스는 저작에서 마이모니데스를 인용할 때 '랍비 모세Rabbi Moses'라고 밝혔는데요, 일반적으로 기독교 스콜라주의 학자들은 마이모니데스의 이름을 직접 인용하기도 하고 때로는 인용하지 않고 견해만 밝히기도 합니다. 근데 초기에 와서는 바뤼흐 스피노자Baruch Spinoza 같은 철학자가 마이모니데스의 영향을 받았습니다.

더 읽어보면
좋은 책

A. Hershman (tr), *The Code of Maimonides(Mishneh Torah):
Book 14*, Yale University Press, 1949.

예일대 Yale Judaica Series에서 출판한 《미슈네 토라》 번역본으로 권
위 있는 영어번역이다.

Moses Maimonides, *The Guide of the Perplexed*, Univ of
Chicago Pr, 1963.

영어로 된 《혼란스러워하는 사람들을 위한 안내서》 번역 중 많이
사용하는 번역본이다. L. Strauss가 쓴 서론은 《안내서》를 공부하
는 사람이면 꼭 봐야 한다.

Isadore Twersky, *Introduction to the Code of Maimonides*,
Yale University Press, 1982.

잘 알려지고 널리 읽히는 《미슈네 토라》 관련 개론서이다.

D. Lachterman, "Maimonidean Studies 1950-1986: A
Bibliography," *Maimonidean Studies* 1, 1990.

1950년부터 1986년까지 마이모니데스 관련 연구 모음이다.

♦ ♦ ♦

B. Ben-Shammai, "Twenty-five Years of Research on Maimonides, Bibliography 1965-1990," *Maimonidean Studies* 2, 1991.

1965년부터 1990년까지 마이모니데스 관련 연구 모음이다.

"Selected Bibliography of Studies on Maimonides, 1991-," *Jewish History* 18.2, 2004.

1991년부터 2000년 초반까지 마이모니데스 관련 연구 모음이다.

토마스 아퀴나스,
실재론과 종합의 정신

―

이명곤

토마스 아퀴나스
Thomas Aquinas(1224?~1274)

토마스 아퀴나스는 1224년경 나폴리 근처의 로카세카 성에서 성주의 막내아들로 태어났으며, 후일 중세 스콜라철학의 대표자가 되었다. 어린 시절 수학을 위해 몬테카시노의 대수도원에서 10년 동안 기거했으나 후일 왕립대학교로 적을 옮기며 20세에 도미니크회에 입회하고 알베르투스 마그누스의 제자가 된다. 당시는 유럽의 가톨릭교회가 정신적으로 정치적으로 위기 상황을 맞이했으며, 토마스 아퀴나스의 개인적인 소명은 가톨릭의 사상을 당대의 정신적 분위기에 적합하게 갱신하는 일이었다. 그리고 그 기초적인 배경으로 아리스토텔레스의 사상을 도입했다. 27세에 파리대학에서 첫 강의를 시작하고 29세에는 도미니크회의 스승 칭호Magistro de l'O.P.를 얻게 된다. 31세에 파리 대학교수가 되었으며 후일 로마와 나폴리에서 교수직을 담당했고 43세에 다시 파리대학의 교수로 귀환한다. 《존재와 본질》, 《아리스토텔레스 저작에 관한 주석들》, 《신학대전 I, II》, 《대-이교도대전》, 《진리론》 등을 저술했으나, 43세에 파리의 교회로부터 '근본적인 아리스토텔레스주의'라는 오명을 얻고 이단으로 단죄받게 된다. 하지만 정치적 논쟁에 전혀 휘말리지 않고 이후 49세에 임종할 때까지 강의와 저작에 몰두해 《신학대전 III》과 《진리론》을 완성하고 아리스토텔레스의 《형이상학 주석》, 《니코마코스 윤리학 주석》, 《정치학 주석》 등을 계속 저작했다. 1274년 리옹의 공의회에 참석하러 가는 도중에 포사노바의 한 수도원에서 임종했다. 사후 49년 만인 1323년에 교황 요한 22세로부터 '성인'으로 인정받게 되자 파리 교회는 '단죄 취소'를 선포했다. 그의 사상적 노선은 아리스토텔레스 실재론의 계보를 잇고 있지만 플라톤과 아우구스티누스의 관념론적 사유를 통합한 종합적 정신을 갖고 있다. 그의 합리적이고 지성주의적인 특성은 오늘날 여전히 '토미즘'이라는 이름으로 현대 철학자들에게 계승되고 있다.

시대의 요청과 종합의 정신

철학은 시대의 결과물인가 시대를 이끌어가는 원동력인가라는 물음에 정답이 있을 수는 없습니다. 하지만 철학은 당대의 영향으로 시작되고 시대의 정신을 반영하며 그 때문에 시대를 이끌어가는 미래의 원동력이라 하겠습니다. 토마스 아퀴나스의 삶과 철학에서 이를 잘 확인할 수 있는데요. 그는 중세기 한가운데에서 시대적 위기를 해결하고자 고민한 철학자였고, 그리하여 오늘날 여전히 토미즘의 이름으로 그리스도교 철학의 정신적 지주가 되고 있습니다. 토마스 아퀴나스는 중세 십자군 전쟁이 한창이던 시기(1224/25)에 태어났습니다. 정확히는 5차와 6차 십자군 원정 사이에 태어나 8차 십자군 전쟁 초기(1274)에 임종했습니다. 그리스도교가 삶과 정신의 지주였던 중세 유럽사회는 십자군 전쟁을 기점으로 급속하게 기반을 상실했습니다. 사실상 거의 매번 이슬람군에 패한 십자군으로 인해 가톨릭 신앙인들은 교회의 권위를 의심했고, 전쟁의 소용돌이 속에서 발생한 귀족과 성직자의 부패는 민중의 생활을 비참하게 만들었습니다. 게다가 정교분리가 단행되고 유럽의 왕들이 왕립학교를 세우자 신앙인들은 교회의 권위와 세속적 정치권력 사이에서 갈등했습니다. 여기에 천문학과 수학 등 당시 유럽사회보다 진보한 이슬람문화와의 접촉은 유럽인들에게 새로운 지식과 앎에 대한 갈망을 일으켰습니다. 게다가 당시 스콜라scola로 불리던 대학교육의 영향으로 정신적으로 성숙한 유럽 지성인들은 새로운 세계관과 진리를 갈망하는 진보적 성향을 보이기 시작했습니다. 다시 말해 가톨릭교회는 정치적·문화적·이념적 위기를 맞은 모습이었습니다. 당시 금서 목록 중 하나인 아리스토텔레스의 저작들이 공공연하게 연구되고 강의되었다는 사실은 교회의 권위가 추락했음을 잘 보여주는 예입니다.

바로 이러한 시대적 배경 위에 시대가 요청하는 새로운 비전을 제시하며 토마스 아퀴나스라는 성인이자 철학자가 탄생합니다. 아직 청소년 공교육 기관이 전혀 없던 당시 귀족들은 교육을 위해 수도원에 일정량의 재산을 기부하고 자녀를 맡겼는데, 이들을 '오블라'라고 불렀습니다. 토마스 아퀴나스 역시 몬테카시노의 대수도원에서 다섯 살 때부터 오블라로 생활했습니다. 이곳에서 거의 10년을 수학한 토마스 아퀴나스는 정교분리가 일어나고 왕립학교가 설립되자 '로카세카'의 영주인 아버지의 권유로 왕립학교로 적을 옮기고 그곳에서 '도미니크수도회' 형제들을 만나게 됩니다. 도미니크회는 당시 '프란체스코수도원'과 함께 교회의 의심을 받던 신생 수도원입니다. 청빈한 복음적 삶으로 무장한 젊은 도미니크 수도사들에게 매료된 토마스 아퀴나스는 도미니크회 수도자가 되겠다고 결심합니다. 그의 아버지는 부와 권력을 가진 대수도원을 마다하고 교회의 의심을 받는 가난한 신생 수도원에 입회하고자 하는 아들을 반대했습니다. 그리하여 아들을 자신의 성에 2년 동안이나 가택 연금했지만 결국 의지를 꺾지 못했습니다. 이 일화는 오직 진리만을 자신의 권위로 여기던 토마스 아퀴나스의 '정신과 지조'를 잘 보여줍니다. 당시 이미 성인이라는 소문이 돌던 프란체스코는 수도원의 최고 덕목을 청빈에 두고 세상을 떠났고, 도미니크회의 목적은 오직 '복음적 사랑과 교육을 통한 진리의 탐구와 전파'에 있었습니다. 토마스 아퀴나스의 일생은 이러한 도미니크회의 정신을 마지막까지 실천하는 것으로 점철되어 있었습니다.

　토마스 아퀴나스에게 진리란 양의성을 가진 용어입니다. 그것은 신의 지성 속에 있는 영원한 질서를 의미함과 동시에 앎의 대상과 인간의 지성 속에 존재하는 알려진 대상 사이의 일치를 의미하기도 합니다. 대학 설립과 더불어 천문학, 광학, 수학 등이 급속도로 발전하자 대중은 경험적으로 발견한 세계와 인간에 대한 진리가 오랫동안 믿어온 종교적 진리와 동일하지 않음을 알고 갈등하기 시작합니다. 사람들은 교회가 가르쳐온 기존 진리에 의구심을 갖고 수많은 질문을 합니다. 이러한 질문을 외면하지 않고 모든 것에 문을 열어두고 새로운 종합을 시도한 것은 인간의 지성을 신뢰한 철학자로서 토마스 아퀴나스의 가장 큰 장점이라고 할 수 있습니다. 그는 거의 모든 수업을 세미나 형식으로 진행했는데 수강생은 학생, 평민, 귀족, 신앙인, 무신론자 등 다양한 사람들로 구성되어 있었습니다. 강의 주제는 항상 하나의 질문으로 출발했는데 그 시작은 '우트룸Utrum'이라는 의문사였습니다. 라틴어 '우트룸'은 '~인가 아닌가' 혹은 '이것인가 저것인가' 하는 의미로 "인간의 영혼은 하나인가, 여럿인가?" "신의 존재는 단순한가 복잡한가?" "인간은 자유로운가 아닌가?"라는 질문이 주어졌습니다. 토마스 아퀴나스는 우선 이러한 질문에 대한 학생들의 답변을 유도하면서 기존에 존재하는 다양한 철학자들의 견해 중 자신의 견해와 대립하는 사유를 자세하게 소개했습니다. 뒤이어 자신의 견해를 아리스토텔레스나 아우구스티누스 등의 철학자를 인용하면서 해명한 뒤, 마지막으로 앞의 철학자들의 견해에 대한 좀 더 긍정적인 해석을 제시하거나 더 나은 종합적 이해를 도출하고자 했습니다. 이러한 수업 내용을 그대로 정리해 책으로 엮은 것이 그의 마지막 작품《진리론》입니다. 이러한 형식은 토마스 아퀴나스의 주서라고 인정되는《신학대전》과《대이교도 대전》에서도 동일한 방식으로 전개됩니다. 이러한 토마스 아퀴나스의 철학 방법론은 몇 가지 점에서 의미하는 바가 매우 큽니다.

첫째, 다양한 반대 의견을 여과 없이 제시할 수 있다는 것은 곧 이성에 대한 신뢰를 의미합니다. 이는 올바르게만 사유한다면 인간의 지성은 오류를 넘어 계시된 진리와 상충하지 않는 확고한 진리에 도달할 수 있다는 토마스 아퀴나스의 지성주의적 신념을 반영합니다. 둘째, 토마스 아퀴나스가 거의 매번 아리스토텔레스의 형이상학적 원리를 이용하여 진리를 논한다는 것은 인간의 경험에 포착된 자연과 세계의 법칙을 통해 '영원한 진리'가 알려질 수 있음을 의미합니다. 아리스토텔레스의 형이상학적 원리란 그가 '존재로서의 존재에 관한 학문'이라고 불렀던《형이상학》을 작성하면서 사용한 원리입니다. 아리스토텔레스는 모든 존재하는 것에 공통되는 점은 '존재하고 있다'는 사태로 보았습니다. 이는 말하자면 존재란 사람, 동물, 자연 등의 본질(무엇인 것)로 지칭하기 이전에 존재하는 일체의 것이며, 이들이 존재하는 방식이 일정한 법칙 아래에 존재한다고 본 것이지요. 바로 이 공통된 법칙이 '형이상학적인 원리'라고 할 수 있는 것입니다. 가령 '존재하는 것은 무엇이나 형상과 질료의 합성으로 되어 있다', '부분의 총합은 총체를 넘어설 수 없다'는 등의 원리를 말하는 것입니다.

야스퍼스가 세계를 신의 존재를 지시해주는 암호로 보았듯이 토마스 아퀴나스 역시 우리가 발 딛고 사는 이 세계를 '영원한 진리'를 계시해주는 암호처럼 생각했습니다. 잘 알려진 '신 존재 증명의 다섯 가지 길'은 아리스토텔레스가 우주의 제1원인을 논하는 방법을 변용한 것으로, 대부분의 논의에서 아리스토텔레스의 형이상학적 원리를 근거로 합리적이고 논리적인 논증을 펼칩니다. 그래서 현대의 어떤 토미스트는 《신학대전》을 '과학적 신학서'라고 평하기도 합니다.

셋째, 아퀴나스의 저서들이 하나 같이 앞서 다룬 논의들을 정반합의 법칙으로 종합으로 마무리하고 있다는 것은 진리란 종합에 의해 창조되는 것임을 말해주는 것입니다. 비록 영원한 진리가 영원불변하는 것이라고 해도, 이 진리가 인간의 지성에 알려질 때는 지성의 한계 때문에 다양한 방식으로 부분적이고 불완전하게 알려질 수밖에 없습니다. 따라서 인간의 지성은 끊임없이 진리를 향해 나아가야 하고 그 방법은 개별적이고 부분적으로 알려진 다양한 진리를 종합하여 완성해야 합니다. 토마스 아퀴나스는 "인간의 이성이란 개별적 체험을 통해 보편적 법칙을 이끌어내는 것이며, 이러한 능력에서 한계는 없다"고 생각합니다. 즉 인간의 정신은 끊임없이 나타나는 새로운 현상을 수렴하여 보편적 법칙으로 환원하면서 세계와 인간의 진리를 밝혀주어야 합니다.

존재에 대한 추구

대다수의 중세 철학자들에게 신 존재는 가장 우선적인 문제 중 하나였습니다. 토마스 아퀴나스도 예외는 아니었지요. 하지만 일반적으로 철학적 지평에서 신의 문제는 철학의 본질적 문제로 취급되지 않으며 칸트 이후로 신의 문제는 철학의 전면에 등장하지는 않습니다 그런데도 세계를 전체적으로 고려하는 형이상학적 시각에서 신 존재는 여전히 중요한 문제입니다. 신의 문제가 철학적 개념으로 등장하는 것이 곧 '존재存在'의 개념입니다. 특히 가브리엘 마르셀과 같은 유신론적 실존주의자에게 '존재에 관한 문제'는 곧 '신에 관한 문제'입니다. 토마스 아퀴나스에게 있어서 신을 지칭하는 용어는 다양한데, 창조주, 존재 자체*Ipsum Esse*, 보편원인, 절대자, 무한자 등이 있습니다. 이 중에서도 철학적으로 가장 의미가 풍부한 용어는 '존재 자체'라는 용어일 것입니다. 토마스 아퀴나스가 신을 '존재 자체'라고 부르는 이유는 신은 세계를 창조한 원인이면서 동시에 세계의 실존을 보존하는 원인이라고 보기 때문입니다. 즉 신이 아닌 다른 모든 존재는 그들의 '있음' 혹은 '존재를 지속함'에 있어서 다른 존재에게 의존하지만 신은 스스로 자신의 존재를 지속하는 자는 '자립하는 자'이기 때문입니다. 토마스 아퀴나스는 "어떤 것을 사람이라고 말하는 것은 어떤 것이 비둘기도 아니고 토끼도 아니라는 것을 말하는 것이지, 어떤 것이 존재한다는 단순한 사실(에 대한 이유)을 말해주는 것은 아니다"라고 진술합니다(《신학대전》 I, q.46). 이는 소크라테스가 '없지 않고 있는 것' 혹은 '자신의 존재를 지속하는 것'이 그가 소크라테스라는 '자신의 본질*essentia*' 때문이 아니라는 말입니다. 만일 그렇지 않다면 그가 '소크라테스'로 남아 있는 한 그는 존재해야 하지만 그런 일은 발생하지 않습니다. 그는 죽음에 임박해서도 여전히 소크라테스로 남아 있고 소크라테스라는 본질은 변함이 없지만 소멸하고 맙니다.

본질과 존재함에 대한 이러한 통찰은 모든 존재자들은 자신들의 존재esse(존재행위 혹은 존재 현실력)를 지속하기 위해 다른 존재로부터 존재를 부여받아야 한다는 결론을 끌어내고, 결국 세계의 존재를 설명하기 위해서는 스스로 어떤 다른 존재로부터 존재를 증여받지 않는 최초의 존재 즉 '그의 본질이 곧 존재'인 '존재 자체'를 필연적으로 가정하게 합니다. 이러한 존재 자체가 곧 '신'입니다. 하나의 구체적 존재ens(개체)의 본질essentia(무엇인 것)은 그를 현실적으로 존재할 수 있게 하는 '존재 현실력esse'을 가정하지 않는다면 순수한 가능성이거나 '무無'에 불과합니다. 그 때문에 논리상에 있어서 '존재 행위'는 '본질'에 앞서는 것입니다. 그리고 모든 존재 행위는 애초에 신의 존재로부터 수용된 것이라는 차원에서 "분출된 모든 것은 보편적인 원인인 신으로부터 발생한다"라는 진술이 가능합니다(《신학대전》 I, q.45). 세계의 모든 존재자들이 존재를 지속하기 위해 신에게 의존해야 한다는 이러한 사고를 '분유론participatio'이라고 명명합니다. 분유론은 "세계가 존재한다, 고로 신이 존재한다"라는 단순한 명제를 산출하기도 하고, "세계의 존재 그 자체가 신의 선물"이라는 생각을 가능하게 하기도 합니다. 이러한 분유론은 토마스 아퀴나스 사상 전반에 걸쳐서 매우 중요한 역할을 합니다. 즉 세계 전체를 하나의 유기체로 볼 수 있게 하는 근거가 되고, 서로 단절된 것 같은 다양한 지평의 존재자들이 내밀하게 소통하고 있다는 사유를 가능하게 합니다. 나아가 피조된 모든 존재자들이 동일한 신의 자녀들이라는 생각을 가능하게 합니다. 세계 내의 모든 존재자들이 존재를 지속하게 되는 근본 원인은 동일한 신의 보편적인 존재_esse universali_에 참여한다는 것이기 때문입니다. 다시 말해 우리는 다양한 계층과 다양한 유적 생명체들을 '존재'의 차원에서 어떤 동질성 혹은 공통 본성에 대한 사유를 가질 수 있게 됩니다. "존재 행위는 그 자체로 고려되면서 모든 것에 있어서 구분되지 않는 것"(《존재와 본질》, 4장)입니다. 세계를 '창조의 지속'이라고 볼 수 있는 이유도 이 세계가 신의 존재에 의해 보존되고 있기 때문입니다(《신학대전》 I, q.104).

분유론은 비록 인간의 지성에는 포착되지 않지만 세계의 모든 곳에 신이 현존한다는 사유를 가능하게 하고 경험적 세계와 초월적 신의 존재 사이에 하나의 실제적 관계성을 사유할 수 있게 합니다. 무엇보다 인간 지성의 초월에 대한 지향성 혹은 신을 지향하는 행위가 다만 지성의 차원이 아니라 인간의 전 존재의 차원에서라는 사유를 가능하게 해줍니다. 육체와 감성 그리고 지성이 지속적으로 현실적인 실재이기를 가능하게 하는 '존재 행위'는 동일한 하나의 존재 행위이기 때문입니다. 즉 신을 지향하는 인간에게 있어서 신을 갈망하는 것은 다만 인간의 영혼이나 지성만이 아니라 인간 존재 전체가 갈망한다는 것입니다. 이러한 사유는 토미즘 특유의 실재론적 특성을 드러냅니다. 즉 문학적으로 말해서 인간을 신성한 무엇이라고 할 수 있다면 그것은 다만 인간의 영혼이나 정신의 지평에서가 아니라 인간의 총체적 존재의 지평에서 그러하다는 것입니다. 토마스 아퀴나스의 유명한 명제 "모든 존재는 존재하는 만큼 선하다_Nihil est bonum nisi ens_"는 단순히 은유적 표현이 아니라 존재의 총체적 가치를 말하는 것입니다. 심미적·도덕적·정신적 가치는 일차적으로 존재가 인간의 감성과 지성에 드러나는 방식입니다. 이러한 가치 추구는 인간이 더 깊이 존재에 참여하고자 하는 것이며 궁극적으로는 신을 지향하고 있다는 것을 의미합니다. 이는 말하자면 신 아닌 모든 존재들이 근본적으로 '참여된 존재'이기에 단적으로 존재는 아니며 '어느 정도' 존재인 것입니다. 그 때문에 '자아의 완성'이나 '완전한 행복'을 지향하는 인간의 행위는 '존재에 대한 추구'라는 말로 환원 가능합니다. 모든 존재가 존재하기를 갈망한다는 것은 곧 존재란 갈망할 만한 것, 즉 선한 것이라는 사유를 도출합니다. '존재와 선bonum'의 호환 가능성은 모든 존재하는 것은 나름의 가치와 의미가 있다는 것을 뜻하며, 왜 인간이 죽음보다는 삶을 갈망하는지 즉 자살이 선의 반대인지를 말해줍니다. 나아가 인간이 갈망하는 모든 가치, 우정, 정의, 사랑, 평화, 행복 등이 '존재에 대한 추구'라는 말과 호환될 수 있음을 말해줍니다. '창조적 진화'를 말하는 테야르 드샤르댕이 모든 순간에 있어서 인간의 의식에 공통되는 하나의 의식이 '보다 더 존재하기plus être'라고 했을 때, 이 '보다 더 존재하기'라는 개념은 곧 신의 존재에 더 깊이 참여하고자 하는 토미즘의 '존재에 대한 추구'와 다른 것이 아닙니다.

토마스 아퀴나스는 인간의 자유의지에 대해 말하면서 그것은 본질적으로 선택의 자유이며 여기서는 말 그대로의 자유, 즉 거의 절대적인 자유가 있지만 단 하나 예외적인 것은 '지복beatitudo'의 선택 문제라고 했습니다. '지복至福'이란 말 그대로 '지극히 복됨' 혹은 '최고의 행복'을 말하는 것으로 교의적으로는 '천국의 삶'을 말합니다. 목적론적 세계관 안에서 모든 인간의 행위는 궁극적인 목적을 지향합니다. 따라서 행복을 추구하는 인간의 행위도 하나의 궁극적인 행복, 즉 '최상의 행복'을 지향합니다. 그러므로 지복이란 '형이상학적 혹은 논리적 필연성'으로 가정되는 인간 행위의 궁극적인 목적입니다. 신석 현존과의 일치, 창조적 본질의 실현, 존재의 충만, 자아의 완성 등은 모두 동일한 궁극적인 목적의 다른 표현들이라고 할 수 있지요.

지복을 추구하는 것은 존재에 각인된 법칙과 같은 것이기에 나의 의지로 선택하거나 하지 않거나 하는 문제일 수가 없지요. 말하자면 인간의 존재는 신의 존재에 참여한 존재이며, 그런 한 신의 존재와의 유사성(동질성 혹은 친밀성)이 있고, 따라서 완전한 존재(참된 존재)를 갈망하는 것은 의지를 넘어서는 초월성의 지평에서 가지는 '필연적 법칙'처럼 주어졌다는 말입니다. 인간이 '참된 존재'가 된다는 것은 신에게로 더 접근해간다는 의미입니다. "모든 사물들은 신의 지성 안에서 그들 자신보다 더 참되게 존재하기 때문"입니다《신학대전》I, q.18). 마치 도공의 지성 속에 완전한 도자기 형상이 이미 들어있듯이 모든 창조된 존재자들은 그들의 이상적인 형상으로서의 창조적 형상*forma creativa*이 신의 지성 속에 있습니다. 그 때문에 '자아의 완성' '존재에 대한 추구' '신을 갈망함'은 모두 동일한 사태의 다른 표현입니다. 인간의 다양한 지평, 즉 생물학적·감각적·심리적·정신적·영적 지평을 하나의 통일체로 볼 수 있는 것이 곧 존재의 지평입니다. 인간에 대한 어떠한 학문이 새롭게 등장하더라도 여전히 '인간 존재'에 관한 학문일 수밖에 없는 것처럼, 인간에 대한 어떠한 새로운 발견이 주어지더라도 이는 인간 존재의 어떤 것일 뿐입니다. 이러한 차원에서 행복을 추구하는 인간의 갈망은 곧 존재의 충만을 갈망하는 것이라고 말할 수 있습니다.

유기체적 생명과 통합적 인간관

인간의 본질 혹은 본성을 지칭함에 있어서 '영혼*anima*'이라는 말을 사용한 것은 고대 희랍철학자들부터였습니다. 플라톤은 '영원하고 불멸하는 이데아 세계와 진정한 세계의 모사에 지나지 않는 현세'라는 이원론적 세계를 가정하고 인간의 영혼은 참된 세계의 가족으로 생각했습니다. 그래서 그는 "깨달음의 상태에 있는 영혼은 그 자신에게 유사한 것으로 분별 있고 신성하고 불멸적인 것으로 나아갈 것"이라고 보았습니다《파이돈》, 81a). 반면 모든 현상은 그 원인이 되는 하나의 실체적 원리가 있다고 가정한 아리스토텔레스에게 인간의 영혼이란 인간의 육체적·감성적·정신적 작용과 진보를 가능하게 하는 삶의 제1원리였습니다. 그래서 그는 "영혼은 어떤 의미에서 모든 것이 되고자 하는 것"으로 본 것입니다《영혼에 관하여》, 431b). 이러한 두 사상은 일견 서로 일치할 수 없는 대립하는 사고처럼 보입니다. 플라톤이 인간의 정신적 차원을 강조하고 감각적이고 질료적인 것을 속된 것으로 간주했다면, 아리스토텔레스는 영혼이 모든 것의 원리라고 규정하면서 성과 속의 개념 자체를 무화시켰습니다. 토마스 아퀴나스의 장점은 대립하는 듯한 이 두 사유를 하나의 지평에 종합해낸 데 있습니다.

토마스 아퀴나스는 우선 아리스토텔레스의 정의를 받아들여 영혼을 생명의 제1원리*Primum principium vitae*라고 규정하고, 모든 생명체는 생명의 원리로서의 영혼을 지니고 있다고 가정합니다. 생명체의 모든 현상은 유일한 하나의 생명원리를 통해 발생하고 작용하는데 이것이 생명의 실체성입니다. 즉 소크라테스는 하나의 동일한 생명의 원리(소크라테스의 영혼)를 통해 생명체이고 인간이며 개인으로서의 소크라테스입니다. 이러한 생명의 실체성은 플라톤의 영혼의 삼분설이나 아베로에스주의자들의 '영혼의 보편성'을 부정하고, 모든 인간은 유일하고 단일한 개별적 영혼을 가졌다고 주장하는 근거가 됩니다. 모든 인간의 현상을 유일한 하나의 생명현상으로 고려한다는 것은 인간에 대한 통합적 사유를 가능하게 합니다. 토마스 아퀴나스는 "감각이란 지성에 대한 불완전한 참여와 같은 것이다"라고 말하는데, 이는 감각 능력과 이성 능력이 동일한 하나의 영혼 능력이라는 말입니다(《신학대전》I, q.77). 즉 인간존재의 생물학적·감성적·윤리적·정신적 지평, 나아가 영적 지평은 영혼이라는 하나의 원리로 서로 통합되고 수렴되면서 하나의 유기적 구조 속에서 상호관계를 이루고 있음을 의미합니다. 그런데 인간의 영혼이 모든 다른 생명체들의 영혼과 다른 점이 있습니다. 바로 인간의 영혼은 '자립하는 실체'라는 점입니다. 여기서 자립은 두 가지 의미가 있는데, 하나는 다른 것(육체적 질료)에 의존하지 않고 존재한다는 점이고 다른 하나는 자기 자신의 본질에 귀환할 수 있는 능력이 있다는 점입니다. 전자는 존재함의 조건이 질료와 형상의 결합이 아니라 (질료란 *esse*가 질료라는 차원에서 나타나는 현상에 불과합니다) 형상과 존재 행위*esse*의 결합이기 때문에 가능한데, 이는 '인간 영혼의 불멸성'의 근거가 됩니다. 반면 다른 모든 생명체의 영혼은 육체적 에너지의 합성으로 발생하기에 육체와 동시에 소멸합니다. 후자의 경우는 인간이 반성reflection하는 능력이 있음을 의미합니다. 반성한다는 것은 자신의 영혼 혹은 내면에 존재하는 과거의 기억을 떠올려 추론하거나 의미를 산출하는 행위로서 학문적 활동의 기원이 됩니다. 인간이 앎을 가질 수 있는 것은 바로 반성하는 행위 때문입니다. 반성의 행위는 자신의 내면에 존재하는 다양한 정신적 실재들을 질서 지우고 이를 통해 '자기 세계'라는 것을 형성합니다. 이러한 자기 세계의 형성은 일종의 창조적 행위로서 '창조주'라는 신의 본질과 유사하며 인간이 신을 닮았다고 할 때의 그 닮음의 첫 번째 의미가 됩니다.

토마스 아퀴나스가 인간의 영혼에 대해 사유하면서 수용한 플라톤의 관점은 영혼의 자립성이 가지는 지향성입니다. 그는 《신학대전》에서 "만일 신의 지성 속에 존재하는 '창조적 본질essendi creationis'을 이데아라고 한다면 플라톤의 이데아는 존재한다고 해야 한다"라고 말합니다. 이러한 창조적 본질은 도공이 청자를 만들기 이전에 그의 지성 속에 있는 '이상적인 청자의 이미지'와 같은 것입니다. 특히 인간의 경우에 이러한 '창조적 본질'은 개인마다 유일하고 절대적인 방식으로 신의 지성 속에 존재하는 것으로, 매 순간 한 인간이 탄생할 때마다 거기에 신의 창조 행위가 있었다고 말할 수 있습니다. '모든 인간의 탄생이 신의 창조 행위의 결과'라는 이 같은 사유는 '인간의 절대적인 존엄성'을 확보하는 데 매우 유용하지만, 순수하게 '현상학적 관점'에서 보자면 도저히 수용할 수 없는 관점이기도 합니다. 하지만 현대의 유신론적 실존주의자들에 의하면 이러한 관점이 충분히 합리적이기도 합니다. 한 개인의 탄생이란 역사적·문화적·가족적·국가적 실존이라는 막대한 드라마 속에 삽입되는 것으로 이러한 탄생의 특수한 의미를 자각할 수 있는 한 개인에게 있어서 '총체적 존재' 안으로의 삽입이 단지 우연으로 간주될 수는 없기 때문입니다. 따라서 답을 구하고자 한다면 초월적인 어떤 근원으로부터 구할 수밖에 없습니다. 루이 라벨Louis Lavelle은 '역사 속의 초역사적인 원리Le Principe sur-historique dans l'histoir'라는 표현으로 신의 섭리를 해명합니다.

따라서 인간이 자신의 자아를 완성해간다는 것은 신의 지성 속에 있는 자신의 이데아를 향해 접근해가는 것으로 이해할 수 있습니다. 그는 또한 "신에게 있어서 모든 것은 '신성한 생명 *vita divinae*' 그 자체라고 말해야 한다"라고 진술합니다(《신학대전》 I, q.18). 이는 어떤 의미에서 모든 존재하는 것은 신의 정신 속에서 가장 최상의 방식으로 존재함을 의미합니다. 즉 우리가 사는 이 세계는 총체적으로 신의 지성 속에 있는 세계의 모사(이미지)라고 볼 수 있으며, 따라서 만일 세계 역사를 진보 혹은 발전이라는 관점에서 본다면 역사의 종국점은 신 그 자체입니다. 결국 변화하고 진보하는 모든 것들의 궁극적 목적은 자신들의 최상의 존재가 내재한 신입니다.

토미즘에 있어서 대립하는 두 희랍의 사상, 즉 플라톤의 이원론과 아리스토텔레스의 실체론을 하나의 지평에서 수렴할 수 있게 하는 것은 근본적인 하나의 패러다임의 전환입니다. 그것은 존재의 지평을 다만 수직적으로 구분(수직의 형이상학◆)하거나 수평적으로 나열(수평의 형이상학,◆ 가능태에서 현실태로 이행)하는 것이 아니라 입체적으로 고려하면서 두 가지 해명을 하나로 수렴합니다.

즉 모든 감각적·윤리적·지성적·영적 지평들이 상호작용하면서 존재의 충만이라는 방식으로 변모하는 것입니다. 상승과 변모는 동시적이며 모든 지평의 요소들이 존재의 상승과 더불어 더 완전하게 자아를 실현합니다. 가령 영성적 삶을 추구하는 수도자들에게 심미적 아름다움의 의미는 소멸하거나 무의미한 것이 아니라 좀 더 탁월한 방식으로 변모됩니다. 토마스 아퀴나스는 "아름다움은 이성의 행위에 의해in actu rationis 이루어지는 정관적 삶 안에 직접적으로per se 그리고 본질적으로essentialiter 발견된다"라고 말하는데, 이는 진정한 아름다움 혹은 최고의 아름다움은 신의 현존에서 발견되는 것이라는 말입니다(《신학대전》 II-II, q.180). 정관

◆ **수직의 형이상학**

플라톤이나 플로티노스의 세계관을 설명할 때 사용하는 용어로, 세계는 본질적으로 참된 세계로부터의 추락한 것이며 여기서 깨달은 영혼은 '이데아의 세계' 혹은 '참된 세계'로 상승하고자 한다고 본다. 즉 구원이란 참된 세계의 모사인 현실을 초월해 상승하는 데서 주어진다고 이해하는 세계관을 '상승의 형이상학'이라고 부르는 것이다. 반면 그리스도교에서는 인류의 구원을 위해 신이 인간의 모습으로 내려왔다고 해 '하강의 형이상학'이라고 부른다. 상승과 하강을 지칭하는 이 같은 세계관을 '수직의 형이상학'이라고 부를 수 있다.

◆ **수평의 형이상학**

아리스토텔레스의 형이상학적 원리는 모든 변화를 가능태potentia에서 현실태actus로 이행하는 것으로 설명한다. 가령 소나무의 씨앗에는 소나무가 가능태로 들어 있으며 성장이란 이러한 가능태가 현실태로 이행하는 과정이다. 따라서 그것이 무엇이든 '완성'이란 '가능태의 완전한 실현'이다. 비유적으로 말해 구원이란 완전하게 '현실태'가 되는 것 외의 다른 것이 아니다. 이러한 관점에서 구원이라는 말이 의미가 있다면 그것은 상승이나 하강에서 주어지는 것이 아니라 가능태의 완전한 실현, 즉 완전한 현실태에서 주어지는 것이다. 이는 역사적(수평적) 진보의 끝을 의미한다.

*contemplatio*의 행위란 세계 내에 현존하는 신의 현존에 대한 통찰을 의미하며 자신의 내면(영혼)에 존재하는 신의 현존에 더 깊이 참여하는 것을 말합니다. 나아가 신성한 신의 지성에 좀 더 일치한다는 것을 의미합니다. 이러한 정관의 행위는 결국 '존재의 충만'을 야기하면서 '자아의 완성'에 보다 접근하는 것을 말합니다. 자아의 완성이란 신의 지성 안에 존재하는 자신의 이데아(개별자의 이데아)를 시간성 안에서 실현하는 것으로 여기서는 인류人類로서의 유적인 본성의 완성, 즉 인간성의 완성과 인격*persona*으로서 개별자의 완성이 동시에 이루어지는 것을 말합니다. 인간 본성의 완성은 개별자의 완성 안에서 발견되기 때문입니다. 이러한 토마스 아퀴나스의 사유는 아리스토텔레스의 목적론적 세계관과 플라톤의 이원론적 세계관을 동시에 수용하면서 '실재론적 영성 *spiritualité réaliste*'이라는 토미즘 영성의 기본 원리가 됩니다. 실재론적 영성의 특성은 우선 영성적 삶 안에서 핵심이 되는 주체나 고려의 대상이 다만 영적인 것이 아니라 존재하는 모든 것, 즉 실재 그 자체(개별자)라고 보는 관점이기 때문입니다. 그리고 영성적 삶이 지향하는 궁극적 목적(지복)은 다만 저편 세계에서 주어지는 것이 아니라 이미 지금 이 지상의 삶에서 실현되고 있다고 보는 관점(二重至福說)이기 때문입니다. 이러한 사유는 심미적 삶과 윤리·도덕적 삶 그리고 지성적 삶, 나아가 영성적 삶이 유일한 하나의 지평에서 수렴되고 서로 상호적 관계성 안에서 파악되는 통합적 인간관을 가능하게 합니다.

사랑의 윤리학과 인격의 완성

윤리학의 궁극적 목적이 '행복' 추구라면 토미즘의 윤리학은 본질적으로 사랑의 윤리학이라고 말할 수 있습니다. 토미즘에서 사랑이란 사랑하는 대상의 선bonum을 바라는 것을 말합니다. 토마스 아퀴나스는 "인간적인 모든 정념의 뿌리는 사랑amor이다"라고 말하는데 이는 모든 인간의 갈망은 근본적으로 자신에게 '좋은 것bonum'을 지향하는 것, 즉 자신의 존재를 사랑하고자 하는 것에 있다고 말합니다(《신학대전》 II, q.26). 그래서 자신을 사랑하는 것이나 타인을 사랑하는 것이나 원리는 동일합니다. 흔히 토마스 아퀴나스의 윤리학을 '지성주의'라고 말하기도 하는데 그 이유는 "지성에 의해 알려진 선bonum이 의지를 움직이게 하기 때문"입니다(《신학대전》 I, q.82). 즉 지성이 선한 것, 참된 것을 알지 못한다면 의지는 제대로 작용할 수가 없고 도덕적인 행위는 발생하지 않습니다. 다시 말해 윤리·도덕적 행위에 있어서 우선적인 조건이 지성적인 앎이기에 지성주의인 것입니다. 하지만 이러한 사유는 토미즘의 윤리학을 제대로 설명하기에 충분하지 않습니다. 토마스 아퀴나스에게 있어서 어떤 행위가 윤리적·도덕적인 행위이기 위해서는 '자유의지'에 의한 행위여야 하는데, 인간의 자유의지는 말 그대로 자유여서 선악 판단이나 당위성과 무관하게 그 어떤 것도 선택할 수 있는 능력이기 때문입니다. 다시 말해 인간의 지성이 아무리 '이것' 아닌 '저것'이 선한 것이며 진리라고 판단해도 인간은 자유의지를 통해 '이것'을 선택할 수 있습니다. 따라서 엄밀한 의미에서 인간의 도덕적 행위의 충분조건은 지성과 의지의 일치에 있으며 이 둘은 동등하게 중요성을 지니고 있습니다.

인간의 의지는 동기와 대상으로서 궁극적 목적을 지니는데, 궁극적 목적은 인간의 의지와 무관합니다(《신학대전》II, q 7). 비록 여행자가 여행의 모든 순간에 늘 의식하고 있지는 않더라도 여행 과정에서 단 하나의 목적지가 있듯이, 인간의 의지는 최종 목적을 지향하면서 개별적인 목적을 이루어 나갑니다. 최종 목적지를 향한 지향성은 의지를 초월하는 존재의 지평에서 각인된 것이기 때문에 우리가 주인인 그러한 행위(곧, 의지의 행위)에 속하지 않습니다(《신학대전》I, q.82). 말하자면 누구도 삶의 목적이 '행복'이라는 것을 자유의지로 철회할 수 없다는 것입니다. 따라서 자유의지를 통한 "선택이란 최종 목적과 관계하는 것이 아니라 그것에 도달하는 방법과 관계된 것"입니다(《신학대전》II, q.7). 이 최종 목적은 토마스 아퀴나스가 '지복'이라고 부르는 것으로, 신의 품 안에 휴식하는 것 혹은 천국의 삶과 다르지 않습니다.

토미즘에 있어서 윤리적 존재로서의 인간적 삶의 비극은 '욕망은 무한하나 존재는 유한하다'는 데서 발생합니다. 사람들은 선하고 정의로운 행위를 갈망하고 무수히 가치 있는 것을 상상하지만 그의 행위는 항상 제한적이고 한계가 있습니다. 이는 그의 존재가 의지를 뒤따르기에 턱없이 빈약하다는 것을 말해줍니다. 나아가 인간은 여러모로 한계가 있는 존재지만 궁극적으로 원하는 것은 지복, 즉 일종의 무한입니다. 그래서 만일 신적인 도움이 없다면 인간의 삶은 '부조리' 그 자체일 수밖에 없습니다. 인간이 언젠가는 갈망하게 될 지복은 결코 순수한 인간적인 노력으로는 획득할 수 없습니다. 그래서 토마스 아퀴나스는 지복을 갈망하는 영혼들을 위한 신적인 사랑(카리타스*caritas*)이 있으며, 이는 다른 모든 덕의 뿌리가 되는 것이라고 말합니다(《신학대전》 I-II, q.62). 가령 자식을 진정으로 사랑하는 어머니는 자식을 위해 용감해지고 자식을 위해 절제하며 자식을 위해 신중해지는 것과 같습니다. 이러한 카리타스는 '신은 사랑이시다*Deus Caritas est*'라는 일종의 신의 본질로부터 발생하는 것으로 세계의 존재 자체, 개인의 탄생 그 자체를 신의 '사랑의 결과' '무상의 증여'라고 볼 수 있게 하는 근거가 됩니다. 카리타스는 인간이 생각할 수 있는 가치 중 최고의 가치로 인간이 추구하는 궁극적 목적과 사실 같은 것입니다. 즉 지복이란 카리타스의 완성을 의미합니다. 그 때문에 토마스 아퀴나스는 "종교적(수도적) 삶의 궁극적 목적은 사랑을 완성하는 것"이라고 생각합니다(《신학대전》 II-II, q.186).

여기서 우리는 '아가페적 사랑'과 카리타스의 관계를 생각해볼 수 있습니다. 만일 자신의 이익을 구하지 않는 사랑amour désintéressé이 아가페적 사랑이라면 이는 선에 대한 정신적 사랑 l'amour spirituel du bien이라고 말할 수 있습니다. 선이라는 절대적 가치를 인정함으로써 그 자체로 사랑받을 가치가 있는 것을 통한 사랑을 정신적 사랑이라고 하기 때문입니다. 하지만 이러한 아가페적 사랑이 '무조건적'이라는 차원에서 인간의 자유의지를 배제하며, 그 때문에 카리타스와는 다릅니다. 신은 사랑을 배분하는 자동기계가 아니라 인격적 존재이며, 탁월하게 인격적인 존재입니다. 인격의 특성은 '자유의지'를 통해 행위한다는 데 있습니다. 따라서 신의 사랑으로서의 카리타스는 단순히 무조건적 사랑이 아닌, 신의 자유의지를 통한 무상의 선물 혹은 자비입니다. 그 때문에 신의 사랑은 '인격 대 인격'이라는 관계성을 전제하며, 이러한 이유로 "신은 은총을 통해 성인들 안에in sanctis 존재한다"라고 말할 수 있습니다(《신학대전》I, q.8). "인격이란 나뉠 수 없으며, 다른 모든 이들과 구별되는 것"을 말합니다(《신학대전》I, q.29). 즉 인격은 그 자체로 유일하고 절대적인 것이며, 신을 사랑한다는 것은 원론적이고 추상적인 것이 아니라 이 유일한 인격의 차원에서 구체적으로 이루어져야 합니다. 어떤 의미에서 인격의 차원에서 이루어지는 신적인 사랑은 우리가 사랑이라고 말할 수 있는 모든 종류의 사랑이 집약되어 있습니다. 다시 말해 이러저러한 사랑이 있기 이전에 존재하는 지반 혹은 모든 종류의 사랑이 파생되는 사랑 자체입니다. 그 때문에 신을 사랑하는 것과 이웃을 사랑하는 것 그리고 나를 사랑하는 것은 '카리타스'의 지평에서는 분리되거나 구분되는 것이 아닙니다. 그래서 한 영혼이 신을 만나는 것은 무엇보다 자기 자신의 존재에 대한 체험, 즉 자신의 존재 이유나 존엄함 및 가치에 대한 강렬한 체험이 되며 이웃과 존재하는 모든 것에 대한 연민과 사랑을 체험하는 것입니다. 그래서 에티엔느 질송은 토미즘의 윤리적 최고 명령을 "너 자신인 것이 돼라! 이것이 전부다"라고 말합니다.

토미즘의 실재론적 영성

1. 초-자연적인 실재超-自然的 實在, res supra-naturalem

삶이 전체적으로 정의, 인권, 평화, 사랑 등과 같은 관념들을 중심으로 질서 지워지고 모든 행위의 동기가 여기에 있으며 삶의 의미를 규정하는 어떤 관념은 비록 보이지 않고 만질 수 없다고 해도 '실재하는 것'이라고 말할 수 있습니다. 우리는 이러한 실재들을 '정신적인 실재' 혹은 '내적인 실재'라고 말할 수 있을 것입니다. 마찬가지로 토미즘에서는 '자연적인 질서'를 넘어서는 '초자연적인 실재들'이 있습니다. 토마스 아퀴나스는 "인간의 영혼은 인간의 본성을 완성하도록 운명 지워져 있다"라고 말하는데, 이는 인간적으로 산다는 것은 자신을 완성한다는 것이며 '변모'한다는 것을 의미합니다《신학대전》II-I, q.50). 그리고 이러한 완성이나 변모에서 중요한 핵심은 자연적 존재의 질서를 넘어서는 데 있습니다. 즉 만일 인간의 운명이 '~이 되는 것'에 있다면 이는 단순한 변화가 아니라 존재의 상승을 말하며 새로운 창조를 의미합니다. 이러한 상승과 새로운 창조를 삶의 중심 원리나 핵심적 목적으로 하는 것이 영성적 삶입니다. 영성적 삶을 영위하는 사람에게 '자연적인 질서를 초월하는 실재들'은 어떤 의미에서 일상의 실재들보다 훨씬 더 현실적이고 의미 있는 실재들입니다. 이를 우리는 정당하게 '초자연적인 실재'라고 부를 수 있습니다.

이러한 초자연적 실재들 중 가장 우선 떠올릴 수 있는 것은 '참된 존재ens verum'의 관념입니다. 어떤 것이 '참되다'라고 할 때는 최소한 몇 가지 의미를 생각해볼 수 있는데 토마스 아퀴나스는 이를 두 가지로 구분합니다. 하나는 인간의 지성이 사물을 파악할 때 인식주체와 대상 사이에 발생하는 '일치', '적합성' 등을 의미합니다. 다른 하나는 한 인간이 어떤 사물을 파악하고 판단하고 가치를 생각할 때 기준이 되는 '이상적인 모습'을 생각할 수 있는데 바로 이 '이상적 존재'를 참된 존재라고 합니다. 영성가나 관상가들은 애초에 신이 초자연적 법칙에 따라 질서 지워놓은 진정한 세계 그리고 탄생 시에 자신에게 부여한 진정한 자신(창조적 본질)에 항상 시선을 고정하고 있는 사람들입니다. 이들의 삶이 항상 '진보' 혹은 '자기 초월'을 지향하는 것처럼 보이는 것은 바로 이러한 시선 때문입니다. 이러한 시선을 혹은 이러한 시선으로 진리를 직관하는 것을 관상comtemplatio이라고 합니다. 두 번째 의미의 참된 존재들은 영성가에게 현실의 다양한 실재보다 훨씬 중요하고 의미가 있으며 자신의 삶을 전체적으로 규정해주는 중요한 실재들입니다. 이러한 실재들을 토마스 아퀴나스는 '신의 지성 속에 있는 이데아들'이라고 말하는데, 사실이 이러하다면 참된 존재를 추구한다는 것이나 신을 추구한다는 것은 동일한 의미입니다. 따라서 토미즘의 윤리적 준칙인 "너인 것이 되라"는 명제는 영성적 삶에서도 여전히 유효합니다.

이외에도 토미즘에서 생각할 수 있는 초자연적 실재들에는 '신의 부르심聖召, appel de Dieu', '영성적인 덕vertu spirituelle' 혹은 '신학적인 덕', '신적 사랑caritas', '구성된 믿음fides formata', '영성적인 분위기ambience spirituelle', '법렬 또는 환희raptus' 등 다양합니다. 이러한 실재들은 모두 인간의 자연적 진보나 순수하게 도덕적인 노력만으로는 획득할 수 없으며 신의 은총을 전제한다는 차원에서 그리고 자연적 실재들을 넘어서는 차원에서 '초자연적 실재'라고 할 수 있습니다. 이러한 실재들은 인간이 발 딛고 살아가는 이 세계가 '초자연적인 의미가 있는 세계Le monde ayant un sens surnaturel'임을 말해주며 영성가란 잠들어 있는 세계를 흔들어 깨우는 사람이라고 할 수 있습니다. 이는 또한 우리가 발 딛고 살아가는 현실 세계 안에서 무한한 가치와 신성한 가치를 실현할 수 있음을 말해줍니다. 그래서 파스칼이 말하는 우리 안에 있는 '신의 나라'가 현실이 되는 것이 토미즘의 실재론적 특징이며, 실재론적 영성은 '낙원으로 가는 길, 그것이 곧 낙원'이라는 희망적인 메시지를 담고 있습니다.

더 읽어보면
좋은 책

프레드릭 코플스턴, 강성위 옮김, 《토마스 아퀴나스》, 성바오로출판
사, 1993.

토마스 아퀴나스의 철학적 체계를 가장 근본적인 주제들을 중심
으로 잘 평가하고 있다. 세계에 대한 형이상학적 시각과 신, 창조,
인간, 영혼과 육체, 도덕과 사회 등에 관한 근본적 이해를 잘 해명
해주는 책으로, 토마스 아퀴나스의 사상적 노선을 이해하는 데 매
우 유용한 책이다.

이명곤, 《토마스 아퀴나스 읽기》, 세창미디어, 2013.

토마스 아퀴나스의 사상을 존재론, 인식론, 윤리학, 미학, 영성 등
주제별로 쉽게 소개해주는 책이다. 현대적 언어 감각으로 자연스
럽게 풀어쓰면서 다양한 예를 들고 있다. 토마스 아퀴나스를 처음
접하는 이들에게 길잡이로서 유용한 책이다.

쥬세뻬 잠보니, 이재룡 옮김, 《토마스 아퀴나스의 인식론》, 가톨릭대
학교 출판부, 1996.

토마스 아퀴나스의 인식론에서 감각적 인식, 지성적 지각, 언어와
인식과의 관계, 지성의 자기인식, 진리에 대한 인식 등 인식론에
대한 전반적인 부분을 깊이 있게 다루는 책이다. 토미즘의 사유를
좀 더 깊이 이해하고자 하는 연구자들에게 매우 유용한 책이다.

◆◆◆

박주영, 《악이란 무엇인가》, 누멘, 2012.

토마스 아퀴나스의 윤리학 혹은 도덕철학을 '악'이라는 주제를 통해 잘 소개하는 책이다. 특히 현대사회의 문제들을 화두로 구체적이고 실천적인 문제에 대한 토미즘의 해결책을 제시하고자 하는 실천적 특징이 강하다.

이명곤, 《토마스 아퀴나스의 생명사상과 영성이론》, 경북대학교출판부, 2016.

토마스 아퀴나스의 전체 사상을 '생명'이라는 주제를 통해 유기적이고 종합적으로 이해하고자 하며, '실재론적인 영성'이라는 토미즘의 영성을 소개하는 책이다. 철학적으로 다루기 쉽지 않은 영성에 관한 연구서라고 할 수 있다. 영성 분야에 관심 있는 이들에게 매우 유용한 책이다.

처음 읽는 철학사, 마이스터 에크하르트

이상섭

마이스터 에크하르트
Meister Eckhart(1260?~1328)

마이스터 에크하르트는 1260년경 지금의 독일 튀링겐주 고타 Gotha 부근에서 태어난 것으로 추정된다. 태어난 시기는 불분명하지만 그가 세상을 떠난 시기는 1328년 초로 비교적 명확히 알 수 있다. 그는 1302~1303년 파리대학교에서 교수 생활을 시작하면서 본격적인 학문 활동을 시작했다. 이후 삭소니아Saxonia 관구의 초대 관구장(1303~1311), 2차로 파리대학교 교수 재직(1311~1313), 스트라스부르 관구의 총대리(1313~1322)를 지냈다. 1323년부터 선종하기까지 쾰른에 있는 알베르투스 마그누스가 세운 도미니크수도회 대학에서 교수 활동을 했는데, 이 시기에 이단 의혹을 받기 시작해 1326년 본격적으로 심문을 받았다.

에크하르트는 많은 저작을 남겼지만 집필 시기는 몇몇을 제외하고는 정확하게 특정하지 못하는 경우가 대부분이다. 초기 저작《교훈 담화Die Rede der Unterweisung》등은 토마스 아퀴나스로부터 크게 벗어나지 않았다. 하지만 1302~1303년 집필한《파리 토론문제집quaestiones parisienses》에서 철학사적으로도 의미 있고 매우 논쟁적인 주장("신은 인식하기 때문에 존재한다")을 전개했다. 에크하르트는《명제집opus propositionum》,《문제집opus quaestionum》그리고《주해집opus expositionum》으로 구성된 삼부작opus tripartitum을 기획했다. 이중 삼부작의〈일반서론prologus generalis〉과 명제집의〈서론prologus in opus propositionum〉,《요한복음서 주해Expositio Sancti Evangelii secundum Iohannem》,《교회서 강해Sermones et lectiones super Ecclesiastici》,《탈출기 주해Expositio libri Exodi》,《지혜서 주해Expositio libri Sapientiae》등만이 남아 있다. 그 외에《독일어 논고liber benedictus》(여기에는〈신적 위로의 책Buch der göttlichen Tröstung〉,〈고귀한 사람Vom adlen Menschen〉이 포함된다)와 100편 이상의 독일어《설교들Predigten》및 라틴어《설교들Sermones》이 에크하르트 사상의 핵심을 이루는 중요한 저작에 속한다.

신비주의자 또는 스콜라철학자?

마이스터 에크하르트의 사상에 익숙하지 않은 사람들도 그의 이름을 들으면 '신비주의'를 떠올릴 정도로 그는 신비주의자로 널리 알려져 있습니다. 사실 그의 저작들에는 신비주의자로서의 면모를 보여주는 수많은 신비주의적 언어, 이미지, 개념 및 사상 등으로 가득 차 있고 많은 신비주의자들과의 영향 관계를 발견할 수 있습니다.

그렇지만 그를 신비주의자로서만 규정하는 것은 사상을 정확히 이해하는 데 장애가 될 수 있습니다. 에크하르트는 당대 스콜라철학의 중심지라고 할 수 있는 파리대학교에서 두 번씩이나 신학을 가르쳤던 교수이기도 하기 때문입니다. 그렇지만 그를 '스콜라철학자'로 규정할 때에는 어느 정도 주의가 필요합니다. 스콜라철학자가 아닐 수 있다는 의미가 아니라 어떤 학풍의 스콜라철학자인지 정확하게 규정하는 것이 중요하기 때문입니다. 에크하르트를 그저 신비주의자로만 보던 풍토는 19세기 말 데니플레Denifle라는 학자로부터 바뀌기 시작했습니다. 그가 에크하르트를 스콜라 철학자로 본 점은 분명 발전적이었습니다. 하지만 데니플레는 에크하르트를 그가 속한 13세기 도미니크회의 위대한 신학자이자 철학자인 토마스 아퀴나스의 사상 전통에서 바라보는 한계가 있었습니다. 에크하르트가 선배 학자인 토마스 아퀴나스의 영향을 받은 것은 분명한 사실로 보입니다. 그러나 그의 사상을 토마스 아퀴나스 사상의 관점에서만 보고 평가할 경우 이해하기 어려운 면이 많이 있고 심지어 말이 되지 않는 부분도 있습니다.

그래서 데니플레와 같은 관점의 연구자들은 에크하르트를 실력이
부족한 '이류 철학자'로 보곤 했습니다(올리버 데이비스, 2010, p.25).

　그런데 이러한 평가는 사실 적지 않게 부당한 면이 있습니다.
13~14세기는 스콜라철학의 전성기라고 할 수 있습니다. 아주 높
은 수준의 이론적 정교함을 갖춘 다양한 학파의 수많은 학자들이
활동한 시기였습니다. 에크하르트 당대의 스콜라철학 학파들을
아주 거칠게 구분하자면 에크하르트가 속한 도미니크회를 중심으
로 하는 학파와 보나벤투라Bonaventura(1221~1274), 둔스 스코투스,
윌리엄 오컴이 속한 프란체스코회 학파로 나눌 수 있습니다. 그
런데 에크하르트 당대의 도미니크 학파는 토마스 아퀴나스의 사
상을 학파의 정통적인 중심 사상으로 정립하려고 여러 가지 방식
으로 애를 썼습니다. 그렇지만 어느 한 집단을 사상적으로 통일
하려는 움직임은 여러 가지 이유로 반발에 부딪혔고 도미니크회
안에서도 사정은 마찬가지였습니다. 여러 반발의 움직임 중 하나
를 주도한 사람은 토마스보다는 후배지만 그와 마찬가지로 알베
르투스 마그누스Albertus Magnus(1193?~1280)라는 위대한 스콜라철
학자를 사사한 독일 출신의 프라이베르크의 디트리히Dietrich von
Freiberg(1240~1318/1320)입니다.

　토마스 아퀴나스는 알베르투스의 가장 뛰어난 제자였습니다.
그렇지만 그는 알베르투스의 사상을 그대로 이어받지는 않았습니
다. 그 자신이 이미 알베르투스뿐만 아니라 다양한 학문적 흐름
을 종합하여 독자적인 학파를 형성한 학자였기 때문입니다. 반면
디트리히는 알베르투스의 사상을 이어받아 자신의 색채로 재해석
한 학자였습니다. 에크하르트는 바로 알베르투스로부터 디트리히

로 이어지는 독일 도미니크회의 전통을 이어받은 학자였습니다. 물론 그 배경에는 멀게는 신플라톤주의, 유대 철학자 모세스 마이모니데스, 아랍 철학자 아베로에스의 철학 등이 있습니다. 어쨌든 이러한 학풍은 분명히 당대 도미니크회 주류 철학자인 토마스의 학풍과는 확연하게 구별됩니다. 그런 그를 토마스의 관점에서 고찰하는 것은 마치 아리스토텔레스를 플라톤의 관점에서 평가하는 것과 유사한 측면이 있습니다. 이점을 간과하면 에크하르트는 토마스를 잘못 이해한 우둔한 철학자가 될 수밖에 없을 것입니다.

그 때문에 위에서 에크하르트를 스콜라철학자로 규정할 때는 세심한 주의가 필요하다고 말씀드린 것입니다. 이러한 사실은 플라쉬K. Flasch, 모이지쉬B. Mojsisch, 스투어레제L. Sturlese 등의 연구성과에서 확인할 수 있습니다. 이들의 연구는 통상적인 이해에 따라 에크하르트를 단순하게 신비주의자로 규정하는 태도와 거리를 둘뿐만 아니라 그를 토마스 아퀴나스의 스콜라철학과도 구별되는 독창적인 스콜라철학자로 이해합니다. 사실 이 글은 이러한 학자들의 연구결과에 동의하며 일정 부분 그들을 쉽게 요약해 풀어놓은 것이라는 점을 미리 밝혀둡니다. 한편 에크하르트를 신비주의자로서가 아니라 스콜라철학자로 규정하면 독일어 저작은 신비주의적 색채를 띠고 라틴어 저작은 스콜라철학을 반영한 것이라는 주장도 조정이 필요해집니다. 즉 독일어 저작은 학술어인 라틴어 저작에 담긴 스콜라철학 사상을 생활어로 번역이나 재구성한 것이라는 주장이 가능해지기 때문입니다.

에크하르트의 사상사적 위치를 명확히 규정하는 것은 이 글의 범위를 넘어갑니다. 그렇지만 우리가 에크하르트보다 훨씬 후대의 독일 관념론자인 헤겔이 에크하르트의 저작을 접하고서 "이것이 우리가 찾던 바로 그것"이라고 했다는 말을 전해 듣게 되면, 에크하르트를 체계적 이론과는 거리가 먼 신비가 또는 신비주의자로 보거나 토마스 철학의 아류로 보기보다는 독자적인 철학적 전통을 가진, 영향사적으로 독일관념론과 연결될 수 있는 이론체계를 구축한 스콜라철학자로 보는 것이 정당하다는 생각을 하게 됩니다. 이러한 점은 에크하르트가 자신의 의도와 방법론에 대해 언급한 부분을 고려해보면 더 잘 알 수 있습니다.

철학과 신학, 신앙과 이성의 조화

에크하르트는 여러 곳에서 집필 의도를 명확하게 밝힙니다. 특히 후기 작품인 《요한복음서 주해》에서는 자신의 의도를 "그리스도교 신앙과 신·구약성서가 말하는 것을 철학자들의 자연적 근거들 *rationes naturales*을 통해서 설명"(n.2/LW III, 4)하는 것이라고 말합니다. 여기에서 중요한 것은 "자연적 근거"라는 말입니다. '자연적'은 초자연적이라는 말과 대비됩니다. 그러므로 '자연적 근거'라는 말은 초자연적 권위 등을 통하지 않고 인간이 자연적으로 가진 이성을 통해 밝혀낼 수 있는, 어떤 것이 왜 그러한지에 대한 이유라는 뜻이 됩니다. 이 말이 중요한 이유는 에크하르트가 성서에서 말하는 것들, 즉 흔히 종교적 믿음의 대상이 되는 것들을 자연적 근거를 통해 설명할 수 있다고 생각했다는 뜻이기 때문입니다.

믿음과 이성의 관계는 중세철학 전체, 즉 교부철학과 스콜라철학을 통해서 가장 중요한 물음 중 하나였습니다. 서양철학사에서 가장 중요한 철학자 중 한 사람인 아우구스티누스는 "이해를 추구하는 신앙"이라는 모토를 내세웠습니다. 믿음의 대상이 이성을 통해 이해 가능한 것이 되기를 원한 것입니다. 이러한 전통에서 아우구스티누스 이후의 그리스도교 신학자와 철학자들은 그리스도교의 가르침을 이성으로 이해하도록 설명 또는 더 나아가 철학적으로 증명하려고 시도했습니다. 그런데 이러한 전통에서도 어떤 학자, 예를 들어 토마스 아퀴나스와 같은 학자는 그리스도교의 가르침을 자연적 근거를 통해 입증하려는 시도와 동시에 자연적 근거를 통해서는 접근할 수 없는 순수 신앙의 영역을 남겨놓았습니다. 예를 들어 그는 '삼위일체'나 '창조의 이유' 등과 같은 가르침에 대해서는 결코 이성을 통해 증명할 수 없다고 보았습니다. 반면에 안셀무스와 같은 학자들은 모든 그리스도교의 가르침을 이성을 통해 이해 가능한 것으로 만들려고 했습니다. 에크하르트의 기획은 바로 이러한 안셀무스의 전통으로부터 이해할 수 있습니다(Sturlese, 2007, p.30). 한편 에크하르트의 이러한 기획에는 신적인 것, 자연적인 것, 인간의 기예를 통해 산출된 것, 도덕적인 것이 서로 연결되어 있으며 서로를 조명해준다는 생각이 바탕에 있다고 할 수 있습니다. 그래서 신적인 것이 자연적인 것을 통해 설명될 수 있고 그 역의 경우도 성립합니다. 이로부터 그리스도교 복음서와 철학의 한 분야인 형이상학을 동일한 것으로 보는 에크하르트의 독특한 관점이 성립되고 더 나아가 복음서, 형이상학, 자연학, 윤리학이 서로 구분되는 학문이 아니라 하나의 학문이라고 보는 입장이 생겨납니다(부크하르트 모이지쉬, 2010, pp.29~51).

에크하르트 자신이 밝힌 철학적 기획이나 의도를 통해 우리는 그를 초자연적 체험이나 믿음을 전면에 내세운 신비주의자로서만 이해하기보다는, 비록 그의 사상에서 '신비주의적 체험'과 같은 요소를 발견할 수 있다고 하더라도 그것을 자연적 이성(근거)으로 접근할 수 없는 초자연적 현상으로만 남겨두지 않고 이성을 통해서 근거 짓고 설명하려고 한 '스콜라철학자'로 이해하는 것이 전혀 불합리한 접근이 아님을 알 수 있습니다.

신비적 합일과 행복론

이제부터 직접 에크하르트의 사상으로 들어가보도록 합시다. 어느 학자든 그의 사상을 짧은 글로 요약하기 위해서는 핵심 주제를 선별하는 작업이 필요합니다. 에크하르트도 마찬가지입니다. 그렇지만 그의 경우에는 상대적으로 선별이 쉽습니다. 그의 사상의 중심에는 그를 신비주의자로 이해하게 만든 신과의 "신비적 합일 *unio mystica*"이라는, 에크하르트의 표현으로는 "신과 하나임 *unum esse cum Deo*"(〈라틴어 설교sermo XXIX〉, n.304/LW IV, 269)과 같은 개념이 있기 때문입니다. 그런데 우리는 에크하르트를 신비주의자보다는 스콜라철학자로 이해하려고 합니다. 그러므로 이 개념도 스콜라철학의 관점에서 설명할 수 있어야만 합니다.

이러한 맥락에서 우리는, 물론 다른 풍부한 신학적 전통도 있습니다만 바로 이 개념, 즉 '신과의 신비적 합일'이라는 개념을 아리스토텔레스로부터 스콜라철학으로 이어져온 행복론의 맥락에서 생각해볼 수 있습니다. 아리스토텔레스는 《니코마코스윤리학》 1권에서 행복을 '그 자체를 위해 추구되는 것'으로 규정합니다. 우리는 어떤 일, 예를 들어 운동을 그 자체를 위해 하기보다는 건강을 유지하기 위해 합니다. 돈을 버는 목적도 우리가 수전노가 아니라면 그 자체를 위해서라기보다는 다른 목적으로 합니다. 그러나 우리는 '왜, 무엇을 위해서 행복하려고 하는가'라는 물음은 하지 않습니다. 행복은 더 높은 목적을 위해 추구하는 것이라기보다는 우리가 돈을 벌고 건강을 유지하는 등의 일을 하는 최종 목적이기 때문입니다. 물론 사람마다 행복이 어디 있는지에 대해서는 의견이 갈릴 수 있습니다.

중요한 것은 행복의 내용입니다. 아리스토텔레스나 스콜라철학자들은 참된 의미에서 행복은 '최고로 좋은 것(최고선 summum bonum)'을 소유하는 것으로 생각했습니다. 어떤 관점에서는 좋은 것인데 다른 관점에서는 좋지 않은 것은 아쉬움이나 불만을 남길 수 있습니다. 모든 관점에서 좋은 것 그래서 어떠한 나쁜 것도 포함하지 않은 것, 즉 절대적으로 좋은 것을 소유했을 때만 비로소 다른 욕구가 생겨나지 않는 그야말로 지극한 행복(지복)의 상태에 이를 수 있게 된다는 것입니다.

중세 신학자들은 그리스도교의 관점에서 신이야말로 최고선이라고 생각했습니다. 이러한 맥락에서 아우구스티누스는 《행복론 De beata vita》에서 행복이 "신의 소유"에 있다고 말합니다. 신비주의자들이 "신과 하나 됨"을 말하는 것도 바로 이러한 맥락입니다.

그런데 어떻게 우리 인간이 신을 "소유"하거나 신과 하나가 될 수 있을까요? 일단 신을 물건을 소유하듯이 소유할 수 없다는 것은 분명합니다. 신은 손으로 잡을 수 있는 존재도 아니고 부동산처럼 '등기'를 할 수 있는 존재도 아니기 때문입니다. 신이 어떠한 존재인지도 중요하지만 더 중요한 것은 최고선인 신을 소유하기 위해 그러한 존재를 소유할 자격이 있는 능력이 우리 안에 있어야만 한다는 것입니다. 그렇다면 과연 우리 안에 있는 무엇이 신을 소유할 자격이 있는 특별한 부분, "고귀한 부분"일까요?

이에 대해 스콜라철학은 다양한 의견을 내놓습니다. 에크하르트 당대로 한정해보면 에크하르트가 속한 도미니크회의 공통적인 견해는 '지성'이 인간의 가장 고귀한 부분이라고 생각했습니다. 그래서 신을 소유한다는 것은 신의 본질을 있는 그대로 지성을 통해 인식하는 것이라고 생각했습니다. 반면에 프란체스코회는 의지가 지성보다 더 고귀하며 사랑이 신을 소유하는 작용이라고 생각했습니다. 에크하르트는 의지와 지성 중 지성이 더 우위의 능력이라고 인정하지만 어느 것도 그 자체로는 신을 소유할 수 있는, 다시 말해 신과 하나가 될 수 있게 하는 것은 아니라고 생각합니다(《독일어 설교Predigt 9》/DW I, 152~153).

신을 소유할 수 있는 능력을 무엇으로 보든지 간에 고려해야 할 또 다른 중요한 문제가 있습니다. 그리스도교에서 신은 온세상을 무로부터 창조한 무한한 존재입니다. 반면에 신의 소유로 행복을 찾는 인간은 신으로부터 창조된 유한한 피조물입니다. 그런데 유한한 존재가 무한한 존재를 소유하는 것이 가능할까요? 예를 들어 바다를 담기 위해서는 적어도 바다와 같은 크기의 그릇이 있어야 합니다. 그런데 인간이 신만큼 무한할 수 있을까요? 그렇게 되면 창조자와 피조물의 구별이 없어집니다. 그래서 그리스도교 학자들은 지복이란 이 세상에서는 불가능하고 저세상, 즉 천국에 가서야 그것도 자연을 넘어서는 특별한 은총을 통해서야 이루어질 수 있다고 생각했으며 신과 인간의 차이를 결코 없애려고 하지도 않았습니다.

바로 여기서 그리스도교 및 스콜라철학의 전통에 속하면서도 전통으로부터 벗어난 듯 보이는 에크하르트의 진면목이 나타납니다. 에크하르트는 특수한 방식으로 신을 소유하는 것도 아니고 '신과 하나임'에 대해서 말합니다. 그래서 에크하르트는 인간은 피조물 중 하나이지만 피조물 이상의 존재라고 생각합니다. '신과 하나'라는 말은 우리가 신과 다르지 않다는 말입니다. 그러나 어떻게 피조물인 인간이 창조자인 신과 다르지 않을 수 있을까요?

흔히 신비주의로 분류되는 에크하르트의 사상은 바로 이 점, 즉 인간이 피조물이면서도 단순한 피조물이 아니라 신과 하나임을 "자연적 논거/이성"을 통해 설명하는 데 있습니다. 물론 이와 관련하여 에크하르트에게는 설명해야만 할 많은 철학적 문제들이 있습니다. 그중에서 특히 다음의 세 가지 물음이 중요합니다. 첫째, 어떻게 신으로부터 생겨난 존재가 신과 하나일 수 있는가? 이것을 설명할 수 있는 어떤 특수한 종류의 인과성이 있는가? 둘째, 어떤 점에서 인간은 신과 하나인가? 인간은 전체로서 신과 하나인가? 셋째, 신과 하나가 되기 위해 인간은 어떤 일을 해야 하는가 또는 할 수 있는가? 이 문제들을 순서대로 살펴보면서 에크하르트의 중심사상을 살펴보도록 하겠습니다.

유비와 일의성

어떻게 신으로부터 생겨난 존재가 신과 하나일 수 있는가? 이 물음에 대해서 에크하르트는 일의성*univocatio* 이론으로 답을 합니다. 이 이론은 에크하르트를 이해하는 데 매우 중요한 이론이기 때문에 조금 길게 말씀드리도록 하겠습니다. 참고로 에크하르트의 일의성 이론에 대한 관심은 모이지쉬(2010)에 의해 촉발되었습니다. 모이지쉬의 해석은 현재 논쟁의 대상이 되고 있지만, 이 글에서는 그의 해석을 따라 설명하겠습니다. 일의성 이론은 현대 프랑스 철학자 들뢰즈*Deleuze*를 통해 독자들에게 알려진 이론이지만 본래는 13세기 스콜라철학자 둔스 스코투스의 이론으로 더 유명합니다. 그렇지만 에크하르트의 일의성 이론은 스코투스나 들뢰즈의 이론과는 확연히 다릅니다. 물론 여기서 그 차이에 대해 말할 여유는 없습니다.

일의성 이론은 유비*analogia*이론을 언급하지 않고서는 이해할 수 없습니다. 유비이론은 멀리는 아리스토텔레스의 《형이상학》4권으로까지 거슬러 올라갑니다. 아리스토텔레스는 '존재하는 것들'은 모두 같은 의미가 아니라 다양한 의미에서 '존재자'라고 불리지만 그럼에도 의미의 통일성은 유지한다고 주장합니다. 아리스토텔레스는 이것을 '건강'을 예로 들어 설명합니다. 그에 따르면 우리는 '건강'이라는 말을 '동물은 건강하다', '의약품이 건강에 좋다', '안색이 건강해 보인다' 등으로 말하면서 동물, 의약품 및 안색에 적용합니다. 모두 동일한 의미는 아니지만 그렇다고 해서 완전히 서로 다른 의미로 사용하지도 않습니다. 즉 일정한 의미의 연관성을 유지합니다. 의약품과 안색의 경우에 건강이라는 말을 적용할 수 있는 이유는 '동물'과의 관계성 때문입니다. 즉 건강이라는 말은 일차적으로 그리고 본래적으로 동물과 같은 실체에 사용하는 것이고, 의약품과 안색에 대해서는 각각 '동물의 건강에 도움이 되는 것', '동물의 건강의 표지'라는 의미로 사용된다는 것입니다. 이것이 유비이론에 대한 가장 기본적이고 고전적인 설명입니다.

스콜라철학에서 이러한 유비이론을 적극적으로 받아들인 철학자가 바로 토마스 아퀴나스입니다. 그 역시 아리스토텔레스가 사용한 건강의 예를 인용하면서 유비이론을 설명합니다. 그리고 이 이론을 '존재자'를 해명하는 핵심 이론으로 받아들입니다. 더 나아가 토마스는 이 이론을 신과 피조물의 관계에 적용하면서 아리스토텔레스의 유비이론을 확장합니다. 이제 토마스에게서 중요한 것은 존재자 개념이나 선성, 지혜 등과 같은 개념이 신과 피조물에게 같은 의미로 사용될 수 있는가의 문제입니다. 예를 들어 '신은 존재한다' 또는 '신은 지혜롭다'라고 말할 때와 '소크라테스는 존재한다', '소크라테스는 지혜롭다'라고 말할 때, '존재한다', '지혜롭다'라는 말이 모두 같은 의미로 사용될 수 있는지 문제가 됩니다. 만일 같은 의미라면 신과 인간의 본질적 차이를 인정할 수 없게 됩니다. 그러나 서로 다른 의미라면 우리는 신에 대해서는 어떠한 의미 있는 진술도 할 수 없게 됩니다. '신은 지혜롭다'라고 말할 때 '지혜'라는 말은 우리가 일상적으로 사용하는 '지혜'와는 다르기 때문입니다. 그래서 토마스는 유비이론을 신과 피조물의 관계에 적용해, '존재자', '선성', '지혜' 등과 같은 개념은 일

차적(선차적)으로 신에게 사용하고 신과의 관계에 기반해서 이차
적(후차적)으로 피조물에 사용된다고 말함으로써 의미의 연관성
을 확보합니다. 그러한 이유는 신은 존재 자체이고 선성 자체이
고 지혜 자체인 반면, 피조물들은 신의 존재, 선성, 지혜를 '분유'
하고 있기 때문이라는 것입니다(《신학대전》, Ia, q.13, a.5c).

여기서 알 수 있듯이 토마스는 유비이론을 신과 피조물의 존재
론적 차이, 특히 신에 대한 피조물의 의존관계를 표현하는 이론
으로 이해했습니다. 토마스의 관점에서 피조물이 존재와 선성 등
에 있어서 신에게 의존하는 것은 사실에 부합하기 때문에 유비
이론은 신과 피조물의 관계를 잘 설명해주는 이론이 됩니다. 에
크하르트도 그 점에는 동의합니다. 즉 그에게 유비이론의 핵심은
신과 피조물의 존재론적 차이를 드러내는 데 있습니다.

그러나 에크하르트는《교회서 강해》,《명제집 서론》등에서 유
비이론을 통해 드러나는 신에 대한 피조물의 의존관계를 토마스
아퀴나스보다 더 강조하고 극적으로 표현합니다. 에크하르트에
따르면 유비론적 관점에서 '존재'는 신 안에만 형상적으로 있고
나머지 것들에는 형상적으로 존재하지 않는다고 말합니다. 이 말
은 '존재를 분유한 피조물에게 존재가 실제로 귀속되는가'라는 문
제와 관련이 있습니다. 사실 토마스는 비록 유비이론을 통해 신
과 피조물의 차이를 강조하지만, 동시에 피조물들이 자립적 존재
라는 것을 인정합니다. 예를 들어 우리는 '존재자'라는 개념을 일
차적으로 신에 적용하고, 이차적으로 신에 대한 존재론적 의존성
(분유)을 근거로 피조물에도 적용합니다. 중요한 것은 피조물은
피조물로서 신의 존재를 분유하는 한에서 존재하지만, 피조물이

분유한 신의 존재는 피조물의 것으로 피조물에게 실제로 귀속된다는 점입니다. 비록 피조물은 '존재'를 자기가 아닌 다른 것으로부터ab alio 갖지만, 자기 자신 안에in se 소유한다는 것입니다. 그런데 에크하르트는 그렇지 않다고 말합니다. 우리는 존재를 타자로부터, 즉 신으로부터 받았을 뿐만 아니라 우리 것으로 갖지도 않는다는 것입니다. 그래서 에크하르트에 따르면 피조물은 그 자체로 보면 어떠한 것도 자기 자신으로부터 갖지도 못하고 자기 자신 안에 자기 것으로 갖고 있지도 못한 '무nihil'에 불과합니다. 그렇다면 '소크라테스는 존재한다'라고 말하는 것은 아무런 의미가 없을까요? 그렇지는 않습니다. 그러나 이때의 존재는 소크라테스의 것으로 소크라테스에게 속하는 것이 아니라 신의 존재를 '지시'할 뿐입니다(《교회서 강해》, n.52~53/LW II, 280~282; 《탈출기 주해》, n.40/LW II, 45).

그 때문에 만일 우리가 에크하르트의 유비이론 관점에서 인간을 바라보면 피조물로서 인간은 그 자체로는 아무것도 아닌 것이 됩니다. 우리는 앞에서 인간은 단순한 피조물 이상의 존재라는 것이 에크하르트의 생각이라고 말했습니다. 문제는 신으로부터 생겨난 인간이 어떻게 그럴 수 있느냐는 점입니다. 과연 신으로부터 생겨난 것이 신과 하나라는 것을 설명해주는 이론이 있을까요? 이와 관련하여 에크하르트는 원인causa과 원인으로 산출된 것causatum 사이에 동등한 관계가 성립되는 인과관계가 있다고 주장합니다. 사변적이고 추상적인 수준에서 말하자면, 이러한 관계에서 원인은 자기보다 열등한 것을 산출하는 대신에 자기와 동등한 결과를 산출하게 된다고 말할 수 있습니다. 즉 원인 및 원인의 결과가 일방적 의존관계가 아니라 본질에 있어서 서로 동등한 관계를 갖는다는 것입니다. 이러한 관계가 바로 '일의적 인과관계' 입니다(《요한복음서 주해》, n.5/LW III, 7).

그런데 이론적으로는 그러한 관계를 생각할 수 있지만 '과연 실제로 존재하는가'라는 의문이 당연히 들 수밖에 없습니다. 에크하르트는 이 문제를 자신의 《요한복음서 주해》에서, 특히 서론부에 대한 주해에서 여러 방식으로 집중적으로 논의합니다. 그는 이러한 관계를 그리스도교의 원상*exemplar*과 모상*imago* 관계에서 전형적으로 발견할 수 있다고 봅니다. 물론 자신의 철학적 기획에 따라 이러한 관계를 신적인 것을 넘어 자연적인 것, 인간이 산출한 것에서도 발견할 수 있고 같은 모델에 따라 설명할 수 있다고 생각합니다. 이 관계를 살펴보도록 하겠습니다.

모상이란 원상으로부터 원상에 따라 생겨난 것으로서, 원상을 단순히 닮은 것이 아니라 원상을 있는 그대로 드러내는 것을 가리킵니다. 그리스도교에서 원상과 모상의 관계는 성부와 성자의 관계에서 가장 잘 드러납니다. 이에 대해서는 "영혼 안에서 신의 탄생"이라는 주제에 대해 말씀드릴 때 다시 설명하겠습니다. 방금 모상은 원상을 있는 그대로 드러내는 것이라고 말했습니다. 에크하르트에 따르면 원상을 있는 그대로 드러낼 수 있으려면 원상을 있는 그대로 드러내는 것으로서 모상은 자기 전체를 자기가 드러내는 자신의 원상으로부터 그리고 오직 그 원상으로부터만, 그것도 오직 원상의 방식으로 받아들여만 합니다. 마찬가지로 원상도 모상에 의해 있는 그대로 표현되기 위해서는 자기 자신을 있는 그대로 전체로서 자기의 모상에게 주어야만 합니다. 그렇지 않다면 원상을 원상으로서 드러낼 수 없기 때문입니다. 그 때문에 모상인 한에서 모상은 자신의 원상과 같은 것일 수밖에 없습니다. 모상은 자기 존재 전체가 원상으로부터 온 것이기 때문에 원상 안에 있는 것이고, 원상도 모상이 원상 전체를 소유하기 때문에 모상 안에 존재한다고 말할 수 있습니다. 따라서 원상과 모상은 하나이고 동일한 것으로 원상은 산출하는 것 모상은 산출되는 것이라는 점을 제외하고는 전적으로 하나라는 것입니다(《요한 복음서 주해》, n.23~26/LW III, 19~21).

이 관계는 아마도 여전히 이해하기 쉽지 않으시리라 생각합니다. 에크하르트는 조금 더 구체적인 예를 들어 일의성에 대해 설명합니다. 에크하르트가 즐겨 사용하는 예는 "정의*iustitia*"와 "정의로운 자*iustus*"의 관계입니다. 여기에서 말하는 정의는 윤리적·정치적 덕목으로서의 정의와는 의미가 다릅니다. 원상과 모상의 관계에서처럼 일단 형식적인 면에 초점을 맞춰 생각해봅시다. 에크하르트에 따르면 정의로운 자는 정의 때문에 정의로운 자라고 불립니다. 이것은 유비적 관계를 표현한 것으로 볼 수 있습니다. 그런데 정의로운 자는 정의로운 한에서, 즉 정의로운 '자'에게 속하는 다른 모든 요소를 추상하고 오직 '정의롭다'는 관점에서만 고찰하면 '정의' 자체와 다른 것이 아닙니다. 정의로운 한에서 정의로운 자와 정의 자체의 동일성, 즉 일의적 관계가 성립되게 됩니다. 여기에서 우리가 반드시 주목해야만 할 점이 있습니다. 앞의 원상과 모상 관계에서도 잠시 언급했지만, 이것은 데이비스 등과 같은 에크하르트 연구자들이 "……인 한에서*inquantum* ……의 원리"라고 부르는 것입니다. 위에서 우리는 정의로운 자가 모든 면에서 정의 자체와 동일하다고 말하지는 않았습니다. 그 대신 정의로운 자는 '오직 정의로운 한에서' 정의 자체라고 말했습니다. 사실 정의로운 자는 정의롭기만 할 수도 있지만 정의 외에도 다른 긍정적·부정적 요소들을 가질 수 있습니다. 그렇지만 우리가 정의로운 자를 다른 요소를 전혀 고려하지 않고 오직 정의로운 자인 한에서 고찰하면 그 안에서는 '정의롭다' 외에 다른 것이 발견되지 않을 것입니다. 그리고 이 정의로운 한에서 정의로운 자는 자신의 정의를 자기 자신으로부터 갖는 것이 아니라 자기 자신을 정의롭게 만드는 것, 즉 정의 자체로부터만 받아들이게 됩니다. 정의로운 자는 정의로운 자인 한에서 오직 정의 자체로부터 생겨난 것이며 정의 자체와 다른 것이 아닙니다(《요한복음서 주해》, n.14~22/LW III, 13~19).

여전히 이해하기 어려우실지도 모르겠습니다. 그래서인지 에크하르트도 정의와 정의로운 자의 관계를 이해하면 자기가 말하는 것 전부를 이해할 수 있을 것이라고 말했습니다(《독일어 설교 6》/DW I, 105). 그리고는 자기가 말하는 것이 너무 어려워서 사람들이 이해하지 못할 것이라는 다른 사람들의 비판을 전하면서, 만일 자기가 어려운 것을 말하고 가르치지 않는다면 어려운 것을 배우지 못한 사람들은 영영 그것을 알 기회를 갖지 못할 것이라고 스스로 변호하기도 합니다(《신적 위로의 책》/DW V, 60~61).

우리는 위에서 어떻게 신의 피조물, 즉 '신에 의해 산출된 존재인 인간이 신과 하나일 수 있는가'라는 물음을 제기했습니다. 그리스도교의 가르침에 따르면 인간이 신의 피조물임은 의심할 수 없는 사실입니다. 그러나 에크하르트에 따르면 인간은 "……인

한에서", 예를 들어 "정의로운 자인 한에서", "정의로운 자"로서, "선한 자인 한에서", "선한 자"로서 정의 자체인, 선성 자체인 신자신과 다르지 않고 하나인 존재라는 것입니다. 다시 강조해야만 하는 것은 전체로서의 인간 자체가 아니라 "……인 한에서", "……인 인간"이라는 사실입니다.

영혼의 근저

일의성 이론은 신과 신의 피조물인 인간이 동등한 관계일 수 있는 이론적 근거를 마련해줍니다. 그러나 인간은 근본적으로는 피조물입니다. 다시 말해 인간은 모든 측면에서 신과 하나일 수 있는 것이 아니라 아주 특수한 관점에서 아주 특수한 부분에서만 신과 하나일 수 있습니다. 이제 두 번째 물음은 과연 인간의 어느 부분이 신과 하나일 수 있는가입니다.

에크하르트는 이 부분을 지시하기 위해서 다양한 표현을 사용합니다. "고귀한 사람"이라 부르기도 하고 영혼론의 맥락에서 "영혼 안의 어떤 것 aliquid in anima"이라고 부르기도 했습니다. 더 유명한 표현으로 "영혼의 근저 Grund der Seele"가 있고 그 외에도 "영혼의 본질", "영혼의 존재"라는 표현을 사용했으며, "성전", "영혼의 작은 성", "영혼의 작은 불꽃" 등과 같은 비유적 표현을 사용하기도 했습니다.

이 두 번째 물음은 행복론의 맥락에서 신비적 합일을 설명하는 도중에 잠시 언급한 적이 있습니다. 그때 에크하르트는 자신이 속한 도미니크회 입장을 지지하지만 사실상 의지와 지성 중 어떤 것도 그 자체로는 신과 하나가 되는 부분이 아니라고 주장했다고 말씀드렸습니다. 이것은 영혼의 능력들이기 때문입니다. 에크하르트에 따르면 이것은 영혼의 근저와 다른 것입니다. 이에 대해서 〈독일어 설교 101〉(DW IV, 334~367)을 중심으로 설명하겠습니다. 영혼의 근저는 "영혼 안의 어떤 것"이지만 영혼의 능력은 "영혼에 속하는 것*aliquid animae*"입니다. 영혼의 능력은 '그것을 통해서 인간이 자기 외의 사물들을 인식하거나 욕구하는 것'을 가리킵니다. 이러한 것을 통해 인간은 자기 밖의 사물과 교통하게 됩니다. 즉 자기 밖의 것에 대해 인식하고 인식된 것을 자기 것으로 하기 위해서 욕구합니다.

에크하르트에 따르면 능력을 통한 활동의 가장 큰 특징은 '상 Bild(스콜라철학 용어로는 *species*)'을 통한 활동, 즉 매개Mittel를 통한 활동입니다. 상은 일종의 기호와 같은 것으로 자기와 다른 것을 지시하는 것, 대상의 표상과 같은 것입니다. 스콜라철학은 예를 들어 돌이라는 사물이 있으면 그에 대한 인식은 돌을 표상하는 상이 인식주체 안에 형성됨으로써 생겨난다고 말합니다. 이때 인식주체 안에서 형성된 돌의 '상'은 '돌' 자체가 아니며 단지 돌을 '지시'하는 것일 뿐입니다. 중요한 것은 인간이 영혼 안에 어떤 것에 대한 상이 있는 한 인간은 자기 밖에 있는 그 어떤 것을 지향하지 않을 수 없다는 것입니다. 다른 것을 지시하는 상 자체의 속성이 그렇기 때문입니다. 그 때문에 상을 '매개'로 밖에 있는 사물과 교통하는 영혼의 능력은 밖에 있는 사물과 하나가 될 수는 있어도 그 안에서 직접 '신과 하나됨'이 일어날 수는 없습니다. 에크하르트에 따르면 신과 하나됨은 신과의 직접적 관계이지 매개를 통해 일어나는 일이 아닙니다.

반면 영혼의 근저는 그로부터 영혼의 능력이 흘러나오는 원천과 같은 것이지만 영혼의 능력이 아니며 영혼 밖에 있는 사물이 아니기에 상을 통해 표상될 수 없습니다. 그 때문에 이 영혼의 근저는 사실 자연적 능력을 통해 일어나는 일상적 의식을 통해서는 접근할 수 없는, 그런 점에서 자연적 인식능력에는 "감춰진 것"이라고 말합니다. 그래서 그것이 어떤 것인지 사실상 일상 언어로는 묘사가 충분하지 않습니다. 에크하르트가 그것을 지시하기 위해서 "사막", "무"와 같은 비유를 사용하는 이유이기도 합니다.

신과 하나됨이 일어나는 영혼의 근저는 상을 매개로 인식될 수 있는 것이 아니며, 따라서 상을 통해 인식되는 피조물 중 어떤 것 *nihil*도 아닙니다. 이러한 맥락에서 에크하르트는 영혼의 근저는 피조물 중 "어떤 것과도 같지 않고", (피조물 중) "어떤 것과도 섞여 있지 않은 것"이라고 표현하기도 합니다(《요한복음서 주해》, n.318; LW III, 265~266).

영혼의 근저는 피조물 중 어떠한 것과도 같지 않기 때문에 피조물을 인식하는 방식인 상을 통한 인식이라는 관점에서 우리는 영혼의 근저에 대해 전적으로 '무지'할 수밖에 없습니다. 에크하르트의 비판자들은 우리가 영혼의 근저에 대해 전적으로 무지할 수밖에 없다는 사실을 영혼의 근저와 같은 것이 존재한다는 것 자체를 부정하는 논거로 사용할 수도 있을 것입니다. 그러나 에크하르트는 우리가 지복에 이를 수 있는 것은 분명한 사실이므로 이러한 종류의 무지는 우리에게 새로운 차원의 지식, 즉 일상적 자기에게는 숨겨져 있는 참된 자기 자신에 대한 인식으로, 그리고 궁극적으로 지복으로 이끈다는 점에서 긍정적이고 놀라운 힘을 발휘하는 무지라고 주장합니다(사실 그리스도교 신학자들은 모두 지복이 있다는 것을 부정하지 않습니다). 여기서 에크하르트는 "무지의 지"라는 소크라테스적 역설의 전통을 받아들일 뿐만 아니라 "너 자신을 알라"라는 소크라테스의 철학적 권고를 수행하고 있다고 말할 수 있습니다.

이같이 에크하르트가 영혼의 근저에 대해 한 말, 특히 영혼의 근저는 (피조물 중의) 어떤 것과도 아무런 공통점이 없다는 말은 인간이 신과 하나이기 위해서는 신과 하나인 것이 있어야만 한다는 요구에 따른 것이라 할 수 있습니다. 우리가 위에서 든 비유를 다시 사용하자면, 바다를 담기 위해서는 바다와 같은 크기의 그릇이 있어야 하듯이 그리스철학과 스콜라철학의 원리를 사용하면 "닮은 것은 닮은 것을 통해서 *simile simili*"만 알려질 수 있기 때문에 신을 받아들일 수 있으려면 신과 같은 것이 우리 안에 있어야 합니다. 에크하르트는 그런 말을 한 적이 없다고 극구 부인하지만 그가 영혼의 근저를 가리켜 "창조될 수 없고, 창조되지도 않은 것 *increabile et increatum*"이라는 그리스도교의 정통적 가르침에 입각하면 불경스러운 말을 했다고 단죄 교서는 말합니다(《주님의 밭 *In agro dominico*》, a.27/LW V, 599). 이같이 에크하르트에게서 영혼의 근저는 그 안에서 신과 하나가 되는 어떤 것이지만 사실 이미 신과 다르지 않은 것, 즉 신과 하나입니다. 영혼의 근저는 피조물 중 어떤 것과도 같지 않기 때문입니다. 그래서 에크하르트는 "영혼의 근저와 신의 근저는 하나의 근저"라고도 말합니다(《독일어 설교15〉/DW II, 253).

에크하르트의 관점에서는 영혼의 근저와 같은 것이 인간에게 있기 때문에 인간은 피조물이면서도 피조물 이상의 존재, 즉 신과 하나인 존재입니다. 에크하르트의 표현으로는 "신적인 인간 *homo divinus*"이라고 합니다. 물론 "신적인 한에서 *inquantum divinus*"라는 단서가 붙어야만 하겠습니다(《요한복음서 주해》 n.224/LW III, 187). 이제 남는 문제는 어떻게 보면 가장 중요하고 또 어려운 문제이기도 한 것인데, 과연 어떻게 우리는 일상적이고 경험적인 의식에 감춰져 있는 영혼의 근저에 도달할 수 있는가 입니다. 다시 말해 어떻게 우리는 신적인 한에서 신적인 인간이 되어 신 자신과 다르지 않은 존재가 될 수 있을 것인가라는 문제입니다. 이것이 에크하르트의 사상을 선별적으로 설명하기 위해서 우리가 제기한 세 번째 문제이기도 합니다.

초탈

에크하르트는 영혼의 근저에 이르는 길, 그래서 신과 하나가 되는 길을 'Abgeschiedenheit', 'Gelassenheit' 등의 개념으로 표현합니다. 이를 "버리고 떠나 있음"(이부현)이라고 번역하기도 하지만, 흔히 "초탈" 또는 "초연"(길희성)이라고도 번역합니다. 이 글에서는 후자의 번역을 사용하려고 합니다.

초탈에 관해 이야기하기 전에 미리 말해둘 것이 있습니다. 에크하르트는 지식 또는 이론과 실천을 구분하지 않습니다. 그는 우리가 어떤 말을 이해하기 위해서는 그 말을 실천할 수 있어야 한다고 말합니다. 예를 들어 우리가 "정신이 가난한 사람은 복되다"라는 가르침을 이해하기 위해서는, 우리 자신이 "정신이 가난한 사람이 되어야만 한다"고 말합니다(〈독일어 설교 52〉/DW II, 487). 같은 이유에서 "영혼의 근저"에 대해 알기 위해서는 우리가 실제로 영혼의 근저에 도달해야만 한다고도 말할 수 있습니다. 영혼의 근저는 상과 같은 매개를 통한 인식으로는 도달할 수 있는 것이 아니기 때문입니다.

그런데 영혼의 근저에 도달한다는 것은 신과 하나인 것에 도달한다는 것, 다시 말해 신과 하나가 됨을 의미합니다. 그러므로 '어떻게 하면 영혼의 근저에 도달할 수 있는가'라는 물음은 '어떻게 하면 우리가 신과 하나가 될 수 있는가'라는 물음과 같습니다. 그리고 사실 이 물음은 어떤 의미에서는 이미 답이 있다고 말할 수 있습니다. 첫 번째 물음, 즉 어떻게 피조물인 인간 안에 신과 하나인 것이 있을 수 있는가나 두 번째 물음, 신과 하나인 영혼 안의 어떤 것, 즉 영혼의 근저가 무엇인가에서 이미 '어떻게'라는 물음에 대한 답이 암시되어 있다고 할 수 있기 때문입니다.

신은 피조물 중 어떤 것도 아닙니다. 또한 피조물은 피조물인 한에서 신과 같지 않습니다. 그러므로 인간은 피조물인 한에서는 결코 신과 하나일 수 없습니다. 피조물을 모두 벗어버린 사람, 그런 사람만이 신과 하나인 사람, 즉 영혼의 근저에 도달한 사람이라고 말할 수 있습니다. 그런데 에크하르트에 따르면 우리 안에 이미 신과 하나인 어떤 것이 있으므로 신과 하나가 되기 위해서는, 더 정확하게는 신과 하나임을 깨닫기 위해서는 우리 안에 있는 신이 아닌 요소, 즉 피조물적 요소를 모두 "내려놓는 것 Gelassenheit", 그것과 "절연하는 것" 또는 "초탈Abgeschiedenheit"하는 것이 필요합니다. 그래서 우리가 모든 피조물에서 벗어나ledig, 그 것들로부터 자유롭게frei 되면, 피조물로서의 우리에게는 감춰져 있던 우리 안의 신적인 것이 드러나게 되어 있다고 합니다.

그렇다면 무엇이 피조물(적 요소들)일까요? 이에 대해 말하기 위해서는 먼저 신에 대해 말해야 합니다. 동어반복적으로 들리겠 지만 피조물은 신이 아닌 것이기 때문입니다. 에크하르트는 신 을 지칭하기 위한 여러 가지 표현을 사용하지만 그중 우리의 논 의와 관련해서 중요한 표현은 "하나unum"라는 것입니다(〈고귀한 사 람〉/DW V, 115; 〈라틴어 설교 XXIX〉). 스콜라철학에서 "하나"는 일 반적으로 "그 자체로 더 이상 나뉘지 않는 것indivisum in se"으로 규 정됩니다(《진리론》, q.1, a.1). 예컨대 '한' 사람인 소크라테스는 자기 정체성을 상실하지 않고서는 '소크라테스1', '소크라테스2' 등으 로 나뉠 수 없습니다. 그런데 에크하르트는 신을 가리키는 이 '하 나'라는 개념을 "구별되지 않은 것indistinctum"으로 재규정합니다. 그래서 에크하르트에 따르면 신의 본질적 규정은 '구별되지 않은 것'이 됩니다. 그러므로 이제 신과 다른 것인 피조물은 "구별된 것distinctum"으로 규정됩니다. 피조물들은 '하나'가 아니라, 즉 구 별되지 않는 것들이 아니라 서로 간에 '구별되는 것'입니다. 그래 서 피조물인 '이 존재자'는 '저 존재자'가 아닌 것, 그것과 구별되 는 것으로 이해됩니다. 이렇게 서로 구별되는 것으로서 피조물들 은 이미 자기 안에 '……이 아님'이라는 의미에서의 '다름', 즉 부 정negatio을 포함하는 존재들입니다. 더 나아가 피조물은 서로 간에 구별되는 것일 뿐만 아니라 신과도 구별되는 것입니다. 그래서 피조물들이 피조물로 남아 있는 한, 서로 간에 구별되는 것일 뿐만 아니라 신과의 관계에서도 구별과 부정을 포함하게 됩니다 《지혜서 주해》, n.144~154/LW II, 482~489;《요한복음서 주해》, n.99/LW III, 85).

피조물인 한에서 인간도 마찬가지로 이러한 구별성에 사로잡혀 있습니다. 이러한 맥락에서 '개성'이라든지 '고유성'과 같은 개념은 에크하르트에게서 부정적인 의미를 갖게 됩니다. 사실 에크하르트는 모든 사물들이 그 자체로 서로 '다르다'는 것보다는 (신 안에서) '같다'는 것이 더 놀랍다고 말하기도 합니다. 개성 또는 고유성에 대응하는 중세 독일어가 eigenschaft입니다. 이것을 현대 독일어로 그대로 Eigenschaft로 번역하기도 하지만, 크빈트Quint 는 "Ich-Bindung", 즉 "자아에 묶여 있음"으로 번역을 하기도 합니다. 인간이 피조물로 남아 있는 한 자아에 묶여 있음으로 인해 자기 자신을 이웃과 구별 짓고 더 나아가 신과 구별 짓고 거리를 두게 됩니다. 현대 사상가 에리히 프롬Erich Fromm도《소유냐 존재냐》에서 여기에 주목하고 있습니다(차경아 옮김, 2002, p.94). 에크하르트가 '하나인 신'과 '하나'가 되기 위해서 내려놓으라고 권유하는 것이 바로 이러한 '구별성', 즉 '하나가 아님' 및 이로부터 생겨나는 모든 것입니다. 바로 '구별성'을 내려놓고 절연하게 되면 '구별되지 않음'이라는 '하나', 즉 신과 '하나'가 됩니다.

이것을 에크하르트는 〈독일어 설교 52〉(DW II, 486~506)에서 "정신의 가난"이라는 개념을 통해 극적인 방식으로 설명합니다. '가난', '청빈'과 같은 주제는 에크하르트 당대에 첨예한 논쟁을 낳은 주제입니다. 《장미의 이름》이라는 소설을 통해 알려졌듯이 특히 탁발수도회인 프란체스코수도회는 복음적 가난의 정신을 실천하기 위해 수도자들이 개인뿐만 아니라 수도회 차원에서도 아무것도 소유하지 말아야 한다는 급진적 주장을 하면서 에크하르트를 단죄한 교황 요한 22세와 마찰을 빚기도 했습니다. 그런데 에크하르트는 가난의 문제를 물질적 재화의 무소유 문제로 국한하지 않고 정신적 가난으로 초점을 옮겼습니다.

"마음이 가난한 사람들은 복이 있다"는 〈마태오 복음서〉의 한 구절에 대한 주해 형식으로 진행되는 이 강론에서 에크하르트는 물질적인 것의 무소유를 말하는 외적 가난과 구분하여 "정신(마음)의 가난"을 "아무것도 의욕하지 않고Nichts wollen, 아무것도 알지 않고Nichts wissen, 아무것도 갖지 않는 것Nichts haben"이라고 주장했습니다. 이 강론에서 말하는 가난의 핵심은 '나'와 '나 아닌 것' 사이의 구별이나 '나'와 '신' 사이의 구별을 갖지 않는 것, 즉 구별성의 지양에 있습니다. 신을 믿는 사람들은 흔히 자기 뜻을 관철하는 대신 신의 의지를 따르고 충족시키는 것이 올바른 의지의 지향이라고 생각합니다. 그런데 에크하르트는 신의 의지를 충족시키려는 '의지'를 갖는 사람은 여전히 정신적으로 가난한 사람이 아니라고 말합니다. 이것은 여전히 신을 자기 밖에 두고 자기와 다른 존재로 여기는 태도라는 것입니다. 인식의 경우에도 마찬가지입니다. 인식이 만일 타자를 인식 내용으로 갖는다면 그러한 인식은 구별을 포함하는 것이고 그러한 방식으로 신을 인식하는 것은 신과의 다름을 전제하는 것이라고 합니다. 그러므로 정신이 가난한 사람은 신에 대해서도 자기 자신에 대해서도 아무것도 모르는 모든 '자기'의 앎에서 벗어난 사람이라고 말합니다. 더 나아가 에크하르트는 자기 자신 안에 신이 작용할 수 있는 자리를 찾는 마음이 자기 자신에게 여전히 남아 있다면 그러한 사람은 정신적으로 가난한 사람이 아니라고 선언합니다. 신이 작용할 수 있는 자리가 '자기(자아)' 안에 있는 어떤 것이라면, 그 자리는 신과 다른 것이고 그러한 것을 소유하는 한 전적으로 가난하지 않다는 것입니다. 그러므로 신이 있는 자리가 바로 신 자신일 수 있도록 완전하게 자기를 비워야만 모든 구분이 지양되고 신과 하나가 될 수 있다는 것입니다(Flasch, In G. Steer & L. Sturlese(hg.), 1998, pp.182~199).

정신의 가난에 대한 에크하르트의 강론은 더욱 파격적인 주장을 함축합니다. 피조물을 창조한 신, 즉 피조물의 원인으로서의 '신'은 신 자신이 아니라 "피조물 안에 있는 신"으로서 "피조물과의 다름", 즉 부정을 포함하는 신이기 때문에 "있는 그대로의 신"이 아니라고 합니다. 그래서 우리가 있는 그대로의 신과 하나가 되기 위해서는 피조물의 원인으로서의 신으로부터도 벗어나야 한다고 말합니다. 그래야만 있는 그대로 그 자신 안에 있는 신, 그 안에 있는 모든 것이 신 자신이고 어떠한 구분도 포함하지 않는 신과 하나가 될 수 있다는 것입니다.

이렇게 추상적이고 사변적인 방식으로 설명되는 초탈은 스콜라 철학에서 중요시하는 구체적 덕목으로도 표현할 수 있습니다. 앞에서 우리는 일의성을 설명하면서 정의와 정의로운 자의 관계에 대해 언급했습니다. 에크하르트는 자기 자신의 의지를 갖지 않고 좋은 것이든 나쁜 것이든 모든 것을 "똑같이" 받아들이는 사람을 정의로운 사람이라고 말합니다. 이러한 의미에서 정의로운 사람은 정의로운 한에서 정의 자체, 즉 신 자신과 다르지 않고 하나인 존재입니다(〈독일어 설교 6〉/DW I, 102~106). 자기 의지를 전혀 갖지 않는, 자기의 것을 전혀 갖지 않는 사람은 자기를 한없이 낮추는 사람 즉 겸손한 사람이기도 합니다. 그래서 에크하르트에 따르면 겸손humilitas이야말로 신과 하나가 되도록 만드는 가장 중요한 덕목 중 하나입니다. 이러한 맥락에서 에크하르트는 사람을 뜻하는 라틴어 homo가 겸손의 어원인 바닥을 뜻하는 humus라는 말에서 온 것으로 설명하기도 합니다(〈고귀한 사람〉/DW V, 115). 자기를 더 이상 낮출 수 없는 바닥으로까지 "낮추게 되면" "위로부터" 신 자신인 바의 모든 것이 내려오게 되고 그래서 그러한 자기 자신을 신이 채우게 된다는 것입니다(〈독일어 설교 4〉/DW I, 73~74).

영혼 안에서 신의 탄생

지금까지 우리는 에크하르트에게서 신과의 신비적 합일이라는 주제를 세 가지 관점에서 살펴보았습니다. 이 세 가지 관점이 에크하르트의 "영혼 안에서 신의 탄생Gottes Geburt in der Seele" 또는 더 자세하게 "영혼 안에서 신의 아들의 탄생"이라는 개념에 종합되어 표현됩니다. 다른 것들로부터 그리고 신으로부터 자기 자신을 구별하게 만드는 자기 고유성을 모두 내려놓고 자유롭게 되면 인간은 자기 자신 안에 깊이 감춰진 영혼의 근저에 이르게 되고 그때 영혼의 근저에서 신의 아들이 탄생하게 된다는 것이 이 개념의 요지입니다. 에크하르트는 이를 신이 영혼의 근저에 자기 자신의 아들을 낳는다고 표현하기도 합니다.

우리는 지금까지 신과의 합일이라는 주제에 관해 얘기해왔습니다. 그런데 왜 신이 자신의 아들을 낳는다고 말할까요? 이것을 이해하기 위해서는 정의와 정의로운 자의 관계에 관해 말하다가 자세한 설명을 뒤로 미룬 그리스도교의 가르침, 삼위일체론을 거론하지 않을 수 없습니다. 그리스도교의 삼위三位, 즉 세 위격 *persona*이란 성부聖父, *Deus-Pater*, 성자聖子, *Deus-Filius* 그리고 성령聖靈, *Spiritus Sanctus*을 가리킵니다. 그런데 그리스도교의 가르침에 따르면 이 세 위격은 실체에 있어서 서로 다른 세 신神, *Deus*을 가리키는 것이 아닙니다. 성부와 성자 그리고 성령은 서로 다른 세 위격(삼위)이지만, 즉 위격에 있어서 서로 구분되지만 실체는 하나(일체)라는 것입니다. 이것은 '논리적으로' 납득하기 어려운 주장처럼 들립니다. 그래서 적지 않은 그리스도교 신학자들은 삼위일체는 '오직 믿어질 뿐'이고 믿음을 바탕으로 한 개연적 설명은 주어질 수는 있어도 '증명'될 수는 없다고 말합니다. 그런데 위에서 말한 것처럼 에크하르트는 안셀무스의 전통을 따라서 삼위일체에 대해서도 "자연적 논거"를 제공할 수 있다는 입장을 취합니다.

일의적 인과관계, 즉 자기 자신과 동등한 것을 낳는 인과관계가 바로 여기에 전형적으로 적용됩니다. 이 관계에서 '아버지(성부)'가 '아들(성자)'을 낳는데, 아들을 "낳는" 아버지와 아버지로부터 "태어난" 아들은 '낳음–낳아짐 / 태어남'의 관계를 갖기 때문에 서로 구분됩니다. 하지만 자신으로부터 아들을 낳는 아버지는 '하나'로서 나뉠 수 없는 존재이기 때문에 자기 자신 전체를 아들에게 주고, 그러한 아버지로부터 태어나는 아들은 전체로서의 자기 자신을 전체로서의 아버지로부터 받아들이기 때문에 아버지와 아들은 본질에 있어서 '하나'이고 서로가 서로 안에 있게 됩니다. 이것이 "영원 속에서의" 신의 아들의 탄생입니다. 이 관계는 위에서 일의성과 관련하여 살펴본《요한복음서 주해》, 특히 서론 부분의 주해에서 설명되었습니다.

그런데 에크하르트는 이러한 관계를 영혼의 근저에 이른 한에서 인간영혼에까지 확대 적용합니다. 즉 모든 피조물로부터 자기 자신으로부터도 자유롭게 된, 그래서 신과 하나인 영혼의 근저에 '아버지(성부)'가 자신의 '아들(성자)'을 낳는다는 것입니다. 에크하르트에 따르면 아버지가 영혼의 근저에 아들을 낳을 때 영원 안에서 아버지가 아들을 낳는 방식과 동일한 방식으로 낳습니다. 즉 어떤 것과도 같지 않은 신적 존재는 피조물 중 어떤 것과도 같지 않은 영혼의 근저와 같으므로 아버지는 영혼의 근저를 자기의 아들로, 그것도 (영원에서 탄생한 아들과) 동일한 아들로 낳게 됩니다. 그런데 아버지가 아들을 낳을 때 탄생한 아들은 아버지와 동일한 존재이기 때문에 아버지는 영혼의 근저에서 아들을 자기 자신으로서 낳게 됩니다. 이제 '나' 자신이 영혼의 근저에 이르렀다고 생각해봅시다. 그렇다면 아버지(성부)는 영혼의 근저에 이른 '나'를 자신의 아들로서, 자기 자신으로서, 더 나아가 자기 자신을 '나'로서 낳는다고 말할 수 있습니다(《독일어 설교 6》/DW I, 108~110). 이처럼 에크하르트에 따르면 아버지 신은 신적 본성의 통일성을 완전하게 유지하면서 자신의 아들을 낳으며, 이와 똑같은 방식으로 영혼의 근저에 자신의 아들을 낳고 영혼과 하나가 된다고 합니다. 결국 영혼의 근저 안에서 신의 아들이 탄생한다는 것은 영혼의 근저가 신과 하나가 된다는 말과 같습니다.

이것이 에크하르트가 여러 곳(특히 〈독일어 설교〉 101~104)에서 다양한 변주를 통해 표현하는 "영혼 안에서 신의 탄생"이라는 사상입니다. 이처럼 이 개념 속에는 우리가 살펴본 에크하르트의 주요 주제들이 그리스도교의 삼위일체론과 결합되어 나타나고 있습니다.

지금까지 우리는 에크하르트의 사상을 특징짓는 주제들을 행복론의 맥락에서 선별해 간략하게 살펴보았습니다. 우리가 살펴본 주제들은 일의성, 영혼의 근저, 초탈 및 영혼 안에서 신의 탄생이었습니다. 이 주제들에 표현된 에크하르트의 사상을 인간은 피조물이면서 동시에 피조물 이상의 존재이고, 심지어 영혼의 근저에 있어서 신과 다르지 않은 신과 하나라는 주장으로 요약할 수 있습니다. 영혼의 근저에서 신과 다르지 않은 나, 그런 '나가 나를 아는 것'은 '신이 자기를 아는 것'과 다르지 않을 것입니다. 그러나 일상 속에서 우리는 이것을 모르고 살아갑니다. 그러므로 진정한 의미에서 우리 자신이 누구인지 알고 깨닫는 것은 과제로 남아 있습니다. 그런 의미에서 에크하르트는 '너 자신을 알라'는 서양철학의 오래된 과제를 그리스도교철학을 통해 실행하고 있다고 할 수 있습니다.

이 글에 쓰인 인용문헌

부크하르트 모이지쉬, 이상섭 옮김, 《마이스터 에크하르트: 유비, 일의성 그리고 단일성》, 서강대학교 출판부, 2010.

에리히 프롬, 차경아 옮김, 《소유냐 존재냐》, 까치, 2020.

올리버 데이비스, 이창훈 옮김, 《신비신학자 마이스터 에크하르트》, 분도출판사, 2010.

Flasch, K., "Zu Predigt 52: Beati pauperes spiritu," In G. Steer & L. Sturlese (hg.), *Lectura Eckhardi I. Predigten Meister Eckharts von Fachgelehrten gelesen und gedeutet*, Stuttgart, 1998, pp.163~199.

Sturlese, L., *homo divinus. Philosophische Projekte in Deutschland zwischen Meister Eckhart und Heinrich Seuse*, Stuttgart, 2007.

마
이
스
터
에
크
하
르
트

———

◆◆◆

더 읽어보면
좋은 책

마이스터 에크하르트, 이부현 편집 & 옮김, 《마이스터 에크하르트 선집》, 누멘, 2009.

크빈트 J. Quint가 편집하고 현대 독일어로 번역한 에크하르트의 라틴어 저작과 독일어 저작 중에서 가장 널리 알려진 작품을 선별하여 한국어로 옮긴 책이다. 에크하르트에 입문하기 위해 읽어야 할 가장 기본적인 작품들이 수록되어 있다.

길희성, 《마이스터 에크하르트의 영성 사상》, 분도출판사, 2003.

국내에서 단행본으로 출판된 에크하르트에 대한 몇 안 되는 연구서이다. 에크하르트 사상의 전반에 관해, 특히 선불교와 비교철학적 관점에서 조명한다. 에크하르트 사상에 대한 전반적인 입문서로서 동양사상과 비교해서 에크하르트를 알고자 하는 독자들에게 유용하다.

부크하르트 모이지쉬, 이상섭 옮김, 《마이스터 에크하르트: 유비, 일의성 그리고 단일성》, 서강대학교출판부, 2010.

에크하르트의 사상을 일의성과 단일성 개념에 초점을 맞추어 기술한 전문 연구서이다. 특히 에크하르트의 《파리 토론문제집》의 중요성을 강조하고 있다. 저자의 교수자격 논문을 번역한 것으로 사변적인 글이라 입문자에게는 읽기 어려울 것으로 짐작되지만 깊은 수준의 지식을 얻으려는 독자에게 추천할 만하다. https://plato.

◆◆◆

stanford.edu/entries/meister-eckhart/에 압축적으로 요약되어
있다.

올리버 데이비스, 이창훈 옮김, 《신비신학자 마이스터 에크하르트》,
분도출판사, 2010.

영어권에서 나온 연구서 중에서 한국어로 번역된 책이다. 에크하
르트의 신비사상을 형성한 다양한 신학적·철학적 전통을 이해하
는 데 도움이 된다.

쿠르트 플라쉬, 조규홍 옮김, 《마이스터 에크하르트: 아랍철학 사상
에 기초하여 살펴본 "독일 신비주의"의 기원》, 대구가톨릭대학교출
판부, 2016.

플라쉬는 중세철학 전문가이면서 비전문 독자들도 쉽게 접근할 수
있도록 내용을 전달하는 능력이 탁월한 학자이다. 에크하르트의
철학을 성립시키는 데 기여한 여러 철학 사조 중에서 특히 아베로
에스와 같은 아랍철학의 사상적 근원에 깊이 천착한 책이다.
필자는 이 글의 연장에서 에크하르트 행복론의 중세철학사적 맥락
과 철학적 귀결에 대해 살펴보았다(〈지복 직관, 누구의 것인가?: 마이
스터 에크하르트의 〈독일어 강론 52〉를 읽는 하나의 관점〉, 《중세철학》,
24, 2018, pp.107~138). 이 글의 심화 또는 보완된 내용 및 관련 문
헌의 정보에 관심이 있는 독자가 참고할 만하다.

존 둔스 스코투스,
스콜라철학의 칸트

—

한상연

존 둔스 스코투스
John Duns Scotus(1266?~1308)

존 둔스 스코투스는 철학자이자 신학자로 전성기 스콜라철학의 주요 사상가 중 하나이다. 스코투스라는 이름 때문에 스코틀랜드 출신이라고 알려졌지만 실제로 그런지는 확실하지 않다. 스코투스는 프란체스코수도회의 전통을 따라 자유로운 역량으로서의 의지를 강조한다. 주 저서로 페트루스 롬바르두스의 사상을 주해하는 세 가지의《명제논집주해》, 형이상학적 공리들의 체계를 통해 최초의 작용인이자 궁극적 목적인으로서 신이 존재함을 논증한《제일원리설》등이 있다. '정묘한 박사', '스콜라철학의 칸트' 같은 별칭이 있을 정도로 섬세하고도 예리한 논증으로 정평이 나 있다. 간혹 유명론자로 소개하는 경우가 있으나 맞는 말은 아니다. 스코투스의 입장은 보편자의 존재를 인정하되 오직 개별자 안에 개별화된 보편자만이 존재함을 역설한 수정된 실재론이다. 다만 스코투스의 사상이 오컴을 대표자로 삼는 유명론의 형성에 큰 영향을 끼친 것은 사실이다. 스코투스는 이븐 시나(아비센나)의 입장을 따라 형이상학은 신을 직접적 탐구의 대상으로 삼을 수 없음을 역설한다. 형이상학은 '존재를 존재로서' 다루는 학문이며, 형이상학이 신에 관해 논할 수 있는 것 역시 신이 존재자이기 때문이다. 바로 이러한 관점이 스코투스의 '존재의 일의성一義性' 이론의 출발점이다.

둔스 스코투스, 존재의 의미를 묻다

둔스 스코투스는 보나벤투라, 아퀴나스, 오컴과 더불어 전성기 스콜라철학의 4대 철학자 가운데 한 사람으로 꼽힙니다. 그가 언제 태어났는지는 불확실합니다. 대다수 연구자들은 스코투스가 태어난 해를 1265년이나 1266년일 것이라고 추정하죠. 그가 죽은 해가 1308년이니 스코투스의 생애는 별로 길지 않았습니다.

스코투스의 출생지도 불확실해요. 사람들은 보통 스코투스가 스코틀랜드에서 태어났을 것으로 생각합니다. 백과사전을 봐도 스코투스의 출생지는 스코틀랜드로 표기되어 있죠. 그건 스코투스라는 이름 때문입니다. 스코투스는 스코틀랜드 태생을 뜻하는 이름이거든요. 그래서 스코투스라는 이름을 지닌 사람은 다 스코틀랜드 태생일 것이라고 단정해버린 겁니다. 하지만 당시 스코투스라는 이름은 아일랜드나 잉글랜드 북부 같은 다른 지역 출신 사람들에게도 주어졌다고 해요.

스코투스는 '정묘한 박사doctor subtilis'라는 별명으로 불리곤 합니다. 그의 학문적 논의 방식이 말 그대로 매우 정묘했기 때문에 생긴 별명이죠. 그 때문일까요? 스코투스의 철학은 공부하기가 몹시 까다로워요.

이름난 철학자들은 대개 일관된 사상 체계를 지니고 있게 마련이죠. 그 때문에 아무리 어렵고 심오한 철학이라도 자꾸 공부하다보면 나름대로 체계적 지식이 형성됩니다. 하지만 스코투스의 철학에서는 일관된 체계를 발견하기가 어려워요. 심지어 스코투스 자신의 논의들이 서로 모순이 되는 경우도 드물지 않답니다.

하지만 그렇다고 해서 스코투스가 별로 대수롭지 않은 철학자였다고 여겨서는 안 됩니다.

사실 스코투스처럼 섬세하게 사고하는 사람은 학문적 체계를 쉽게 세우지 못해요. 학문적 체계를 세우려면 이런저런 주요 개념들을 자신이 확실히 이해하고 있다는 신념이 필요합니다. 그런데 사고가 섬세한 사람은 보통 사람이라면 주의를 기울이지 않을 세세한 문제에 주목하면서 자신의 신념을 자꾸 의문시하게 되죠. 그래서 이전에는 나름대로 확신하고 서술했던 이야기들을 스스로 뒤집는 결과도 종종 생겨나요.

스코투스의 철학을 올바르게 이해하려면 그가 매우 섬세하게 사고하는 철학자였다는 사실을 염두에 두어야 합니다. 그래야 그의 정묘한 철학을 도식적 체계에 가두지 않게 되죠.

스코투스를 공부하다보면 종종 스코투스가 토마스 아퀴나스의 신랄한 비평가였다는 이야기를 보게 돼요. 아퀴나스는 도미니크수도회 소속이었고 스코투스는 프란체스코수도회 소속이었죠. 대체로 도미티크수도회에 소속된 철학자들은 주지주의적 성향을 보이고 프란체스코수도회에 소속된 철학자들은 주의주의적 성향을 보여요. 이건 아퀴나스와 스코투스에게도 통해요. 아퀴나스는 지성을 강조한 반면 스코투스는 의지를 강조한다는 뜻입니다. 그러니 사실 스코투스는 아퀴나스에 대해 비판적일 수밖에 없었죠.

그러나 그렇다고 해서 스코투스와 아퀴나스가 서로 대립적이기만 했다는 식으로 생각하면 좀 곤란합니다. 실은 그 반대죠. 스코투스는 아퀴나스 사상의 훌륭한 점들을 수용하는 데 결코 인색하지 않았습니다. 다만 그는 특유의 섬세한 논의를 통해 아퀴나스가 미처 보지 못한 부분들을 밝히려 했을 뿐이죠.

사상과 철학이란 참 묘한 것이어서 때로는 아주 작은 입장 차이가 정반대의 철학적 관점으로 이어지기도 합니다. 서로 대립하는 철학들이 세부적인 면에서는 굉장히 많은 유사성을 보일 수도 있다는 거예요. 그러니 섣불리 아퀴나스와 스코투스의 차이만 강조하기보다는 도리어 둘 사이의 공통점이나 유사점에 먼저 주의를 기울이는 것이 더 좋을 것입니다. 그런 뒤에야 둘의 입장이 어떤 부분에서 왜 갈라지는지 구체적으로 헤아릴 수 있죠.

존재의 일의성 물음이 필요한 이유

20세기 최대의 철학자 하이데거는 둔스 스코투스에 관한 교수자격 논문에서 스콜라철학의 진정한 혁신자는 토마스 아퀴나스가 아니라 둔스 스코투스라고 밝힙니다. 하이데거가 주목한 건 존재의 의미를 밝히는 스코투스 특유의 방식이었습니다. 스코투스에 따르면 모든 존재자의 존재를 관통하는 존재의 의미가 하나 있어야 합니다. 다른 말로 스코투스는 존재의 일의성—義性에 관해 물었습니다.

철학을 공부해보지 않은 사람에게는 이런 말이 너무 이상하게 들릴 거예요. 사실 존재란 '있음'을 뜻하는 말입니다. 존재자는 무언가 '있는 것'을 뜻하는 말이고요. 상식적으로 생각해보면 '있음'이란 결국 꽃이나 스마트폰, 사람이나 늑대처럼 어떤 '있는 것'의 '있음'일 수밖에 없죠. 그런데 있으면 그냥 있는 거지 모든 있는 것의 있음을 드러낼 수 있는 어떤 있음의 의미를 묻다니 이보다 더 황당한 일이 또 있을까요?

그런데 가만히 생각해보면 문제가 그렇게 간단하지만은 않습니다. 우리는 '있음'이라는 말로 정말 많은 것들을 지칭하죠. 사물도 있지만 평화나 사랑도 있고 사실이 있는가 하면 개념도 있습니다. 어디 그뿐인가요? 위기도 있고 안정도 있으며 심지어 꿈도 희망도 절망도 미래도 현재도 과거도 다 '있는' 것입니다. 그런데 이런 모든 것들이 늘 똑같은 뜻으로 '있는' 것은 아니죠. 꽃의 있음과 평화의 있음은 같지 않고 꿈의 있음과 미래의 있음 역시 같지 않아요. 결국 '있음'이라는 말의 의미는 굉장히 애매하고 모호한 셈입니다. 누구나 '있음'의 의미를 알고 있다고 생각하지만 실제로는 '있음' 만큼 그 의미가 불확실한 말도 찾기 어려운 거예요.

중세 신학자들에게 존재의 의미에 대한 물음은 정말 중요한 문제였어요. 그건 신학이란 신에 대한 물음에서 출발하는 것이기 때문이죠. 신에 대해 묻는 것이 학문적으로 타당하려면 당연히 신이 존재한다는 것이 전제되어야 합니다. 그런데 신이 대체 어떤 방식으로 존재한다는 것인지 밝혀지지 않으면 신학은 아예 길을 잃어버리고 말겠죠. 신의 존재가 신학의 근본 전제인데 그 근본 전제의 의미마저 불확실하면 신학은 도무지 아무런 학문적 타당성도 지닐 수 없다는 겁니다.

신이 있으면 있는 거고 없으면 없는 거지 신이 어떤 방식으로 존재하는지 물을 필요가 뭐냐고요? 이렇게 한번 생각해보죠. 우리는 '있음'의 의미를 이런저런 사물들을 감각적으로 경험하면서 배웁니다. 꽃을 보고 꽃이 있음을 알게 되고 노래를 들으며 소리가 있음을 알게 되며 손으로 만지며 돌처럼 딱딱하거나 풀잎처럼 보들보들한 것이 있음을 알게 되죠. 그런데 감각적 경험을 통해 알려진 모든 것은 특정한 시간 특정한 공간 속에서만 있을 수 있어요. 한마디로 그러한 것은 시공의 제약을 받으며 있는 것이고 그런 점에서 유한한 것이죠. 하지만 신은 그렇게 있지 않아요. 신이 아예 존재하지 않는다고 믿는 사람에게는 이런 생각 자체가 공허하게 느껴지겠죠. 하지만 대다수 중세 사람들은 신이 있다는 것을 추호도 의심하지 않았어요. 그들은 신이 시공을 초월해서 존재한다고 믿었죠. 신은 무한자이기에 시간과 공간의 제약을 받지 않는다는 거죠.

언뜻 생각해보면 '신이 무한자로서 시공을 초월해서 존재한다'는 것만으로 신이 어떤 방식으로 존재하는지 다 설명된 것처럼 여겨지기 쉬워요. 이런 경우 우리는 존재에 두 가지 상이한 의미를 부여하는 것으로 만족하는 셈이죠. 즉 '무한자로서 시공을 초월해서 존재함'과 '유한자로서 시공의 제약을 받으며 존재함'이 그것입니다. 시공을 초월해서 존재함과 시공의 제약을 받으며 존재함은 결코 같은 것일 수 없어요. 똑같이 존재라는 말을 사용하기는 하지만 신의 존재와 인간의 존재는 서로 다른 의미를 지닌다는 뜻입니다.

아마 단순한 신앙인이라면 시공을 초월하는 무한자로서 신이 존재한다는 것을 믿는 것만으로 충분히 만족할 수 있을 거예요. 하지만 신학자는 그렇지 않습니다. 신학자는 믿음이 아니라 지식을 추구하니까요.

당연한 말이지만 신학자도 다른 사람과 마찬가지로 유한자입니다. 신학자 또한 있음의 의미를 유한한 사물을 감각적으로 경험하면서 알게 된다는 뜻입니다. 그렇다면 그는 '무한자로서 존재함'이 대체 무엇을 뜻하는지 어떻게 알 수 있을까요?

고대 말기 신플라톤주의자 플로티노스와 신플라톤주의의 영향을 많이 받은 아우구스티누스 이래로 대다수 중세 신학자들은 신이란 인간이 온전히 헤아릴 수 없는 존재라고 생각했어요. 예컨대 인간은 신의 무한성이 무엇을 뜻하는지 알 수 없어요. 다만 신은 인간과 전적으로 다르게 존재하는 분이기에 인간처럼 유한자로 존재하지 않는다는 것만은 확실하죠. 인간의 유한성을 부정해서 신의 무한성이라는 관념이 얻어졌을 뿐 신의 무한성이 구체적으로 무슨 의미인지 인간은 원래 알지 못한다는 식입니다.

자, 그렇다면 신학이 어떻게 성립할 수 있을까요? 인간은 원래 유한자라 신의 존재를 헤아리지 못한다니 말입니다. 신의 존재가 어떤 의미를 지니는지 밝혀져야 신학이 하나의 학문으로 성립할 수 있지 않을까요?

아퀴나스가 이러한 문제를 해결하는 방식은 '유비'라는 개념의 도입이었어요. 유한한 존재에 대한 이해를 바탕으로 신의 존재와 본성에 관해 유비적으로 논하면 된다는 거죠. 이런 방식은 신앙과 신학을 적당하게 절충하는 방식이라고 볼 수 있어요. 무한자인 신에 대해 유한자인 인간이 절대적으로 타당한 지식을 획득할 수 있다는 것을 전제하면 신앙은 불필요한 사족처럼 되기 쉽죠. 이미 아는 것을 새삼 믿을 필요는 없으니까요. 신앙이 무력화되는 것을 막으려고 아퀴나스는 일단 신앙에 절대적 우선권을 주죠. 그리고는 신앙의 정당성을 합리적으로 밝혀줄 수 있는 수단으로 신에 관한 이성적 탐구인 신학이 필요함을 역설합니다. 신의 존재와 본성이 대체 무엇을 뜻하는지 확실하게 파악할 가능성은 없을지라도, 아무튼 유한한 자신의 존재와 본성과의 유비를 통해서라도 인간은 신에 대해 헤아리기를 게을리해서는 안 된다는 거죠. 이성의 한계를 넘어서는 무한자이자 절대자로서 신이 존재함을 굳건하게 믿는 것이 으뜸이기는 하지만 그래도 사는 동안 인간은 최대한 지혜를 짜내서 신에 대해 성찰하고 묵상해야 한다는 거예요.

스코투스는 이러한 방식에 만족할 수 없었어요. 그에 따르면 유비라는 개념은 신학에 학문적 정당성을 부여하는 데 충분하지 못합니다. 사실 스코투스의 입장은 논리적으로 타당해요. 유비에 바탕을 둔 추론은 학문의 근본이 될 만큼 충분히 엄밀할 수 없으니까요.

어떤 사람이 다음과 같이 말한다고 상상해보세요. "이 스마트폰은 정말 나빠. 툭 하면 먹통이 된단 말이야. 그런데 나쁜 사람은 누구나 벌을 받아야 하지. 그러니 이 스마트폰도 벌을 받아야 해." 만약 누군가 '나쁜' 스마트폰은 '나쁜' 사람과 마찬가지로 벌을 받아야 한다고 진지하게 생각한다면, 그리고 실제로 스마트폰에 벌을 주려는 목적으로 땅바닥에 내동댕이친다면 그는 정말 어리석은 사람이죠. 그는 스마트폰의 '나쁨'은 '제 기능을 발휘하지 못함'을 뜻할 뿐 사람의 '나쁨'처럼 '도덕적으로 흠결이 있음'을 뜻하지 않는다는 사실을 깨닫지 못합니다. 다른 말로 자신이 인간과 기계를 유비했을 뿐이라는 사실을 모르는 거죠.

지혜로운 사람이라면 '나쁨'이라는 말에 얽힌 이런 혼란 정도는 금방 없애버릴 수 있어요. 그가 해야 할 유일한 일은 '제 기능을 발휘하지 못함'이라는 뜻의 '나쁨'과 '도덕적으로 흠결이 있음'이라는 뜻의 나쁨을 구별하는 일뿐입니다. 그런데 신에 대한 유비에서는 이런 해결이 근본적으로 불가능해요. 적어도 신에 대해 인간이 유비적 지식만 지닐 수 있다고 전제하는 한에서는 그렇죠. 신에 대한 어떤 지식도 다 정확하지 못하니까요.

스코투스가 존재의 일의성에 대한 물음을 던진 것은 바로 이런 이유 때문입니다. 그는 신학을 하나의 엄밀한 학문으로서 바로 세우기를 원했죠. 그런데 인간의 존재와 신의 존재를 이어줄 어떤 공통되고 일관된 의미도 없다는 것이 당연시되는 경우, 유비라는 말은 엄밀한 학문으로서 신학을 세우는 데 아무짝에도 쓸모가 없습니다. 학문은 정확한 지식을 요구하는 데 정작 유비는 정확한 지식의 근거가 되지 못하죠.

스코투스는 신학이 성립하려면 신과 다른 모든 존재자들에게 공통으로 통용될 수 있는 존재의 의미가 있음이 밝혀져야 한다고 여겼죠. 그렇지 않으면 신학은 학문으로 성립할 수 없다는 거예요. 존재의 일의성에 대한 물음이 필요한 이유가 바로 여기 있습니다. 그건 신에 대한 형이상학적 학문으로서 신학을 세우는 데꼭 필요한 물음이었어요.

존재를 존재로서 묻기

스코투스와 아퀴나스의 차이를 너무 크게 생각할 필요는 없습니다. 존재의 일의성 물음을 던졌다고 해서 스코투스가 아퀴나스의 유비 개념을 받아들이지 않았다고 여겨서는 곤란해요. 스코투스 역시 인간의 존재와 신의 존재가 다르다는 것을 인정했죠. 스코투스는 유비가 신에 관해 논하는 정당한 방식 가운데 하나임을 부정하지 않았습니다. 다만 그는 유비만으로는 충분하지 않다고 생각했을 뿐이죠.

존재에 대한 물음을 던짐에 있어서 아퀴나스와 스코투스 사이에는 미묘하지만 결정적인 차이가 하나 있어요. 그건 형이상학에 대한 이해에서 양자가 보이는 차이이기도 합니다.

아퀴나스는 형이상학을 존재에 대한 학문이라고 주장합니다. 그런데 아퀴나스에게 '존재에 대한 학문'이라는 말은 '신에 대한 학문'이라는 말과 같아요. 오직 신만이 완전하고 충만한 존재일 뿐 나머지 모든 존재자들은 저마다의 본성에 걸맞은 존재의 부분만을 가질 뿐이라는 거죠. 거칠게 말해 이러한 생각은 존재를 신의 완전성 및 절대성과 동일시하는 관점을 표현합니다. 오직 완전하고 절대적인 존재만이 참된 존재이기에 존재란 그 본래적 의미에서는 신을 지칭하는 말이라는 식이죠.

스코투스 역시 신이 가장 완전하고 충만한 존재임을 부정하지는 않습니다. 하지만 스코투스는 존재를 이런 식으로만 이해해서는 안 된다고 생각했어요. 인간은 신과 달리 완전하고 충만한 존재가 되지 못합니다. 그 때문에 인간이 완전하고 충만한 존재 자체를 학문적 탐구의 대상으로 삼는 일은 가능하지 않아요. 그러니 만약 존재를 신과 동일시해버리면 형이상학은 탐구의 대상조차 지니지 못하는 기이한 학문으로 전락해버리고 마는 셈이죠.

스코투스에 따르면 형이상학은 '존재를 존재로서' 다루는 학문이어야 해요. 존재의 학문인 형이상학이 신에 대해 논할 수 있는 것은 신 역시 하나의 존재자이기 때문입니다. 앞서 보았듯이 스코투스는 완전하든 불완전하든 아무튼 모든 존재자에게 공통된 존재의 의미가 인간에게 이미 알려져 있거나 알려질 수 있어야 한다고 생각했어요. 스코투스의 관점에서 보면 오직 이런 경우에만 우리는 '존재를 존재로서' 다룰 수 있고 신의 존재에 관해서도 유의미하게 논할 수 있죠.

이러한 생각은 원래 서양에서는 보통 아비센나라고 부르는 이븐 시나라는 아랍 철학자로부터 유래했죠. 이븐 시나에 따르면 어떤 학문도 인위적으로 탐구 대상이 존재하도록 할 수는 없어요. 예를 들어 식물학의 탐구 대상은 이미 식물로서 존재하는 것이지 식물학에 의해 비로소 존재하게 된 것은 아니죠. 식물학은 이미 주어진 탐구 대상으로서의 식물을 탐구해서 식물에 대한 이런저런 관념을 만들어내게 된다는 겁니다. 그런데 만약 형이상학의 탐구대상이 신이라면 형이상학은 아무 탐구 대상도 없이 탐구 대상에 대한 이런저런 관념들을 억지로 만들어낸 뒤 이러한 인위적 관념들을 추론의 근거로 삼아야 하죠. 신은 식물과 달리 탐구 대상으로 주어져 있을 수 없으니까요. 이븐 시나에 따르면 어떤 완전한 존재인 신이 실제로 존재한다는 것은 형이상학적 추론을 통해 증명될 수 있어요. 하지만 신에 대한 본격적인 추론은 오직 모든 존재에 공통된 존재의 의미가 있는 경우에만 유의미하게 전개될 수 있죠. 신까지 포함해 모든 존재에 공통된 존재의 의미가 있다면 우리는 존재에 대한 구체적 경험과 이해를 근거로 신에 대해 논할 수 있게 되니까요. 즉 형이상학은 '존재를 존재로서' 묻는 한에서만 신에 대해서도 정당하게 말할 수 있습니다.

스코투스 역시 이븐 시나를 따라 형이상학은 '존재를 존재로서' 물어야 한다고 생각했어요. 물론 그렇다고 신이 특별하지 않다는 것은 아닙니다. 신은 분명 탁월하고 완전한 존재라는 점에서 형이상학의 가장 중요한 주제로 인정되어야 하죠. 아무튼 신에 대한 형이상학적 탐구를 가능하게 하는 것은 신이 하나의 존재라는 사실입니다. 오직 신이 하나의 존재인 경우에만, 그리고 신으로서 존재함의 의미가 우리에게 이미 알려져 있거나 알려질 수 있는 경우에만 신을 중심으로 형이상학적 사유를 올바로 전개해나갈 수 있다고 스코투스는 생각했어요.

존재의 의미

그렇다면 이러한 존재의 의미는 과연 무엇일까요? 대체 존재의 어떤 의미가 모든 존재자들의 존재에 공통되게 통용될 수 있을까요?

누군가 유니콘에 대한 학문을 세우려 한다고 생각해보세요. 이런 건 정말 웃기는 짓거리죠. 가상의 동물이 어떤지, 예를 들어 유니콘이 착한지 심술궂은지 강한지 연약한지 크기는 대충 얼마나 되는지 등등에 관해 누구나 제멋대로 상상할 수 있어요. 그리고 그런 상상에 대해서는 맞다 틀리다 따질 수조차 없죠. 옳고 그름의 기준이 될 유니콘이 아예 존재하지 않으니까요. 즉 유니콘에 대한 학문이 성립할 수 없는 이유는 탐구 대상이 실제로 존재하지 않기 때문입니다.

물론 탐구 대상이 실제로 존재해도 그것만으로는 탐구결과의 정당성이 충분히 보증되지 않아요. 예컨대 실제로 존재하는 식물을 탐구하지도 않고 제멋대로 식물에 관한 이론을 만들어내려 하면 실패할 수밖에 없죠. 즉 식물학이 제대로 성립하려면 식물의 존재를 우리의 자의에 의존하지 않는 참된 존재로 긍정하고 이해함이 전제되어야 해요. 요컨대 학문이란 오직 존재를 존재로서 탐구하는 경우에만 가능합니다. 가상에 불과한 존재나 인간의 자의에 의해 왜곡된 존재는 학문의 근거로 적합하지 않다는 거죠.

그러니 조금 싱겁게 들릴지는 몰라도 모든 존재자에게 통용될 수 있는 존재의 의미는 '참으로 존재함'입니다.

여기서 '참으로 존재함'은 두 가지 의미를 지녀요. 하나는 '실제로 있음'의 의미입니다. 식물학은 실제로 있는 식물을 다루는 한에서만 학문적으로 온당할 수 있죠. 또 다른 하나는 '옳고 그름의 기준, 즉 진실로서 존재함'입니다. 식물학에 관한 이런저런 이론은 식물의 존재를 진실하게 드러내는 경우에만 온당할 수 있죠. 여기서 진실이란 어떤 이론적 정합성 같은 것을 뜻하는 말이 아닙니다. 인간이 만든 식물학의 논리 체계가 아니라 식물의 존재 자체가 식물학적 진술의 옳고 그름의 기준이 되니까요. 그러니 존재는 그 자체로 진실함과 같은 것일 수밖에 없습니다. 즉 존재란 오직 진실한 것으로서만, 그 자체로 진실과 거짓을 가르는 기준이 되는 것으로서만 가능할 수 있다는 거죠.

굳이 따지자면 존재와 진실 중 으뜸은 존재입니다. 진실이란 오직 존재를 전제로 하는 경우에만 가능한 말이니까요. 이 말은 스코투스에게는 존재가 으뜸가는 초월범주라는 뜻이기도 합니다. 여기서 초월범주란 존재하는 모든 것에 통용될 수 있는 근원적 존재 방식 및 존재 의미를 지칭하는 말이에요. 당연한 말이지만 존재하는 모든 것은 생물이든 무생물이든 정신이든 물질이든 존재합니다. 그러니 존재는 분명 존재하는 모든 것에 통용되는 말이죠. 그런데 이 점에서는 진실 역시 마찬가지예요. 만약 존재가 오직 진실한 것으로서만 가능하다면 진실 또한 존재하는 모든 것에 통용되는 초월범주에 속할 수밖에 없다는 뜻입니다.

스코투스에게 존재가 초월범주라는 것은 존재란 실존함과 같다는 말이기도 해요. 아마 철학을 전공하지 않은 사람이라면 존재란 실존함과 같다는 생각이 왜 중요한지 이해하기 어려울 겁니다. 일상적 용례에 비추어보면 존재가 있음을 의미하듯이 실존 역시 있음을 뜻하는 말이죠. 그러나 철학의 역사를 돌이켜보면 존재와 실존이 꼭 동일한 의미를 지니는지 확신하지 못한 철학자들이 적지 않습니다. 예컨대 보편이라는 말의 의미에 대해 한번 생각해보세요. 소크라테스는 인간이고 플라톤 역시 인간입니다. 여기서 소크라테스와 플라톤은 개별자를 뜻하고 인간은 보편자를 뜻하죠. 그런데 인간이라는 보편자는 실존할까요? 아니면 실존하지 않을까요? 철학자들 가운데는 개별자만 실존한다고 여기는 이들도 있고 보편자만 실존한다고 여기는 이들도 있으며 개별자와 보편자가 다 실존한다고 여기는 이들도 있어요. 스코투스는 개별자와 보편자가 다 실존한다고 여긴 철학자죠. 하지만 스코투스에 따르면 보편자는 오직 개별화된 것으로서만 실존해요. 존재란 실존함과 같다는 스코투스의 주장은 그 자체로 개별자이거나 개별자 안에서 개별화된 것만이 존재한다는 뜻입니다. 즉 개별화되지 않은 보편자 자체는 실존하지 않는다는 거죠.

　오직 개별자만이 존재한다고 생각한 철학자 중에 장 뷔리당 Jean Buridan(1300~1358)이라는 14세기 프랑스 신부가 있어요. 보편자는 실존하지 않는다는 것을 증명할 요량으로 그는 대략 다음과 같은 주장을 펼칩니다. "보편자인 인간이 실존한다고 전제해보자. 이 경우 '소크라테스는 인간이다'라는 주장은 개별자인 소크라테스와 보편자인 인간이라는 두 개의 실존자에 관한 진술인 셈이다. 그런데 만약 소크라테스가 인간이고 플라톤 역시 인간이라면 각각의 실존자인 소크라테스와 인간과 플라톤은 다 같다는 등식이 성립한다. 그러나 이건 명백한 모순이다." 뷔리당의 주장은 실존하는 것은 개별자일 뿐 보편자란 실은 개별자 일반을 뜻하는 개념으로서만 존재한다는 거예요. '소크라테스는 인간이다'라는 말의 인간은 실제로는 소크라테스를 지칭할 뿐 어떤 보편자로서의 인간이 실존함을 전제하지는 않는다는 거죠. 현대인의 관점에서 보면 이런 주장은 거의 당연한 말처럼 들리기 쉬워요. 하지만 앞에서 말했듯이 이런 주장에 동의하지 않는 철학자들은 늘 있었어요. 뷔리당이 굳이 보편자는 실존하지 않는다는 주장을 펼친 것 자체가 그와 달리 보편자가 실존한다고 생각한 철학자들이 적지 않기 때문이었죠.

　스코투스처럼 보편자 역시 존재한다고 생각하는 사람의 입장을 보통 실재론이라고 불러요. 보편자가 실재함을 주장한다는 뜻이죠. 반대의 입장은 보편자는 명목상으로만 존재함을 주장한다는 의미로 유명론이라 하고요. 윌리엄 오컴이 유명론의 대표자이고 뷔리당은 오컴의 입장을 따르는 파리의 학자들 가운데 하나였죠.

보통 사람들에게는 유명론이 당연한 것처럼 보이기 쉽지만 실재론 역시 나름대로 일리가 있어요. 예컨대, 세상에는 정말 많은 인간들이 있다는 사실에 대해 생각해보세요. 제각각 생김새가 다르고 개성도 다르지만 아무튼 다 인간이죠. 만약 개별자만 있다면 그리고 보편자란 명목상으로만 존재할 뿐이라면 이러한 일이 어떻게 가능할까요? 모두를 똑같은 인간으로 만들어주는 어떤 보편적 원리나 본질 같은 것이 있어야 하지 않을까요?

스코투스는 보편자가 존재하지 않으면 무엇이 다수의 개별자들을 동류로 만들어주는지 설명하기 어렵다고 보았어요. 하지만 스코투스에 따르면 보편자는 결코 그 자체로서 실존하지 않습니다. 보편자는 오직 개별자 안에만 있을 수 있다는 거죠.

스코투스는 존재론적으로 보편자가 개별자에 선행한다고 생각했어요. 그리고 모든 개별자에게서 발견되는 공통성은 보편자가 각각의 개별자를 통해 예시화된 것이라고 여겼죠. 사실 이러한 주장은 여러 가지 논리적 의문을 불러일으키기 쉬워요. 존재론적으로 보편자가 개별자에 선행한다면 개별자 없이 보편자가 존재한다는 주장 역시 제기될 수 있으니까요. 하지만 모든 인간을 동류로 만들어줄 보편자가 선행하지 않으면 개별 인간이 생겨날 수 없다는 것을 근거로 삼아 개별 인간과 무관한 보편자로서의 인간이나 인간성이 있다고 주장하기도 조금 이상합니다. 그건 인간이 하나도 없는데도 보편자로서의 인간이나 모든 인간에게 공통된 보편적 인간성은 존재한다는 식의 불합리한 말과 같으니까요.

여기서 다시 존재란 실존함과 같다는 스코투스의 언명으로 돌아가보죠. 스코투스의 언명은 오직 개별자만이 존재한다는 유명론의 관점과 잘 통합니다. 개별화되지 않은 보편자 자체는 존재하지 않는다고 생각한다는 점에서 그렇다는 거죠. 실제로 오컴같은 유명론자들은 스코투스로부터 적지 않은 영향을 받았어요. 물론 스코투스는 유명론자가 아니에요. 유명론자들과 달리 스코투스는 보편자 역시 개별화된 것으로서는 존재할 수 있다고 여겼으니까요. 어떤 점에서 보면 스코투스가 이런 입장을 취한 것은 아리스토텔레스의 철학과 기독교신학 사상을 잘 접목하려는 노력의 일환이었다고 볼 수도 있습니다.

잘 알려져 있듯이 아리스토텔레스의 영향 아래 스콜라철학자들은 존재를 가능태와 현실태로 구분해왔습니다. 여기서 가능태란 존재할 가능성이 있기는 하지만 아직 실제로 존재하지는 않음을 뜻하는 말이에요. 현실태는 가능태에 머물러 있던 것이 현실화되어서 실제로 존재하게 된 것이나 아니면 아예 처음부터 가능태와 무관하게 그냥 순수하게 존재해온 것을 뜻하는 말이고요. 스코투스 역시 이러한 구분을 따라요. 스코투스에 따르면 가능태에 머무는 경우 사물들은 본질을 지니기는 하지만 현실적으로 존재하는 것은 아닙니다.

이런 말은 정말 이상하죠? 아직 존재하지 않으면 실제로는 없다는 뜻인데 굳이 사물이 가능태에 머물고 있다는 식으로 생각할 이유가 무엇일까요? 그건 아마 '오직 처음부터 가능한 것만이 현실화될 수 있다'는 말로 잘 설명될 수 있을 거예요. 실존하지 않

처음 읽는 중세철학

304

는 것이라고 다 똑같은 것은 아니라는 뜻입니다. 현실화될 가능성이 있는 것은 언젠가 실존하게 될 수 있지만 그렇지 않은 것은 결코 실존할 수 없어요. 그러니 가능태에 머무는 사물이란 아직 실존하지 않는 것이라는 자명한 진실이 가능태에 머무는 사물이나 그 본질이 순연한 무와 같다는 것을 보증해주지는 못합니다.

결국 이런 관점에서 보면 보편자는 개별자에게 늘 선행하는 것이어야만 해요. 현실화될 가능성이 있는 것만이 실존할 수 있다는 말은 지금 실존하는 모든 것은 그들 자신의 실존에 선행하는 어떤 가능성에 의거해 현실화된 것이라는 뜻이기도 하니까요. 이러한 가능성은 단순한 개별자의 가능성과 같은 것일 수 없습니다. 적어도 세상에 있는 많은 개별자들이 공통의 본질이나 형상 같은 것을 지닌다고 전제하는 경우에는 그렇죠. 개별자들에게 공통된 본질이나 형상은 분명 개별자의 실존을 가능하게 하는 근본 조건이고 그런 점에서 개별자의 실존에 선행하는 것이지 후행하는 것일 수 없습니다.

무슨 말인지 잘 이해가 가지 않으면 세상에 있는 모든 것은 그냥 원래부터 있었던 것이 아니라 어느 순간 생겨난 거라는 사실을 떠올리시면 돼요. 현대의 진화론자들은 사물에 선행하는 어떤 형상이나 본질이 있다는 생각은 잘 받아들이지 않아요. 하지만 고대와 중세의 철학자들은 대체로 실존하는 사물보다 사물의 형상과 본질이 선행해야 한다고 생각했죠. 심지어 개별 사물은 실은 존재하는 것이 아니고 사물의 이데아나 형상, 본질 같은 것만이 존재한다는 식으로 생각한 철학자들도 적지 않았어요. 이런 철학자들은 보편자만이 존재한다고 주장하는 점에서 강한 의미의 실재론자들이라고 볼 수 있죠. 참된 존재는 영원불변해야 하는데 개별자는 생겨났다 없어지는 것이니 참으로 존재하는 것이 아니지만 형상이나 본질 같은 보편자는 영원불변하니 참으로 존재한다는 거죠.

아무튼 형상이나 본질 같은 보편자가 선행해야 개별자가 생겨날 수 있다는 생각은 고대와 중세 대다수 철학자들에게 너무 당연했어요. 그건 마치 시계에 대한 아이디어, 시계의 형상 및 작동 원리 등에 대한 관념 없이 시계가 만들어질 수 없는 것과 같죠. 실존하는 시계보다 분명 시계의 형상 및 작동 원리 등에 대한 관념이 선행해요. 그러한 관념을 전제하지 않으면 시계는 제작될 수 없으니까요. 마찬가지로 실존하는 사물보다 사물의 형상과 본질이 어떤 식으로든 선행함을 전제하지 않으면 사물이 어떻게 생겨나고 실존하게 되었는지 설명하기 어렵습니다.

스코투스 역시 이러한 관점에서 출발해요. 즉 스코투스의 철학은 기본적으로 전통 형이상학의 토대 위에 머물고 있다는 거죠. 하지만 스코투스는 보편자나 형상, 본질 같은 것은 오직 실존하는 개별자 안에서 현실화된 것으로서만 참된 존재의 지위를 지니게 된다는 것을 역설합니다. 그럼으로써 스코투스는 존재와 실존을 동일시하면서도 동시에 보편자의 존재를 정당화할 철학적 근거를 마련하죠.

기본적으로 스코투스의 전략은 가능태와 현실태의 관계를 논리정연하게 풀어냄으로써 보편자란 오직 개별자 안에 개별화되고 현실화된 것으로서만 존재할 수 있음을 드러내는 것이었어요. 한편 가능태로서 보편자가 개별자에 선행함을 전제하지 않으면 개별자들에게 공통된 본질이 있는 이유를 설명하기 어렵죠. 그런 점에서 보편자란 결코 무와 같은 것이 아님을, 심지어 전통 형이상학자들의 주장대로 개별자에 선행하는 것임을 인정해야 한다고 스코투스는 생각했어요. 하지만 그렇다고 가능태로서 선행하는 것이 그 자체로 실존하는 것이라고 여기면 사물이 어떻게 창조되고 존재하게 되는지 설명할 수 없게 됩니다. 이미 실제로 존재했던 것을 새삼스럽게 존재하게 하는 일은 불필요할 뿐만 아니라 가능하지도 않으니까요. 그래서 사물이 실제로 생겨나게 할 가능 근거로서 이런저런 보편자가 사물에 선행하기는 하지만, 아무튼 보편자란 오직 개별자 안에서 개별화되고 현실화된 것으로서만 실존자의 위상을 지니게 된다는 거죠.

　스코투스의 발상은 순수하게 논리적이거나 그 자체로 새로운 것이라기보다는 중세신학의 근본 입장을 잘 반영하려는 노력의 산물이라고 볼 수 있어요. 강한 실재론에 따르면 보편자란 원래 영원불변한 것이니 창조되는 것일 수 없어요. 물론 개별자는 창조될 수 있죠. 하지만 개별자는 허상에 불과하니 신이란 기껏 허상이나 만들어낼 뿐인 보잘것없는 창조 역량을 지닌 셈입니다. 결국 강한 실재론의 입장을 받아들이게 되면 신에 의한 창조라는 관념이 설 자리를 잃어버리기에 십상입니다. 하지만 스코투스의 주장대로 보편자가 개별자에 선행한다는 것과 그럼에도 보편자는 오직 개별자 안에 개별화되고 현실화된 것으로서만 존재한다는 것을 받아들이면 개별자의 생성을 가능하게 하는 것이 무엇인지 합리적으로 설명할 근거를 얻게 될 뿐만 아니라 존재를 가능하게 하는 신의 무한한 창조 역량을 긍정할 수 있게 됩니다.

비록 스코투스 자신은 중세신학의 근본 입장에 충실하려고 노력했지만 그의 철학은 존재에 대한 이해 방식을 크게 변화시키게 됩니다. 전통적으로 보면 존재란 원래 실체로서 존속하는 존재자에게만 어울리는 말이었어요. 예를 들어 개별자만이 존재한다는 생각은 개별자에게서 발견되는 어떤 본질이나 우연적 속성은 개별자에게 빈술되는 개념으로서만 존재할 뿐이라는 생각을 전제로 하죠. 이 관점에서 보면 본질도 우연적 속성도 존재와는 원래 무관합니다. 이에 반해 보편자만이 존재한다는 생각은 보편자가 개별자에게 빈술되는 개념으로만 존재하는 것이 아니라 그 자체로 존재함을 전제로 하죠. 이 관점에서 보면 오직 보편자만이 실체로서 존속할 뿐 개별자는 보편자의 한시적 예증으로서 나타나는 허상일 뿐이에요.

스코투스의 관점에서 보면 개별자 안에 개별화되고 현실화된 모든 것이 존재합니다. 실존하는 개별자에게서 발견되는 모든 것들은 그것이 본질에 속한 것이든 아니면 우연적인 속성에 속한 것이든 이미 개별화되고 현실화된 것이죠. 바로 이런 이유로 스코투스는 개별자나 본질뿐만 아니라 우연적 속성 같은 것 또한 존재한다는 결론을 내려요. 물론 여기서 존재란 이런저런 본질이나 우연적 속성에 의해 빈술되는 실체로서 존속함을 뜻하는 말이 아닙니다. 우연적인 속성은 이런저런 사물에 속한 것으로서만 존재할 뿐 자체만으로 존속하는 것은 아니니까요.

여기서 스코투스적 의미의 존재에는 진실함과 더불어 또 하나의 초월성이 깃들어 있음을 발견하게 됩니다. 단일성 내지 하나임이에요. 결국 모든 것은 개별자로서 현실화된 경우에만 존재할 수 있죠. 심지어 보편자나 우연적 속성마저도 개별화된 것으로서 만 존재할 뿐입니다. 즉 존재하는 모든 것에서는 단일성 내지 하나임이 발견될 수밖에 없다는 거죠. 결국 스코투스는 존재와 진실함 그리고 하나임이 모두 초월범주에 속한다고 보았어요. 물론 이들 중 으뜸은 단연 존재입니다. 진실함과 하나임은 존재의 근본 속성 내지 존재방식으로서 초월범주에 속하니까요.

진실함과 하나임 외에도 존재의 속성 내지 존재 방식으로서 초월범주에 속하는 것은 여러 가지가 있을 수 있습니다. 예컨대 스코투스에 따르면 좋음 혹은 선함이 대표적 사례죠. 한마디로 실제로 존재하는 모든 것은 근원적으로 다 선하고 좋은 것이라는 거예요. 두 가지 이유가 있습니다. 하나는 신의 선한 의지 때문이죠. 존재하는 모든 것은 전지전능한 신의 의지로 현실화한 것이기에 근원적으로 선할 수밖에 없다는 거예요. 또 다른 하나는 신의 지성이에요. 존재하는 모든 것은 선하고 완전한 존재인 신의 지성에 따라 창조된 것이기에 근원적으로 선할 수밖에 없다는 뜻입니다. 스코투스가 특히 강조한 것은 신의 의지예요. 한마디로 신이 의지하는 모든 것은 신이 의지한다는 바로 그러한 이유만으로도 선하다는 겁니다. 그렇다고 스코투스가 존재 자체에서 발견되는 선함을 지성적으로 이해하고 또 합리화할 가능성을 부정한 것은 아니에요. 다만 신은 절대적으로 자유로운 존재이기에 신의 행위가 어떤 지성적 원리에 의해 강제된 것처럼 여겨서는 안 된다는 것뿐이죠.

형상적 구분과 양태적 구분

스코투스 철학의 주요 업적은 보통, 존재의 일의성 개념을 중심
으로 전개된 존재론과 형상적 구분에 대한 이론 두 가지로 언급
합니다. 그런데 스코투스의 철학에 대한 현대 철학자들의 관심은
대체로 형상적 구분에 관한 이론은 제쳐두고 존재의 일의성 개념
과 헤케이타스haecceitas 개념에 몰리는 경우가 많아요. 그건 주로
하이데거 때문이죠. 둔스 스코투스에 관한 하이데거의 교수자격
논문에서 스코투스의 일의적 존재와 헤케이타스 개념에 대한 분
석과 설명이 특히 인상적이거든요.

헤케이타스란 '이것', '저것' 할 때의 관계대명사 '이'를 명사화
한 라틴어 단어예요. 스코투스는 개체화의 근본 원리를 헤케이타
스에서 찾았어요. 여기서 개별화라는 말 대신 개체화라는 말을
사용한 것은 '이것'으로서 지칭할 수 있는 것은 원래 '그 자체로
존재하는 개체'이거나 그러한 개체적 존재에 근거를 두고 있어야
한다는 이유 때문이에요. 예컨대 세상에는 착한 사람도 많고 피
부가 흰 사람도 많아요. 그러나 착함이나 흼만을 '이것'이라고 지
칭할 수는 없는 노릇이죠. 결국 여기 있는 '이' 사람이나 저기 있
는 '저' 사람이 착하거나 흰 사람이고, 착함이나 흼을 지시대명사
로 지칭하는 것 역시 '이' 사람이나 '저' 사람이 있어서 가능한 일
입니다.

하이데거는 스코투스의 헤케이타스 개념을 실존성의 표현으로
이해해요. 실존하는 사람은 사람 자체가 아니라 '이' 사람이거나
'저' 사람입니다. 구체적 상황 속에서 타자와 관계를 맺고 있는

'이' 사람이나 '저' 사람이 실존하지 사람 일반이 실존하지는 않는 다는 점에서 '이것임' 혹은 헤케이타스는 인간의 실존을 나타내는 말이라고 볼 수 있어요.

저 역시 이러한 생각에 공감해요. 하지만 헤케이타스만으로는 실존을 드러내는 데 불충분합니다. 스코투스의 개체화 이론을 검토하면서 오컴은 헤케이타스 개념의 한계를 지적해요. 오컴에 따르면 헤케이타스는 개체적 사물의 존재형식을 드러낼 뿐 실질적으로는 아무런 구체적 내용도 없습니다. "소크라테스는 '이' 사람이고 플라톤은 '저' 사람이다"라고 말하기는 쉽고 누구나 그러한 말의 의미가 무엇인지 금세 이해하죠. 하지만 '이'라는 지시대명사는 소크라테스뿐만 아니라 다른 모든 사람을 지칭하는 말로 사용할 수 있습니다. 누구나 그냥 자기 곁에 있는 사람을 '이' 사람이라고 표현하게 마련이니까요.

오컴의 비판은 분명 타당합니다. 지시대명사는 말하는 사람의 관점에서 존재자 가까이 있음과 멀리 있음을 지시할 뿐 그 개성을 진정으로 드러내는 말은 아니니까요. 하지만 오컴은 개체화에 대한 스코투스 철학의 근본 의의를 온전히 이해하지는 못한 것 같아요. 스코투스 역시 헤케이타스만으로 존재자의 개별화를 충분히 설명할 수 있다고 여기지는 않았거든요.

하기야 오컴이 스코투스의 생각을 오해한 것도 무리는 아니죠. 스코투스 본인이 개체화에 대한 입장을 충분히 함축적이고 논리 정연하게 설명하지 못했으니까요. 개체화에 대한 스코투스의 설명은 너무 복잡하고 미묘해서 때로 스코투스 자신마저 길을 잃고 헤맨다는 인상을 주기 쉬워요. 솔직히 저는 스코투스가 실제로 길을 잃고 헤맨 적이 있다고 생각합니다. 스코투스의 철학을 제가 잘 이해하고 있다면, 스코투스의 철학에서 개체화 가능성에 대한 설명을 위해 가장 중요한 부분은 바로 형상적 구분 이론이에요. 그런데 정작 스코투스 본인은 자신의 형상적 구분 이론을 개체화 가능성을 설명하는 데 충분하고도 적극적인 방식으로 활용하지 못했죠.

형상적 구분이란 한마디로 '형상적으로 구분되기는 하는데 구분되는 모든 것이 실제적으로는 나뉠 수 없는 하나'를 이루고 있음을 뜻하는 말입니다. 물론 그 무엇을 구분함이 늘 이런 식으로 일어나는 것은 아니에요. 형상적 구분은 여러 가지 가능한 구분 중 하나일 뿐이죠.

스코투스는 주로 네 가지의 구분에 관해 논해요. 첫째는 실제적 구분이죠. 실제적 구분은 구분되는 것이 서로에게 의존하지 않고 존재하는 경우의 구분이에요. 철수하고 영희는 단순히 구분될 뿐만 아니라 분명 별개의 인간으로서 존재합니다. 철수가 죽거나 사라진다고 영희의 존재가 무화되는 것도 아니고, 영희가 죽거나 사라진다고 철수의 존재가 무화되는 것도 아니죠. 둘째는 개념적 구분입니다. 개념적 구분은 실제로는 같은 건데 개념적으로만 구분되는 거예요. 예를 들어 똑같은 금성을 새벽하늘에서 볼 때는 샛별이라고 부르지만 해질녘에 볼 때는 개밥바라기라고 불러요. 샛별과 개밥바라기는 분명 개념적으로 다릅니다. 하지만 둘 다 똑같은 금성이죠.

셋째 구분은 바로 형상적 구분입니다. 개념적 구분과 형상적 구분은 둘 다 하나의 존재자에 대한 구분이라는 점에서는 같습니다. 그러나 개념적 구분이 존재자에 대한 상이한 개념화에 의해 일어나는 반면 형상적 구분은 존재자를 구성하는 상이한 요소나 기능, 역량 등에 대한 형상적 구별로 일어납니다. 샛별과 개밥바라기는 개념적으로 다르지만 금성의 어떤 내밀한 특징에 대한 인식과는 거의 아무 상관도 없죠. 그냥 똑같은 금성이 새벽에 보이느냐 저녁에 보이느냐에 따라 샛별과 개밥바라기로 달리 개념화되고 구분되었을 뿐입니다. 하지만 형상적 구분은 하나의 존재자가 지니는 본질적 형상에 대한 이해를 전제로 해요. 대표적인 예는 지성과 의지의 구분이에요. 스코투스에 따르면 지성과 영혼은 원래 같은 거예요. 둘 다 영혼과 동일한 것이고 영혼으로부터 분리될 수 없는 것이죠. 예를 들어 배고프고 목이 말라 무엇을 먹고 마실까 염려하는 경우를 생각해보세요. 이러한 염려는 분명 지성의 작용으로 일어납니다. 염려란 일종의 생각이니까요. 하지만 배고픔이나 목마름을 해결하려고 일어나는 지성의 작용이 배고픔이나 목마름을 해결하려는 의지와 별개인 것은 아니죠. 지성과 의지는 모두 삶을 존속하려는 동일한 영혼의 작용과 존재를 지시할 뿐입니다. 게다가 영혼 자체도 의지나 지성과 별개로 존재하는 것이 아니라 그때마다 의지하는 영혼, 지성적으로 사유하는 영혼으로 존재할 뿐입니다. 그러니 의지와 지성이 발휘될 때마다 영혼은 실은 의지 및 지성과 똑같은 것으로서 존재하는 셈이죠.

넷째 구분은 양태적 구분입니다. 양태적 구분은 어떤 존재의 양태가 그 양이나 세기 등에서 차이가 나는 경우에요. 똑같은 색이 더 짙거나 옅을 수 있고 똑같은 사람이 때에 따라 건강하거나 병약할 수 있으며 똑같은 장미가 싱그럽거나 시들시들할 수 있죠.

즉 같은 것이지만 그 양태에 있어서는 서로 구분되는 것이 바로 양태적 구분이에요.

논리학이 발달한 현대인의 관점에서 보면 스코투스의 구분론은 대수롭지 않아 보일 수도 있습니다. 하지만 중요한 것은 그것이 전통적인 존재 이해의 방식에 대단히 미묘하고도 깊은 균열을 일으켰다는 점을 이해하는 거예요. 예컨대 아퀴나스의 존재 이해는 참되고 완전한 존재인 신과 유한자인 인간 사이에 놓인 절대적 간극과 차이에서 출발합니다. 그가 신을 이해할 가능성을 유비에서 찾은 이유가 바로 여기에 있죠. 이에 반해 형상적 구분에 대한 스코투스의 철학적 해명은 신과 인간의 차이를 세기나 정도의 차이, 즉 강도強度의 차이로 이해할 근거를 마련합니다. 다시 말해 유한자에 대한 이해를 근거로 삼아 유한자의 존재로 환원될 수 없는 신의 존재에 대해 엄밀한 학문적 논의를 전개해나갈 가능성이 스코투스의 형상적 구분 이론을 통해 마련되었다는 거죠.

다른 중세 신학자들과 마찬가지로 아퀴나스와 스코투스는 신을 무한자라고 정의합니다. 그런데 신의 무한성을 이해하는 데 있어서 둘 사이에는 적잖은 차이가 있어요. 아퀴나스에게 신의 무한성은 신의 단일성에 의해 근거 지어집니다. 신은 단일한 존재이기에 물질 같은 것으로 한정되지 않은 존재이고 따라서 무한하다는 거죠. 스코투스는 아퀴나스 식의 설명은 신의 무한성에 대해 실질적으로는 아무것도 알려주는 것이 없다고 지적해요. 그런 건 물질성의 제약을 받는 유한자의 존재를 논리적으로 부정해서 얻어진 추상적 관념일 뿐이라는 거죠. 스코투스는 유한성과 무한성, 완전성과 불완전성 등을 서로 대립하는 것으로만 파악하는 것은 잘못이라고 생각해요. 그러한 개념은 논리적 상이함이 아니라 실존하는 존재자 안에서 개별화된 어떤 본질적 속성이나 역량 등의 정도를 표현한다는 거예요. 예컨대 신의 무한성이란 신의 지성과 의지 등 구체적인 존재 역량의 무한한 크기 내지 강도를 표현하는 말이고, 인간의 유한성이란 인간의 지성과 의지 등의 유한한 크기 내지 강도를 표현하는 말이라는 거죠. 만약 스코투스가 옳다면 우리는 유한자에게서 발견되는 이런저런 본질과 역량에 대한 실증적이고도 구체적인 연구와 이해를 바탕으로 무한자인 신에 관해 정당하게 논할 수 있게 됩니다. 추상적인 논리의 관점에서는 유한자의 존재와 무한자의 존재 사이에 넘어설 수 없는 간극이 있지만, 유한성과 무한성을 모두 실존자에게서 발견할 수 있는 본질과 역량의 강도 상의 차이를 드러내는 말로 이해하면 유한자와 무한자의 존재 사이에는 언제나 이미 실증적이고도 구체적인 경험과 이해의 다리가 놓여 있는 셈이니까요.

아마 독자 중에는 스코투스의 형상적 구분보다 양태적 구분이 더 중요하다는 느낌을 받은 분도 있을 거예요. 관점에 따라서는 정말 그렇게 볼 수도 있습니다. 실존하는 두 존재자에게서 발견되는 강도의 차이는 형상적 구분이 아니라 양태적 구분의 대상이니까요. 하지만 형상적 구분이 전제되지 않으면 양태적 구분은 별로 중요할 수 없어요. 존재자의 역량이나 속성이 양태적 차이를 보이기도 한다는 것은 너무나도 당연한 사실이니까요.

신의 무한성과 인간의 유한성을 강도의 차이의 관점에서 고찰하는 것을 정당화해주는 것은 바로 형상적 구분입니다. 무한성에 대한 아퀴나스의 설명에 대해 스코투스가 실질적인 내용이 없다고 비판하기는 했지만 그렇다고 아퀴나스의 설명이 틀린 것은 아니에요. 자신이 아닌 다른 것에 의해 제약되지 않은 존재자만이 무한할 수 있고 그런 한에서 신의 무한성과 단일성은 서로 논리적 근거가 되어줍니다. 참으로 무한한 존재사는 단일해야 하고 참으로 단일한 존재자는 무한해야 한다는 거죠. 스코투스의 형상적 구분이론은 신의 단일성과 무한성이 서로 논리적 근거가 되어야 한다는 아퀴나스의 관점을 부정하지 않으면서도 신과 인간의 존재를 인간에게서 발견되는 다기한 본질과 역량을 근거로 삼아 논할 수 있게 해줍니다. 형상적 구분이란 '형상적으로 구분되기는 하는데 구분되는 모든 것이 실제적으로는 나뉠 수 없는 하나'를 이루고 있음을 뜻하는 말이니까요.

개체적 존재자의 존재를 가능하게 하는 존재의 원리가 무엇인지에 대해서도 형상적 구분 이론은 대단히 중요한 역할을 담당해요. 앞에서 살펴보았듯이 실존하는 모든 것은 다 하나임을 초월 범주로서 지니고 있습니다. 신이든 인간이든 모두 실제적으로 나뉠 수 없는 하나의 전체를 이루는 경우에만 존재할 수 있다는 거죠. 하나의 전체로서의 존재가 실제로 나뉘는 일 없이 형상적으로 구분될 수 있다는 스코투스의 발상은 신뿐만 아니라 어떻게 물질의 제약을 받는 유한자인 인간의 영혼이 하나일 수 있는지, 그리고 모든 인간에게 단 하나의 영혼과 정신이 주어져 있음에도 각자의 개성이 그토록 다른지 설명할 수 있는 훌륭한 근거를 마련합니다. 지성과 의지 등 하나의 전체를 이루는 각각의 형상과 본질이 개인마다 각각 상이한 강도로 실현되고 발휘되면 개개인은 자기 존재의 하나임을 잃지 않으면서도 남들과 온전히 다른 개체로서 구분될 수 있죠. 상이한 강도로 실현되고 발휘되는 각각의 형상과 본질이 모든 개인에게서 편차를 나타내게 되니까요.

　게다가 스코투스의 관점을 따르면 각 개인이 서로 다른 개성을 지니고 있으면서도 왜 똑같이 인간이라고 불릴 수 있는지 매우 새로운 관점에서 설명할 수 있습니다. 전통적으로 철학자들은 인간에게는 어떤 불변하는 본질이 있다고 고찰해왔죠. 그런데 이러한 본질론을 받아들이면 각 개인의 개성이나 특질 같은 것은 별 의미 없는 우연적 요소로 간주하기 쉽죠. 그 결과 모든 인간은 어떤 보편적 본질을 통해 완전히 동일한 존재로서 파악되게 됩니다. 반면 스코투스의 철학은 모든 개인을 똑같은 인간으로 간주할 수 있게 하는 존재론적 근거를 제시하면서도 동시에 각 개인의 개성 자체를 개인의 존재에서 제거될 수 없는 고유하고도 본질적인 것으로서 인정할 수 있는 길을 제시해요. 스코투스의 철학에서는 지성과 의지 등 각 개인에게서 발견되는 형상과 본질을 모두에게 동일한 보편자로 상정한 뒤 각각의 형상과 본질이 개인에게서 실현되고 발휘되는 강도의 차이에 따라 개인마다 고유한 개성이 생겨난다고 설명할 수 있죠. 즉 단순한 우연적 속성이 아니라 모두에게 동일한 보편자들에 의거해 각 개인의 고유함과 개성이 형성됨을 드러낼 수 있게 되었다는 거예요.

　스코투스에게 모든 인간은 각자에게 고유한 방식으로 개별화된 보편자입니다. 유한자라는 점에서 우리는 신과 다르지만 우리 안에 우리 자신의 고유한 존재를 이루는 보편자가 개별화되어 있다는 점에서 우리는 신과 하나입니다. 신과 인간 사이의 형이상학적 차이는 차이대로 인정하면서 그 형이상학적 차이를 우리 자신의 존재 이해를 근거로 삼아 넘어서게 할 존재론적 가능성이 스코투스의 철학을 통해 제시되었다는 겁니다.

스코투스를 높게 평가한 하이데거의 어법을 빌리자면, 스코투스의 형상적 구분이론은 존재 자체를 실증적이고 구체적인 체험 연관을 근거로 삼아 논하게 할 철학적 가능성을 열어놓습니다. 더욱 놀라운 것은 스코투스의 철학적 혁신은 전통에 대한 부정이 아니라 도리어 적극적인 긍정과 수용을 통해 이루어진 것이라는 사실이죠. 스코투스는 전통 철학의 좋은 점을 존중할 줄 알았고 자신만의 고유한 사상을 수립하는 데 창의적으로 활용할 줄 알았습니다.

세상에는 손쉽게 혁신을 떠벌리며 자신과 생각이 다른 사람을 배척하는 자들이 적지 않아요. 자신의 생각을 따르기만 하면 저절로 세상이 좋아질 것처럼 떠벌리는 사이비 혁명가들은 어느 시대 어느 나라에나 있게 마련입니다. 하지만 그런 자들 때문에 세상은 좋아지기는커녕 자꾸 척박해지죠. 그런 점에서 스코투스 사상의 정묘함은 단순한 철학적 기예의 문제가 아닙니다. 오직 자신의 사상을 최대한 정묘하게 다듬기 위해 최선을 다하는 자만이 다른 사람의 사상을 정당하게 비판할 수 있죠. 그런 사람이 아니라면 누구나 차라리 침묵해야 합니다.

◆◆◆

더 읽어보면
좋은 책

둔스 스코투스, 박우석 옮김,《둔스 스코투스의 제일원리론》, 누멘, 2010.

《둔스 스코투스의 제일원리론》은 스코투스 후기 사상의 백미로 꼽히는 책이다. 기본적으로 가장 뛰어난 존재자인 신이 최초의 작용인이자 궁극적 목적인으로서 존재함을 논증하는 책으로, 스코투스의 철학이 아리스토텔레스 철학에 대한 비판적 성찰에서 출발함을 잘 나타낸다. '황금 논저'라고 불릴 정도로 높게 평가되는 저술로서, 스피노자의《윤리학》처럼 엄밀하게 질서 지워진 공리들의 체계를 이루고 있는 것이 특징이다. 이 책을 읽으며 고대와 중세 철학의 원인 개념이 근현대철학의 원인 개념과 매우 다르다는 사실을 짚어보는 것도 상당히 흥미로운 일일 것이다. D. 흄 이후 근현대세계에서는 원인과 결과의 관계를 동일하거나 유사한 연쇄적 사건에 대한 경험과 추론에 근거해 성립하는 것으로 고찰하는 것이 인과율의 표준으로 작용해왔다.《둔스 스코투스의 제일원리론》을 주의 깊게 읽으면 인과율에 대한 새로운 관점을 수립함으로써 삶과 존재에 대한 현대인들의 이해가 전통으로부터 얼마나 멀리 벗어나게 되었는지 가늠할 수 있을 것이다.

◆ ◆ ◆

조지 그라시아 엮음, 이재룡·이재경 옮김, 《스콜라철학에서의 개체화》, 가톨릭출판사, 2003.

중세 초기부터 후기에 이르기까지 개체화에 대한 철학적 논점이 어떻게 변해갔는지 추적할 수 있는 책이다. 책의 제목에서도 알 수 있듯이 방점은 스콜라철학의 개체화 개념에 있다. 그러나 책의 앞부분에서는 개체화 논의에 영향을 끼친 중세 초기의 유산을 소개함으로써 스콜라철학의 기원이 무엇인지 알려주고, 뒷부분에서는 라이프니츠의 철학을 중심으로 근대철학의 형성에 결정적 역할을 한 중세철학의 유산이 무엇인지 알려주기도 한다. 스코투스의 철학에 관심이 있는 독자라면 매우 흥미로운 책이 될 것이다. 개체화가 스코투스 철학의 핵심 주제 중 하나라는 것이 첫 번째 이유이고, 이후 철학에 가장 많은 영향을 끼친 것 역시 스코투스 특유의 개체화 논증이라는 것이 두 번째 이유이다. 이 책은 스코투스의 개체화 논의를 잘 설명할 뿐만 아니라 그것이 후대 철학에 어떤 흔적을 남겼는지 함축적으로 묘사한다.

김현태, 《명민한 박사 둔스 스코투스의 삶과 사상》, 철학과현실사, 2006.

한글로 된 저술 가운데 스코투스의 삶과 사상을 종합적으로 다루는 거의 유일한 작품이다. 스코투스의 난해한 사상이 비교적 쉽게 서술되어 있다.

윌리엄 오컴의 근대로의 길, 논리와 경험 그리고 유명론

이경희

윌리엄 오컴
William of Ockham(1285?~1349?)

윌리엄 오컴은 13세기 말 대략 1285년 영국의 오컴이라는 마을에서 출생했다. 출생 시기부터 사망 시기에 이르기까지 그의 이력을 채우는 기간에 대한 정확한 기록은 어느 것도 확실하지 않다. 다른 학생들에 비해 비교적 어린 나이에 옥스퍼드에 입학했고 역시 상대적으로 젊은 나이 때부터 옥스퍼드에서 성경 등 당시 과목을 가르칠 정도로 천재성을 인정받았다. 당시 교황권의 입장과 배치된다는 죄목으로 고소를 당하고 1324년 교황청에 소환되고 파문을 당하기 전까지 오컴은 신학과 철학에 관한 주요 작품들을 집필했다. 가장 체계적 작품이라 할《논리학대전》을 비롯하여《자연학 주해》, 《명제집 주해》등 대표적인 작품들은 이때 거의 집필했으며 이 가운데는 미완성인 작품도 있다. 오컴은 소환을 당하면서 교수가 되기 위한 절차를 수행하기 어려웠고 실제로 정규 교수직은 얻지 못했다. 아비뇽을 떠나 루트비히 왕의 은신처에 도피하는 기간에는 교황의 세속권에 대한 비판적인 정치적인 글을 쓰기도 했다. 자신을 보호하던 왕의 사망 후 교황청에 복종을 맹세하는 정치적 화해를 시도했지만 1349년경 페스트로 사망했다.

새로운 길, 근대로의 길via moderna

오컴은 논리학 탐구를 통해 보편자 문제를 포함하여 철학과 신학의 주장들을 철저하게 분석함으로써 '이성과 신앙의 조화'를 모색하던 중세 스콜라철학의 전제들을 무력화하고 '이성과 신앙의 결별'을 가져오게 됩니다. 정치적 결론에 이르기까지 현실 세계에서 개별자의 존재만을 인정하고 정신 외부에 있는 어떤 형태의 보편 실재론도 거부하는 그의 입장은 유명론의 입장을 한층 강화하면서 학문적 탐구에서의 경험론적 방법을 적극 도입하는 계기로 작용하게 됩니다. 유명론적 경험주의로 부를 수 있는 그의 이런 학문적 태도는 중세의 붕괴를 가속화하고 근대로의 길을 여는 데 기폭제로 작용했습니다. 오컴 사후의 오컴주의자들은 근대주의의 한 전형을 대표하기도 합니다. 루터의 종교개혁이나 경험적이고 실험적인 자연과학의 탐구에 기여하는 근대 인식론과 탐구 방법론이 활발하게 적용되는 근대 과학혁명의 기초에서도 오컴이 학적 지식에 대해 가진 주요 기준들을 발견할 수 있습니다. '영원진리 창조론'을 주장하는 근대 합리주의자의 태도에서도 오컴의 영향을 엿볼 수 있습니다. 나아가 그의 철학과 신학에서의 주요 결론들이 추론과 언어의 의미 분석 등 현대 논리주의와 언어철학의 탐구를 예견하는 정교한 논리 탐구에서 비롯되었다는 점에서 오컴 철학은 여전히 현재 진행형의 의의가 있다고 할 것입니다.

우리는 이 글에서 '오컴의 면도날', '사유경제의 원리', '유명론' 등 그와 연동되는 주요 개념들의 배경과 학문적 기초를 살펴볼 것입니다.

천재적인 능력의 소유자의 비극적인 삶

문헌상의 기록에 많이 의존할 수 없는 조건에서 윌리엄 오컴의 생애에 관한 기록은 안타깝게도 많지 않은 것이 사실입니다. 오컴의 이름은 그가 태어난 마을 이름에서 연유합니다. 영국 런던 근처 서리Surrey county 길포드Guildford 부근의 오컴Ockham이라는 마을에서 태어났기 때문입니다. 그의 생몰연대도 정확한 기록은 확인이 어려워 여러 자료에 근거해 대략 추정할 수 있을 뿐입니다. 지금까지의 기록을 종합해보면 그는 13세기의 마지막을 향해가던 1280년과 1290년 사이에 태어났고 대략 1349년경에 사망한 것으로 알려져 있습니다. 현대에 와서 발견된 문서에는 그가 1306년 2월 26일 차부제subdeacon 서품을 받았다는 기록이 있는데 이를 참고해 생애의 퍼즐을 맞춰나가고 있습니다. 안타깝게도 오컴의 생애에 관한 흔적은 정확하다고 말하고 어려운 부분이 많아 대략의 정보만을 전할 수밖에 없다는 사실을 다시 말씀드립니다.

학문적 이력을 보면 오컴은 비교적 어린 나이에 옥스퍼드 학생이 됐고(1309~1315) 곧이어 프란체스코수도회에 들어갑니다. 젊은 나이에 옥스퍼드에서 강의를 시작해 1315년부터 1323년까지 성경과 문장집 등을 가르쳤습니다. 1319년과 1323년 사이에 학사Baccalaureus Formatus가 된 것이 비교적 사실에 가깝다고 합니다. 옥스퍼드에서 이 기간에 신학으로 고급 단계의 연구를 수행하면서 일찍이 천재성을 인정받았지만, 정식 교수자격을 받기 전인 1324년 이단 혐의로 아비뇽 교황청에 소환되면서 결국 젊은 나이에 교수 생활을 마감합니다. 이로 인해 오컴은 '입학자Inceptor'라는 명칭을 갖게 되었습니다. 정규 교수 자격을 얻기 위한 여러 절차를 마치기도 전에 고소를 당해 신학 공부를 시작하는 단계에서 벗어나지 못했기 때문입니다. 필로테우스 뵈너 신부는 이 용어가 시작의 의미가 있기에 후대에 유명론을 시작한 창시자의 의미로 잘못 알려지기도 했다고 지적합니다. 소환에 앞서 오컴은 이미 주요 철학적·신학적 글을 거의 집필한 상태였습니다. 이단의 위험한 교리를 가르쳤다는 죄목으로 고발당했지만 그의 저술이나 강의 내용 자체가 사건의 직접적 발단이 된 것은 아니었습니다. 오컴은 당시의 정치적 상황에 연루되어 학자의 삶이 격랑에 휩쓸리면서 개인의 실존적 삶이나 정치적·학문적 성취에서 어쩌면 스스로 기대에 못 미치는 이력을 남긴 채 1349년경 페스트로 생을 마감합니다. 그의 사후 철학사에서 그에게 부여된 중세 스콜라철학의 붕괴를 가속화한 인물 또는 근대적 길의 개척자라는 캐릭터 이전에 한 개인으로서 자신의 삶에서 천재적인 능력의 소유자였으며 그런 능력을 보여준 전거는 이미 격랑에 휩쓸리기 전 집필된 것으로 보이지만 자신에게 득이 되기 어려웠던 주변 사람들과 정치적 질서로 인해 그가 그런 천재적 능력을 마음껏 펼칠 기회를 갖기는 어려웠을 것입니다. 움베르토 에코의 소설과 이를 바탕으로 한 영화 〈장미의 이름〉의 주인공인 프란체스코회의 윌리엄 수사의 모델이 오컴이라는 이야기가 있습니다. 장미의 '이름'은 '이름밖에 없다'는 유명론의 선언을 생각하게 합니다. 오컴의 이력에 대한 아쉬움이 실제 오컴 스스로 자신의 행·불행에 대한 아쉬움과 일치하는지는 알 수 없습니다. 행복이니 성공이니

하는 말도 특정 시기 이후 발명의 산물일 수도 있을 테니까요.

그리 순탄하게 보이지 않는 오컴의 이력은 루터렐Lutterell이라는 옥스퍼드 전임 총장인 광신적 토마스주의자와의 악연에서 실마리를 찾을 수 있습니다. 당시 대학의 주류와는 반대편으로 알려진 이 사람이 오컴의 교수직을 반대했습니다. 여기에서 그치지 않고 그는 자리에서 물러난 후 아비뇽에 가서 오컴이 이단의 교리를 가르쳤다고 고발하기까지 합니다. 실제로 오컴의 강의나 저술이 이단적이었는지는 분명히 알 수 없지만 오컴은 이 일로 아비뇽에 소환됩니다. 대략 1324년경 소환된 오컴에 대한 심리는 3년 이상 계속되었다고 하는데 그 과정에서 아비뇽의 프란체스코회 수도원에 머물렀을 것으로 추정되는 그의 삶에 관한 구체적 궤적은 드러나지 않습니다. 그의 삶이 더욱 드라마틱한 격동으로 들어간 것은 3년이 지날 즈음 청빈에 관한 논쟁에 휘말리면서부터입니다. 청빈 문제는 원래 예수와 그의 제자들이 재산을 소유하지 않았다는 점과 관련된 문제였는데 당시 현실에서 이에 관한 해석과 수용을 두고 수도회가 서로 다른 두 입장으로 갈라서게 되고 이것이 교황권과 세속권 사이의 정치적 문제로 크게 비화됩니다. 이 와중에 오컴 개인의 삶에도 일대 회오리바람이 몰아칩니다. 수도회 수장인 케세나의 미카엘과 교황 요한 22세 사이의 충돌은 예상보다 큰 파문을 일으켰고 아비뇽에 온 미카엘이 지시했을 것으로 생각되는 문헌들의 탐구를 통해 오컴은 이전 교황들과 현 교황의 성명서에 차이가 있다는 것을 알게 되었습니다. 그런데 하필 이즈음 독일 황제 바바리아의 루이스가 이 청빈 논쟁을 자신의 정치적 야심에 이용하려고 끌어들이는 바람에 수도회는 신학과 정치의 비극적 만남 속에 존폐의 지경까지 이르게 됩니다. 오컴 역시 어쩔 수 없이 교황의 적이 되는 상황에 몰리고 맙니다. 1328년 교황은 소환된 수도회 총회장 대신 새로운 총회장을 선출하라는 명령을 내립니다. 이에 불복한 미카엘은 아비뇽을 몰래 빠져나가기로 결정하고 여기에 충성을 맹세한 세 수도사가 동참하게 됩니다. 오컴은 이 가운데 한 명이었죠. 이들은 루이스 황제에게 의탁합니다. "황제여, 당신의 칼로 나를 지켜주신다면 나는 당신을 나의 펜으로 지켜드리겠습니다." 오컴의 말로 알려진 이 유명한 문구는 갈릴레오나 소크라테스의 언명처럼 기록을 찾아보기 힘듭니다. 하지만 우리는 그 의미를 충분히 오컴과 연결할 만합니다. 처음부터 의도한 것이든 아니든 결과적으로 오컴은 교황권에 맞서 황제의 세속권을 옹호한 정치사상사에서 주요한 지도적 사상가 역할을 한 것으로 해석할 수 있습니다. 그러나 탈주한 오컴에게 현실은 그리 녹록지 않았습니다. 교황이나 수도회로부터 파문당한 후 교회와 국가의 관계에 관한 글을 쓰기도 했지만, 미카엘이 죽고 바바리아의 루이스 황제마저 죽자 궁지에 몰린 오컴은 결국 수도회와 교황에게 복종서약서를 쓰고 정치적으로 굴복하게 됩니다. 이 복종 이후 오컴의 사상과 삶은 사실상 끝이 납니다. 복종서약서를 작성한 직후 오컴은 앞서도 말한 것처럼 흑사병의 희생양이 된 것으로 보입니다. 오컴은 뮌헨의 구 프란체스코교회에 묻혔지만 이후 무덤과 유품들이 사라졌다고 합니다.

오컴 철학의 일반적 배경

오컴은 업적에 비해 저평가된 사상가라고 할 수 있습니다. 이 책이 중세철학에 관한 것이니 다른 장에서도 언급했겠지만 중세철학 전체가 어쩌면 서양철학사 가운데 다른 시기의 철학에 비해 상대적으로 폄하된 측면이 있습니다. 11세기 반변증론자였던 다미아니라는 사람이 변증론자들을 겨냥해 "철학은 신학의 하녀"와 같은 표현을 한 것이 마치 중세철학 전체에 대한 평가로 오인되었듯이, 중세기는 19세기까지 이성이 결여한 암흑의 시대처럼 주류 철학사에서 거의 도외시되었다고 해도 과언이 아닙니다. 이런 중세철학 안에서도 오컴은 더욱 주목받지 못한 철학자였습니다. 물론 이성 그 자체가 평가의 기준이라는 뜻은 아닙니다. 다행히 19세기 말부터 시작된 토마스 아퀴나스 철학 연구를 중심으로 한 중세철학 부흥의 시발탄은 이후 지속적으로 중세철학을 재조명하고 그 의미를 현재화하는 연구로 이어지고 있습니다. 특히 현대 영미분석철학의 언어와 논리에 대한 관심은 중세의 언어철학과 논리학의 의미를 발굴하는 주요한 계기를 제공합니다. 중세철학도 오컴의 철학도 이후 더 이상 폄훼되지 않게 되었습니다. 퍼어스C. S. Peirce와 같은 기호학자가 철학사에서 오컴을 같은 후기 스콜라학자인 스코투스와 더불어 최고의 형이상학자로 꼽을 만큼 오컴의 위상이 새삼 부각되고 있습니다. 이런 오컴의 주요 철학적 업적을 개인적 측면에서 미시적으로 늘여다보기 전에 필자는 우선 오컴을 그의 시대적 배경과 더불어 먼저 만나보고자 합니다.

　　오컴을 만나기 위해 그의 사상의 문을 열기 전에 우리는 무엇보다 오컴이 신학자였다는 점을 이해하는 것이 필요합니다. 이것이 오컴이 중세의 학자이고 나아가 중세는 이성이 결여된 시대임을 의미하는 것은 아님을 먼저 밝힙니다. 이 책의 다른 저자들이 누누이 강조했을 것이라 믿지만 중세는 이성을 결코 무시한 시대가 아닙니다. 현재에 이르러 더욱 종교화된 신학의 어떤 부분이 교조화된 것이 사실이라 해도 중세철학을 철학이라고 부를 수 있는 이유는 이성과 신앙의 균형을 치열하게 모색한 시대이기 때문입니다. "이해하기 위해 믿는다"와 같은 중세철학자들의 언급은 이들에게서 증명과 논증이라는 철학 본연의 이성적 배경이 한순간도 무시되지 않았음을 보여줍니다. 신앙의 우위를 말했다고 해도 이성의 작업을 게을리하거나 묻어둔 채 얻어낸 결론이 아니라 정교한 이성적 작업을 수행한 결과로 그 공존의 불가능성을 선언한 맥락에서 이해해야 합니다.

유럽의 중세가 신을 배제하고는 성립되기 힘든 문화적 환경이었다는 점에서 오컴으로 이어지는 13세기와 14세기의 스콜라철학자들이 근본적으로 신학자들이었다는 점을 인정하는 것은 중요합니다. 그러나 이미 교부철학 시대의 아우구스티누스나 그로부터 스콜라철학으로 이어지는 길목의 안셀무스의 선언처럼 "이해를 추구하는 신앙"은 중세의 신학자들을 단순한 반변증론자가 아닌 이성의 사용을 적극적으로 주장한 철학자로 이해할 수 있게 해줍니다. 극단적인 시각에서 보면, 그리고 현대와 같이 세속적인 기준이 모든 평가의 중심에 놓인 관점에서 보면 신 중심의 무게감은 중세철학 전체를 쉽게 이성이 결여된 철학 부재의 영역으로 치부하기 쉬운 것도 사실입니다. 그러나 믿음을 전제하지 않는 것이 오만이라 믿었던 신학자들이라고 해서 이성을 도외시한 것은 아닙니다. 오히려 이성을 사용하지 않는 것을 태만함이라 여겼고 극단적으로는 변증론자들처럼 믿음을 제외하고 이성만을 사용할 것을 주장한 이들도 있었습니다. 중요한 것은 균형감이라고 생각합니다. 오컴을 이해하려면 특히 더 그렇습니다. 지열한 논리와 언어의 탐구는 인간 이성의, 논리의 과욕과 오만의 경계를 분명하게 적시했으며 막연히 또는 맹목적으로 신앙을 강요한 것만은 아니라는 것입니다. 특정 시대를 벗어나 보편적인 안목이 있다면 인간 능력의 영역을 뭉뚱그리지 않고 섬세하게 나누어보는 데 그 역할이 있습니다. 인간에게 남아 있는 의심의 자락을 강압적으로 잊으라 하거나 인간으로서는 아무것도 안 해도 오직 신만 믿으면 된다고 하는 무기력이 아니라, 할 수 있음과 못함의 경계를 최소한 인간의 시각에서 식별하게 하는 그의 노력은 근본적인 수준에서 인간이란 무엇이며 무엇을 할 수 있고 무엇을 알 수 있는지를 우리에게 보여줍니다. 해보지도 않고 안 되는 것이라고 하는 것과 해보고 안 되는 것이라고 선언하는 것은 분명 차이가 있습니다. 여기서 편의상 그 차이의 윤리적인 근본 의미까지 거론하지는 않겠습니다. 실제로 스콜라 신학자들이 신의 현존과 속성, 신과 피조물의 관계, 세계와 제작자에 대한 지식 같은 문제에 직면했을 때, 이런 인식론적이고 형이상학적인 문제를 다룰 때 그들은 분명 철학자였다고 할 수 있습니다. 오컴은 분명 신학자였지만 중세 사상 가장 탁월한 논리학자이기도 했습니다. 중세 스콜라철학의 '이성과 신앙의 조화'라는 목표는 그의 치열한 논리 분석과 언어의 의미 규명을 통해 '신앙과 이성의 결별'이라는 중세철학의 해체라는 결과를 가져오게 되었지만 오컴의 활동은 중세신학자들이 신앙의 영역에만 몰두한 것은 아니라는 점을 충분히 보여준다고 할 것입니다.

철학적 쟁점에 대한 많은 중세의 사변들은 그들의 신학적 작품 속에 분산되어 있고 오컴 역시 예외는 아닙니다. 뵈너도 지적하듯이 오컴이 자신의 철학을 체계적으로 온전하게 서술한 것은 아니라고 할 수 있습니다. 오컴의 업적은 단연코 논리학 분야에서 두드러집니다. 논리학에 관한 그의 저술은 그의 저작들 가운데 가장 완전하고 체계적입니다. 여기에는 《논리학대전Summa Totius Logicae》 뿐만 아니라 《범주론》, 《명제에 관하여》 그리고 《변증론》 등 아리스토텔레스 논리학 작품에 대한 해설도 있습니다. 정치철학 분야에서도 오컴은 성과를 남겼습니다. 교황 요한 22세에 대항해 황제의 세속권을 주장한 정치적인 글도 찾아볼 수 있습니다. 이렇게 다양한 활동을 전개하지만 그의 철학을 관통하는 화두는 결코 별개가 아닙니다. 오컴 철학의 모든 분야를 일관되게 대표하는 입장은 유명론의 입장이라고 말할 수 있습니다. 전문적으로는 세부적인 차이가 있지만 포괄적으로 유명론이라고 말할 때 그의 전체 사상을 이해하는 데 도움이 됩니다. 오컴이 존재론을 다룰 때, 또 지식의 대상을 다룰 때 나아가 도덕적 원리와 정치적 권력의 원천을 다룰 때 보편자가 아닌 개별자의 실재성과 우선성을 주장한다는 점에서 우리는 그를 유명론자라고 할 수 있습니다. 오컴의 가장 뛰어난 업적인 논리적 학설들은 그의 유명론과 일치하는 의미와 진리에 대한 설명을 제공합니다.

당시 옥스퍼드에서는 자연과학과 수학이 융성하고 있었습니다.

비록 그의 선구자인 로저 베이컨처럼 학문에 대한 아리스토텔레스의 설명을 받아들였다고 할지라도 오컴은 아리스토텔레스의 학설에 대한 유일하게 절대적인 참된 증명적 해설이란 필요하지 않다고 생각했습니다. 특수한 시간과 특정한 장소에서 특수하게 움직이는 물체만으로 증명에 필요한 모든 것이 제공되었다고 할 수 있으며 이는 공간, 시간 그리고 운동과 같은 보편적 장치에 호소할 필요가 없다고 보았던 것입니다. 더욱이 이 현실 세계에서 존재하고 일어나는 모든 것은 우연적일 뿐이며 그 현존과 활동을 오직 신의 자유로운 의지에만 의존한다고 주장합니다. 오컴은 이차적(즉 피조된) 원인들로 생산할 수 있는 것이라면 그것이 무엇이든 신은 그 원인들의 도움 없이도 직접적으로 만들어내고 보존할 수 있다고 보았습니다. 여기서 중요한 것은 피조된 존재에 대한 지식을 얻기 위해서는 현실적으로 그것이 무엇인지 알아내는 것이 필수적이라고 판단했다는 것입니다. 현실 세계의 어떤 것도 그 자신과 다르게는 될 수 없기 때문입니다. 현대 형이상학과 언어철학의 문제는 개별자의 문제를 분석철학에서 추방된 것으로 보였던 존재론과 형이상학의 학문적 실효성을 부활시키는 기폭제로 다루고 있습니다. 이후 필자는 오컴의 논의를 현대 언어철학의 문제를 통해 좀 더 정치하게 다루려는 계획이 있습니다. 이렇게 현실세계에는 서로 다른 개별자들만이 있을 뿐 보편자는 이름에 불과하다는 그의 유명론이야말로 오컴 경험주의의 토대가 됩니다. 오컴이 근본적으로 신학자이기 때문에 그를 철학에서 특정 입장인 경험주의자로 규정하는 데는 오해가 있을 수 있습니다. 신학자이기는 하지만 또한 체계적인 철학의 구성자가 아니라 여러 신학 작품 속에 있는 형이상학이나 인식론 등 철학적 글을 후대의 연구자들이 재구성해야만 하는 점을 생각할 때, 그의 철학만을 떼어 특히 근대 이후의 경험론자들이 가진 태도와 온전히 동일시하는 것은 위험할 수 있습니다. 그러나 그의 철학이라고 할 수 있는 부분이 갖는 의미는 분명히 우리가 철학이라는 맥락에서 충분히 경험적이라고 할 수 있는 특성이 있고 그것은 오컴의 경험주의적 유명론으로 불릴 수 있습니다. 경험과 관찰, 논리적 추론의 정교함을 통해 철학적 작업을 수행했고 사실상 근대 이후 흄이나 비트겐슈타인 등이 보여준 경험주의의 여러 개념과 방법이 오컴에게서 이미 등장했다는 점에서 의미를 되새겨볼 수 있습니다. 이를 경험주의로 통칭하기보다 경험론적 사상이라고 말하거나 그의 철학이 경험론적이었다고 말할 수 있을 것입니다. 다시 말해 이를 오컴의 유명론적 경험주의라 정리할 수 있습니다. 구체적으로 이야기를 시작하기에 앞서 뵈너가 제시한 오컴 철학을 이끌어가는 주요 원리를 말씀드리겠습니다.

① 모순을 포함하지 않는다면 신에게는 모든 것이 가능하다.
② 신이 이차적인, 즉 피조된 원인들에 의해 창조하는 것이 무엇이든 신은 그것을 그 이차적 원인들의 도움 없이도 직접 만들어내거나 보존할 수 있다.
③ 신은 그것이 실체든 우연적 존재든 모든 실재를 어떤 다른 실재와도 무관하게 야기하고 산출하고 보존할 수 있다.
④ 우리는 자명성이나 계시 또는 경험에 근거한 것이거나 그렇지 않다면 계시된 진리나 관찰에 의해 검증된 명제로부터의

논리적 추론에 근거한 것이 아니라면 어떤 진술이 참이라고
확증하거나 어떤 것이 존재한다고 주장할 수 없다.

⑤ 실재하면서 신이 아닌 모든 것은 우연적 존재자들이다.

논리와 언어

오컴 철학에서 우리가 무엇보다 먼저 논의해야 할 분야는 오컴
의 논리학입니다. 논리학이 그의 저작 가운데 다른 학문 분야의
저술에 비해 상대적으로 가장 체계적으로 완성된 형태로 제시되
고 있을 뿐 아니라 무엇보다 가장 핵심적인 부분이기 때문입니다.
오컴의 논리학은 그의 다른 작품들에 암시적으로 포함된 의미와
진리를 설명하고 지식의 추구에 사용할 방법과 분석방법을 제공
합니다. 이름어의 의미 signification와 수포지시오 suppositio의 학설은
그의 논리와 사유 일반의 토대가 됩니다. 의미와 뜻, 지시와 지칭
등의 문제는 프레게 이후 현대 언어철학에서 어떤 의미에서는 사
실상 재정비되었다고 생각될 수 있는 가운데 핵심적인 문제로 다
루어지고 있습니다. 우리가 현재의 시선에서 오컴을 이해하려 할
때 프레게나 러셀 등 현대 언어철학자들이 사용한 지시(체)와 지
칭이라는 번역 표현들의 갈피 사이로 오컴의 주요 언어들을 우리
말로 옮기는 데 더욱 신중할 수밖에 없다는 점을 말씀드리고 싶
습니다. 우선은 하나씩 검토하고 조율해나가려고 합니다. 하나의
번역어를 고치는 작업이 그 용어에 대한 이해에만 집중하는 것이
아니라 다른 내용이나 표현과의 관계를 잘 살펴 전체의 균형을

맞추어갈 수 있는 일이라고 생각합니다. 필자가 오컴을 연구하던 초기에는 절대적으로 부족했던, 너무나 희귀해 연구를 할 수 있을까라고 생각할 만큼 막연했던 한국어 관련 자료가 현재는 좀 늘어났다고 생각합니다. 이 글의 초고를 쓸 당시에는 없었던 원전 번역물도 현재는 출판되었고 그 가운데 주요 언어에 대한 번역 논의도 등장하고 있습니다. 이 글에서 오컴이 논리학이나 언어철학이라고 할 수 있는 분야에서 다루는 용어들 가운데 우선 한 가지인 'term'에 대한 번역을 고심 끝에 '이름어'로 제시하면서 앞으로 다른 주요 용어에 대해서도 보다 적확한 번역어를 모색할 것입니다. 이전 제 논문의 지도교수님과 번역에 대해 한자와 영어 등을 고려하면서 어렵게 고민하고 사용한 '이름어term'에 대한 번역어인 명사名辭는 앞에서 말한 것처럼 다른 용어와의 구별 문제로 한자를 명기해야 하는 문제 등을 포함해 현재 시점에서는 새로운 번역어가 절실히 필요하다고 생각합니다. 특히 그의 논리학을 대표하는 것이 '이름어term'에 대한 분석인 점을 고려하고, 무엇보다 논리학과 언어철학에서 번역어로 자리잡은 문장과 명제, 술어 등의 용어를 검토한 후 필자는 이 글에서부터 새로운 번역어로 제시하려고 합니다. 이 글에서 오컴의 핵심 논의에 다가가는 데 있어 이 번역어는 적합한 역할을 할 것입니다. 앞으로도 이와 관련된 지속적인 논의를 위해 고민하고 다른 용어에 대해서도 후속연구를 진행하고자 합니다. 다양한 견해가 나오고 있는 또 다른 용어에 대해서는 이후 다른 글에서 상세하게 다룰 예정입니다.

논리학은 진리, 나아가 체계적 지식으로서의 학을 수립하기 위해 모든 학문이 필요로 하는 보편개념을 어떻게 배열해 명제와 추론을 형성해야 하는지를 다루는 학문입니다. 문장이나 명제에 대한 세부적 구별 이전에 오컴의 맥락에서 이름어와 명제 그리고 추론의 본성 등을 다루는 오컴의 논리학은 학문에 대한 이러한 기준에서 그의 철학을 풀어나가는 데 적합한 출발점이 될 것입니다. 무엇보다 논리학은 서양철학에서의 학적 지식과 관련해 그 학적 작업을 수행하기 위한 필수 방법론을 제공합니다. 또한 관련 언어철학의 문제는 현대철학의 논의 과정에서 서양철학 나아가 철학의 구획 설정 문제와 닿아 있는 핵심 질문들을 제기하며 철학의 본성을 이해하는 데 큰 역할을 합니다. 논리학과 관련해 오컴은 중세 최고의 논리학자라 해도 과언이 아니며 그의 논리학에서의 의미와 목표는 현대에도 여전히 주요한 탐구의 대상입니다. 오컴은 논리학의 탐구 대상을 이름어term, 명제proposition, 그리고 추론inference이라는 세 부분으로 나누어 다룹니다. 이 분류의 기원은 아리스토텔레스의《오르가논Organon》분류입니다.

1. 이름어와 기호

오컴 연구자들에 따라 오컴의 논리학을 명사논리학이라고 하거나 오컴을 개념론자라고 분류하기도 합니다. 이때 명사는 문법에서 품사로서의 명사名詞, noun가 아니라 논리학에서 명제의 요소로서의 명사名辭, term입니다. 여기서 명제와 문장은 앞에서도 잠깐 말했지만 프레게처럼 문장과 그 뜻으로서의 명제를 세분하여 다루는 것은 아닙니다. 필자는 앞에서 말한 것처럼 오랫동안 명제나 문장의 요소로서의 'term'에 대한 적절한 표현이 무엇일지 고민했는데 이제부터 '이름어'라고 부르려고 합니다. 현대 언어철학을 다룬 서적에서도 스콜라철학에서의 '이름어term'를 여전히 '용어'로 번역하는 경우도 등장합니다. 비슷한 용어와의 혼동을 피하고 명제나 문장의 요소로서의 특성을 반영하여 이름어는 오컴의 의도에 가장 근접하는 번역어로 기능할 것입니다.

이름어는 기호들signs로 작동합니다. 대상을 정신에 불러오거나 표상하기 때문입니다. 이런 작용을 우리는 대상을 '의미한다'라고 할 수 있습니다. 이 경우 명사名詞도 이름어입니다. 이름어는 대상의 이름이 되기 위해 또는 의미 표시의 능력으로 논변적 대화 안에서 사물을 대체하기 위한 대체물로서 인간이 제정하는 것입니다. 오컴은 언어를 이러한 인공적 기호의 체계로 보았습니다. 대상과 지성이라는 자연 산물의 상호작용에 따라 생기는 개념들concepts, 즉 자연 기호들natural signs도 있습니다. 인간이 발화한 말들words로서 인공적 기호들은 정신적 언어의 자연적 기호들에 의존합니다. 하나의 인공적 기호는 하나의 개념과 결합합니다. 그런데 그 말, 그 인공적 기호는 그 대응하는 개념을 의미하지는 않습니다. 정확히 말해 그 말과 개념은 둘 다 똑같은 대상을 직접 의미합니다. 현실 세계에는 오직 개별자들만이 존재한다는 오컴의 생각을 여기에서도 읽을 수 있습니다.

2. 독의어와 공의어

오컴은 명제 안에서 기능하는 이름어를 의미와 관련하여 구별하기도 합니다. 그는 명제 안에서 단독적으로 확정적인 대상을 의미할 수 있는지와 관련해 독의어categorematic term와 공의어

syncategorematic term를 구별합니다. 필자는 여기서도 이름어term에 대해 필자가 연구 초기에 역시 번역어로 삼았던 범주적 명사와 같은 표현들을 최근 다른 연구자들이 사용하고 있는 것을 찾아볼 수 있었습니다. 독의어나 공의어로의 번역도 이름어term로 번역할 때 이들 단어의 뜻을 우리말로 전달하는 데 더 효과적이라고 생각됩니다.

"모든 사람은 희지 않다Every man is not white"라는 문장을 살펴봅시다. 여기서 독의어는 '사람man'입니다. 독자적으로 자연적이든 규약적이든 확정적 대상을 의미할 수 있는 이름어입니다. 말하자면 하나의 확정적 대상을 지시하고 "이것은 사람이다This is a man"라고 말할 수 있습니다. 그런데 이 문장에서 '모든'이나 '아니다' 등은 확정적 대상을 의미하지 않습니다. 단독으로 사용하면 의미가 없고 다른 독의어와 결합해야만 의미가 있습니다. 이런 이름어를 공의어라고 합니다. 이 공의어는 명제의 구조나 추론 형식을 결정짓는 데 필요한 명제의 형식적 요소입니다. 논리학의 핵심 주제인 추론을 구성하기 위해 이러한 형식적 역할을 담당하는 공의어가 반드시 필요합니다.

현대의 형식논리를 자연언어에 대한 이상언어의 구축이라는 측면에서 평가한다면, 자연언어에 대한 형식적 언어적용에 담긴 이상화의 의미를 지적한다는 점에서 오컴은 현대논리학과 언어철학의 선구적 측면을 제시하고 있다고 볼 수 있습니다.

3. 절대적 이름어와 내포적 이름어

이름어에 대한 여러 분류 가운데 눈여겨 살펴볼 것은 절대적 이름어와 내포적 이름어 간의 구별입니다. 앞의 문장에서 '흰'을 통해 알아봅시다. 여기서 '흰(하얀)'이라는 이름어는 사물의 '하양'을 직접적으로도 일차적으로도 의미하지 않습니다. '흰'이 직접적으로 의미하는 것은 현실 세계의 개별자로서의 '하얀 것'이며 '하양'을 간접적으로 의미하거나 내포합니다. 여기서 '하양'은 절대적인 이름어입니다. 오컴은 '사람', '말', '돌', '사고 작용' 등을 절대적 이름어로 분류합니다. 이는 대상과의 직접적인 지성적 접촉의 결과이거나 그에 기초한 여러 추상 작용의 결과입니다. 그러나 내포적인 이름어는 개념을 결합한 결과로서 항상 복합적인 이름어입니다. 절대적 이름어는 실재적 정의 또는 '이것은 무엇인가?'라는 질문에 대답하는 정의를 제공합니다. 그러나 내포적 이름어는 '이 이름어에 의해 의미되는 것이 무엇인가?'의 질문에 대답하는 정의, 즉 명목적 정의만 내릴 수 있습니다.

이같이 오컴은 기호의 종류를 아주 세심하게 분류합니다. 오컴에 따르면 무엇이든 하나의 기호가 될 수 있습니다. 하나의 정신적 사건, 하나의 단어, 담배 한 모금, 여관 앞의 큰 통 테두리, 모든 것은 똑같이 어떤 것을 그 자체와는 다른 것으로 알려지게 만듭니다. 이런 것은 모두 '자연적' 기호이며 그 이상의 어떤 특성을 공통으로 공유합니다. 그 가운데 어떤 것도 그것이 의미하는 사물에 대한 일차적 인식을 낳을 수는 없습니다. 우리는 그 기호를 이해하지만 오직 기억 속에 저장되는 한에서만, 즉 습관적으로 알려지는 경우에만 의미된 것을 알려지게 만들 수 있습니다. 그 기호에 대한 파악이 의미된 사물을 현실적으로 알려지게 만드는 것입니다. 이같이 만일 우리가 불에 대한 습관적 지식, 불이 연기를 만들어낸다는 사실에 대한 습관적 지식을 갖고 있지 않다면 연기는 불의 기호로 작용할 수 없습니다. 여기까지 기호에 대한 설명은 추론 가능성과는 아무 관계가 없습니다. 아직은 명제와의 관련성이 없기 때문입니다. 우리는 두 가지 '것들', 연기와 불에 대해서만 말하고 있기 때문입니다. 이 경우 한 가지에 대한 일차적 지식만으로는 나머지에 대한 일차적 지식을 일으킬 수 없습니다. 다만 습관적 지식을 상기해낼 수 있을 뿐입니다.

'단어word'는 자연적 기호의 목록에 포함되어 있습니다. 이 맥락에서 그것은 앞서 나온 다른 것처럼 하나의 사물 또는 실재하는 것으로서의 존재입니다. 그런데 단어는 또한 관습적인 기호이기도 하므로 이런 자격에서 논리적 특성도 보유하고 있습니다. 연기는 자연적으로는 불을 의미합니다. 또한 '연기'는 자연적으로는 한 사람의 발화자를 의미하며 관습적으로는 그것이 나타내는 것, 즉 연기를 의미합니다. 관습적인 기호는 만일 발화된다면 음성이며 글로 쓴다면 표식이 됩니다. 그것이 결합하면 화법을 형성합니다. 발화된 표현은 입으로 발설되며 신체의 귀로 들리도록 의도됩니다. 글로 쓴 것은 어떤 매체에 담겨 있으며 신체의 눈으로 보이거나 보일 수 있게 됩니다. 둘 다 이차적으로 정신적 표현이 일차적으로 의미하는 것을 의미합니다. 그것들은 정신적 표현을 의미하지는 않지만 모두 똑같은 사물 또는 사태를 의미합니다.

4. 지향

정신적 이름어는 '정신의 지향들 또는 수동성들(영혼의 수동성, 즉 정념)'이라고 기술되는 것으로서 그것들이 나타내는 것을 자연스럽게 의미합니다. 오컴은 '지향intentio'이라는 표현을 씁니다. 또한 그것은 정신적 명제들의 부분이 되도록 형성됩니다. 그것은 어떤 언어 안에도 들어 있지 않으며 외부적으로 발설될 수도 없습니다. 발화되고 글로 쓴 단어들은 그것이 나타내는 것을 의미하도록 의도된다는 점에서 기호들 사이에서 독보적입니다. 정신적 기호는 그것이 자연적으로 나타내는 것을 의미합니다.

우리는 이제 발화하고 글로 쓴 단어와 다른 한 편에서의 정신적 이름어들 사이의 관계를 살펴보려고 합니다. 쓰거나 말한 단어는 정신적 이름어를 전제합니다. 예를 들면 "그 태양이 빛나고 있다"라는 문장에서 '그 태양'이라는 단어는 하나의 정신적 명제 속 요소인 정신적 이름어를 전제합니다. 또한 자연적으로는 하늘에 있는 특정한 빛나는 물체를 나타내며 의미하는 정신적 이름어를 전제합니다. '그 태양'은 동일한 대상을 관습적으로 나타내고 의미합니다. 만일 정신적 이름어가 의미를 변경한다면 관습적 이름어 역시 새로운 관습을 필요로 하지 않고도 의미를 변경할 수 있습니다. 정신적 이름어는 의미화하는 대상이 성질을 변경하는 경우 그리고 오직 그런 경우에만 의미를 변경합니다. 만일 소크라테스가 희게 되기를 그친다면 정신적 명제인 "소크라테스는 희다"에서 하나의 요소인 정신적 이름어 소크라테스는 의미를 변화시킵니다.

정신적 명제와 발화된 명제 사이의 관계에 관한 이 견해에서 우리는 좀 이해하기 어려운 점을 발견하게 됩니다. 소크라테스와 마주치면 "그는 희다", "저 사람은 희다", "소크라테스는 희다"라고 말할 수 있습니다. 여기서 중요한 점은 정신적 명제는 결코 언어 안에 있지 않기 때문에 사실상 세 가지 경우에서 동일시될 수 있다는 점입니다. 오컴은 정신적 연관성이 있는 발화된 언어에서의 요소를 제한함으로써 이 문제와 함께 유사한 어려움에 직면합니다. 일반적으로는 의미의 필수성 때문에 발생하는 구별의 경우만이 정신적 명제에서의 유사한 구별을 전제하게 됩니다. 언어의 은총으로부터 또는 어떤 유사한 우연적 원인으로부터 발생하는 구별은 오직 정신적이고 글로 쓴 명제에만 속합니다. 언어의 요소 사이에서 의미에 의해 필수가 된 그 유일한 구별은 명사, 동사, 부사, 접속사 그리고 전치사로 나뉘는 것이지요.

대명사는 어떠한 정신적 상관관계도 갖지 않는 단어들 사이에 존재합니다. 이유를 생각해보면 '그(소크라테스를 가리키면서)'는 '소크라테스'와 동의어이기 때문입니다. 동의어 이름은 예를 들어, 동사와 그것의 분사는 정신적 명제와 분리되고 구별되는 요소로 나타나는 것은 아닙니다. "소크라테스가 달린다"는 "소크라테스가 달리고 있다"와 같은 명제입니다. 이 경우 앞의 명제가 소크라테스에게 달리는 습관이 있음을 의미하도록 의도한 예외를 제외하면 동일합니다. 그러나 이는 하나의 부사로 표현될 수 있고 그래서 정신적 명제 안에서 하나의 구별된 요소가 될 의미에서는 진짜 차이가 될 수 있습니다. 그런데도 대명사보다 명사를 더 선호할 이유는 없어 보입니다. 단어로 표현할 수 없는 영혼의 지향에서 '그'보다 하나의 정신적 이름어로서의 '소크라테스'를 더 선호함으로써 무엇이 의미될지 아는 일이 어렵기 때문입니다. '그'와 '소크라테스'가 정신의 똑같은 지향을 무차별적으로 전제한다고 말하는 것이 더 나을 수도 있습니다. '소크라테스'를 선호하는 유일하게 가능한 이유는 소크라테스가 없는 상황에서 소크라테스에 대한 습관적 지식을 재생하기 위해 그것을 사용할 수도 있기 때문입니다. 반면 '그'는 언급 대상을 확증하기 위해 소크라테스의 현실적 현전이나 이전의 언급이거나 이와 관련된 맥락이 필요하다고 볼 수 있습니다. 그런데 이 조건은 실제로는 '소크라테스'에 대해서도 어느 정도까지는 참입니다. 한 사람 이상의 많은 사람을 소크라테스라고 부를 수 있기 때문입니다.

그 구별이 의미에 의해 필수적이 되는 것은 아니지만 사람들이 때때로 또 다른 부류로부터 구분된다고 생각하는 한 가지 중요한 부류의 이름들이 있습니다. 추상적 이름은 구체적 이름과 똑같은 것을 의미하기도 합니다. 그런데도 사람들은 전자의 경우 어떤 성질quality에 관해 말하고 후자의 경우엔 하나의 실체substance에 관해 말한다고 생각해왔습니다. '말Equus'은 그로부터 형성된 추상적 이름어인 '말임equinitas(horseness)'과 동의어입니다. 하지만 이는 그 이름을 사용하는 모든 사람이 그가 동일한 것을 지칭한다고 생각하는 좁은 의미에서가 아니라 하나의 이름을 사용해서는 표현할 수 없다면 다른 하나의 이름을 사용해서 표현할 수 있는 것도 없다는 넓은 의미에서 그렇습니다. 이것이 그렇다는 것은 우리가 모든 실체의 이름으로부터 추상적 이름을 형성하지 못하도록 방해받지 않았다는 사실로 적시됩니다. 예를 들어우리는 '소임'이라는 추상적 이름을 형성하지 않고도 소에 관해 말하고 싶어하는 모든 것을 말할 수 있습니다. 같은 방식으로 '소크라테스임'에 관해 말하는 일이 필수적이지 않으며 오직 소크라테스에 관해 말하는 일만이 필수적임을 알게 됩니다. 우리가 '말'

또는 '말임' 가운데 어떤 단어를 사용할지는 의미의 필수성이 아니라 그저 수사적인 화법의 문제일 뿐입니다.

논리학자들이 다루는 논변의 세계는 몇 단계로 구별됩니다. 첫째는 대상의 단계입니다. 둘째는 첫 번째 대상을 의미하는 기호의 영역입니다. 셋째는 두 번째 단계의 기호를 의미하는 기호의 단계입니다. 오컴은 말로 하거나 글로 쓴 말에 관해서도 단계를 구별합니다. 첫째, 말이나 글로 된 것이 아닌 것의 영역입니다. 둘째, 첫 번째 단계의 대상을 의미하는 발화되거나 글로 쓴 것의 단계입니다. 셋째는 두 번째 단계의 말을 의미하는 발화되거나 글로 쓴 것의 단계입니다.

오컴의 논리학에서 핵심 문제 가운데 하나는 정신적 이름어의 본성에 관한 것입니다. 이 문제는 앞에서도 잠깐 언급한 정신적 지향, 즉 영혼의 지향 문제에서 논의하는 것입니다. 정신, 영혼, 심(리) 등 현재에는 세분화해서 다루어야 하는 용어들이지만 오컴의 철학을 설명하면서 사용하는 용어들의 뜻은 구별하지 않고 사용할 수 있습니다. 그는 영혼의 지향intentio animae을 정의하면서 지향Intentio이란 정신 속에 있는 것으로서 그것이 나타낼 수 있는 무엇인가를 자연적으로 의미하는 하나의 기호라고 했습니다. 그는 '정신 속에 있는 어떤 것'이라는 구절에 관해 세 가지 해석이 가능하다고 지적합니다. '지향'은 정신으로 구성되는 것이라는 의미 또는 정신 속에 존재하면서 이해 작용과는 구별되는 어떤 주관적 성질이라는 의미, 마지막으로 이해 작용act of understanding 그 자체라는 의미입니다. 바로 이 마지막 견해는 오컴의 면도날로 회자된 "더 적은 것으로 할 수 있는데 많은 것을 가정하는 것은 의미 없다Frustra per plura quod potest fieri per pauciora"는 사유경제의 원리를 옹호하는 것으로 이해할 수 있습니다.

5. 보편자

이런 논리학 탐구와 관련해 오컴은 기호의 심리적 동반보다는 기호의 논리에 더욱 관심을 보였습니다. 이는 오컴이 보편자universal에 관해 논의하는 면을 살펴보면 훨씬 더 명확해집니다. 그는 보편자를 다룰 때 '보편자'는 이차적 지향의 이름어, 즉 이름어에 대한 이름어일 뿐 사물에 대한 이름어가 아님을 지적하면서 전적으로 이것을 오직 논리적 문맥에서만 다룹니다. "X는 하나의 보편자이다"라는 형식은 그것의 주어로서 한 이름에 대한 이름을 요청하며 언어 바깥의 현실의 한 사물에 대한 이름을 요청하지 않는다는 것입니다. 보편자의 대척점에 있는 이름어로 생각될 수 있는 '단일자singular' 역시 이차적 지향의 이름어입니다. 현실 속 사물의 이름이 아니라는 뜻입니다.

'보편자'와 '단일자'는 논리학이나 언어철학의 관점에서 사물의 이름이 아니라 기호들의 이름이라는 점에서 차이가 없습니다. 둘 다 이차적 지향의 이름어라는 점에서 같은 것입니다. 그런데 여기서 '보편자'는 하나의 이름이 많은 사물의 이름이라는 것을 의미하는 반면 '단일자'는 하나의 이름이 한 개별자individual의 이름이라는 것을 의미합니다. 만일 문장 "하양은 보편자이다"를 예로 들어본다면 여기서 '하양'은 소크라테스 또는 아리스토텔레스 등을 이름하는 것이고 '보편자'는 '하양' 또는 '인간' 등을 이름합니다. '단일자'는 '소크라테스' 또는 '아리스토텔레스'를 이름합니다.

그런데도 그 이름어가 이름하는 것이 무엇인지를 일차적으로 나타내는 것은 정신적 개념이며 따라서 보편자들은 일차적으로 개념들이며 이차적으로는 정신적 개념이 나타내는 동일한 사물을 나타내는 발화되거나 글로 쓰인 이름들입니다.

지금까지의 논의는 오컴의 논리학에서 아주 중요한 '수포지시오suppositio'에 관한 문제와 관련된 것입니다. 명제 속에 들어가는 이름어는 '수포지시오'를 갖는데 이는 그것이 다른 의미로 이름하는 것을 나타냅니다. '사람Homo'은 소크라테스나 플라톤 또는 아리스토텔레스를 의미합니다. 그러나 다음 명제 "모든 사람은 이성적이다Omnis Homo rationalis est"에서 이름어 '모든'은 공의어입니다. 즉 그것은 단독으로는 아무것도 의미하지 않지만 이름어 '사람'의 '수포지시오'를 확정적으로 만드는 것입니다. "모든 사람"은 모든 사람을 구별하지 않고 분배적으로 나타냅니다. 이 말은 보편자가 복합 관념이라고 할지라도 그 명제를 언급하는 데 있어 화자가 그의 정신 속에 있는 다양한 예를 훑어볼 준비가 되었음을 의미합니다. 보편명제는 이름어로 구성된 하나의 정신적 명제를 전제합니다. 나아가 하나의 정신적 이름어가 어떤 하나의 개별자와의 접촉으로 정신 속에서 불러일으켜진다고 할 수 있습니다. 그런데 여기서 유사한 개별자들과의 반복된 접촉의 계기가 하나의 복합적 심상의 결과로 나타나는 것이 아니며 습관적 지식의 결과로 나타납니다. 즉 각각의 새로운 계기마다 유사한 개별자를 상기시킬 준비가 되어 있음을 의미합니다. 오컴은 실제로 개념에 대한 심리적 상태에는 관심을 갖지 않았습니다. 거듭 말하지만 이 점이 오컴의 논리학에서 중요합니다. 그는 단지 하나의 개념을 갖는다는 것이 정신적으로 능동적이라는 것, 그리고 오직 개별자들과 정신의 활동만이 개념의 형성과 사용에 본질적이라는 것만 분명히 밝힙니다. 심리적 개념은 외부의 실재를 결코 재현(표상)하지 않습니다. 물론 그렇다고 해도 이것이 개념을 허구로 만드는 것은 아니라고 합니다. 그것들은 우리가 개별자를 개념적으로 생각하거나 알게 되는 방법이라는 것입니다.

이와 관련해 오컴은 허구의 개념이 포함된 명제는 명백하게 거짓이라고 보았습니다. "키메라는 현존하지 않는다"는 거짓입니다. 키메라가 현존하지 않는 것이 아니라는 의미에서가 아니라 그것이 현존하지 않는다고 우리가 말할 수 있는 것이 아무것도 존재하지 않는다는 의미에서 그렇습니다.

오컴이 논리학에서 수행한 엄격한 의미 분석의 작업은 보편자의 실재 여부를 묻는 보편논쟁의 흐름에서 유명론의 입장을 강조하게 되고 실제로 그의 유명론은 아퀴나스가 잘 정리했다고 생각했던 온건실재론의 기초를 다시 검토하게 함으로써 사실상 스콜라철학의 기초를 심각하게 훼손하는 결과를 낳았습니다. 앞에서 다른 철학자들을 다루면서 이 보편논쟁의 문제가 이미 거론되었으리라고 생각됩니다. 중세에서 오컴 이전의 보에티우스는 포르피리오스의 《아리스토텔레스 범주론 입문》을 주석하면서 그가 논의하지 않겠다고 미루어둔 문제들, 즉 유와 종이 자체로서 현실 세계에 실재하는지 아니면 정신 속에만 있는지 등을 다시 문제 삼게 됩니다. 유와 종 같은 것이 바로 보편자입니다. 보에티우스는 플라톤의 형상이나 아리스토텔레스의 본질 등의 문제로까지 소급해서 해결해보려고 했습니다. 필자는 여기서 보편논쟁의 긴

서사를 다 이야기하려는 것은 아닙니다. 삼위일체의 논의로 유명론을 주장한 로스켈리누스 이후 아벨라르두스는 인식론의 관점에서 유명론을 주장합니다. 아퀴나스는 보편자의 문제를 인식론과 존재론의 측면에서 각각 정리하고 온건실재론을 통해 이 문제를 해결하려고 했습니다. 그러나 오컴은 실제 현실 세계에는 개별자만 존재할 뿐 본성의 형식으로는 개별자 속에 보편자가 존재할 수 있다는 실재론자들의 주장을 철저하게 거부했습니다. 오컴은 현실 세계 속의 개별자로서의 사물의 존재 이후 보편자는 이름으로서만 있는 것으로서 실재하지 않는다고 주장합니다. 신의 정신 속에 선재한다는 주장에서 나아가 개별자 속에 존재할 수 있는 가능성도 완전히 배격한 것입니다. 사실 오컴의 유명론에서 생각해볼 문제는 둔스 스코투스의 개별화의 원리 문제에 대한 오컴의 입장입니다. 둔스 스코투스는 아퀴나스의 실재론을 비판하고 보편자가 아닌 개별자로 관심의 초점을 이동시켰습니다. 그러나 오컴의 입장에서 그는 여전히 개별화의 원리를 질료는 아니지만 형상에서 찾는 옛날 사람입니다. 모든 것이 개별자인데 보편자로부터 어떻게 특수자인 개별자가 나오는지 고민할 필요가 없는데 말입니다. '이것임'과 같은 개별화의 원리를 내세움으로써 보편자의 실재 가능성을 완전히 청산하지 못한 것입니다. 오컴의 철저한 유명론적 입장은 중세 스콜라철학의 근본 토대를 무너뜨리는 데 결정적인 계기를 제공합니다. 오컴의 탐구가 '신앙과 이성의 결별'이라는 결말로 귀결되었다는 것은 신학이 아닌 신앙의 영역을 구별하고 이성적 탐구의 한계를 분명하게 보여주는 것입니다.

오컴의 유명론에 대해 우리는 그의 논리학을 검토함으로써 좀 더 잘 이해할 수 있습니다. 잠시나마 그리고 조금이나마 여기서 논의된 내용을 통해 오컴에게 부여되는 여러 표제들의 의미가 실제로 무엇인지 생각해보는 계기가 되기를 바랍니다.

학문관과 지식론

오컴은 지식과 학문이라는 의미를 모두 포괄하는 용어로 '학 scientia'을 씁니다. 오컴이 생각하는 학적 지식의 모범은 아리스토텔레스에게서 찾을 수 있습니다. 스콜라철학의 배경은 아리스토텔레스 철학입니다. 중세의 지식 권력과 관련해 아랍으로부터 유럽으로 역수입된 아리스토텔레스 철학은 수용 과정에서 여러 갈등을 낳기도 했습니다. '아리스토텔레스의 아이들'이라고까지 통칭할 수 있는 이유는 그만큼 중세철학자들에게 끼친 아리스토텔레스의 영향이 지대했기 때문입니다. 오컴도 예외는 아닙니다. 스콜라철학의 정점에 서 있는 아퀴나스와 결과적으로는 다른 결론에 도달했지만 오컴 역시 시작은 아리스토텔레스였고 학문적 초심의 목표는 얼마나 아리스토텔레스를 잘 해석해내느냐에 있었다고 해도 과언이 아닙니다. 그가 '위대한 철학자'라고 지칭한 인물은 아리스토텔레스였습니다. 아리스토텔레스의 학적 지식의 이상은 반드시 참인 명제로부터 삼단논법과 같은 추론을 거쳐 도출된 명제입니다. 오컴은 이러한 학적 지식에 대한 기준을 더욱 엄밀하게 적용했다고 할 수 있습니다.

　오컴은 자명한 전제로부터 증명을 통해 도출한 결론, 즉 추론적 필연성을 확보한 명제만을 학적인 지식의 정의에 부합하는 진술이라고 생각합니다. 이런 언명으로 구성된 학문에는 논리학이나 수학 등이 포함되고 현재 기준으로는 이해하기 어렵지만 당시 신학이나 형이상학의 명제도 여기에 들어갑니다. 요점은 엄밀한 학적 기준입니다. 증명의 필연성을 확보한 진술만이 학적 지식이 될 수 있습니다. 계시 진리는 이러한 과정을 거치지 않기 때문에 학적 진리가 될 수 없습니다.

이렇게 엄밀한 학적 지식의 기준을 충족시킬 수 있는 지식 영역은 극히 제한적입니다. 그런데 이렇게 제한된 학적 지식의 영역을 벗어나는 다른 진리가 있습니다. 참이고 명백하며 필연적이라고 할 수 있고 따라서 확실하게 알려지는 언명들이 있습니다. 이런 언명들에 대해 우리는 어떻게 알 수 있을까요? 오컴의 인식론은 이러한 의문에 대한 생각을 보여줍니다. 우리 인간에게서 인식은 경험에서 출발합니다. 현실 세계에는 개별자들만 존재하고 우리가 경험하는 대상은 경험과학의 대상이 됩니다.

이성적 학문들 사이의 차이, 즉 논리학과 경험적 학문의 차이에 관해 오컴은 논리학이 이차적 지향의 이름어에 관한 것이라면 경험과학은 사물에 관한 학문이라고 기술합니다. 보편자는 하나의 사물 이상의 것을 나타내는 이름어이며 따라서 논리학만이 보편자를 다룬다고 보았습니다. 경험과학은 개별적 사물을 다룹니다. 과학은 이 개별적 사물에 대한 보편적으로 참인 진술, 즉 모든 개별적 사례에 있어 참인 진술을 만드는 것입니다. 과학은 그 토대로서 직관적 지식을 갖고 있습니다. 심지어 전체가 부분보다 더 큰 명제에 대한 지식 같은 경우에서도 그렇다고 할 수 있습니다. 우리는 이름어에 대한 의미를 이해하자마자 이 진술의 참에 대해 동의합니다. 그러나 경험이 없다면 그 진술은 형성될 수 없고 의미를 이해할 수도 없습니다. 직관적 지식은 하나의 개별적 사물의 현존에 관한 것이거나 다른 사물에 대한 개별적 사물의 관계에 관한 것, 또는 성질을 소유하고 있는 것으로서의 개별적 사물에 대한 것이라고 보았습니다.

직관적 지식은 직접적입니다. 오컴은 직관적 지식에 대해 사물 그 자체는 보거나 이해하는 작용과 사물 자체 사이에 어떠한 매개도 없이 직접 알려진다고 함으로써 추론적 지식과 구별합니다. 이런 지식은 하나의 사물이 현존하거나 하얗거나 또는 다른 사물 옆에 가까이 있다는 우연적이지만 확실한 명제로 직접 이끌어갑니다. 그렇다고 해도 그것은 감각적 지식은 아닙니다. 그것은 하나의 개별적 사물과 그 성질 및 관계에 관한 파악입니다. 우리는 물질적 사물만 직관적으로 아는 것이 아니라 우리 고유의 활동들을 알며 "오성이 있다", "의지가 있다"와 같은 명제를 형성할 수도 있습니다. 또한 자명한 명제들과 계시 진리들 역시 직관적으로 안다고 주장합니다.

직관적 지식과 관련해 인과명제에 관한 오컴의 주장 역시 주목할 만합니다. 오컴은 모든 피조물은 다른 피조물과 분리되어 있고 구별된다고 주장합니다. 이 점이 가장 중요합니다. 하나의 사물에 대한 직관적 지식은 또 다른 사물에 대한 직관적 지식을 낳을 수 없습니다. 따라서 어떤 추상적 추론도 인과명제를 낳을 수 없습니다. 실제로 규칙적인 연속적 계열이 있을 수 있습니다. 그러나 구별되는 두 사물 사이의 필연성은 각각의 경우에서 모두 참이라는 의미를 제외한다면 필연적이지 않습니다. 이는 우연적인 것으로 전적으로 신의 의지에 의존합니다. 비록 우리가 불과 열 사이에 연결을 지속적으로 관찰할 수 있다고 해도 사실상 이와 다르게도 될 수 있습니다. 근대 이후 흄의 인과추론의 필연성에 대한 비판적 관점을 우리는 오컴의 이와 같은 논의에서 먼저 만나볼 수 있습니다. 사건들 사이의 규칙적인 연관성이 필연적 인과추론의 타당성을 확보할 수 없다고 주장하고 학적 기준에 대한 '자연주의'의 입장으로 선회하는 흄의 인과분석의 핵심적 과정은 오컴의 분석 과정과 다르지 않습니다. 각각 모두 다른 개별자들과 그 개별자들에 대한 직관적 지식, 관찰 경험의 일회성이 귀납적 일반화를 통해 확보할 수 있는 것은 개연성 이상의 필연성을 확보할 수 없다는 결말은 경험주의의 원칙을 엄격하게 준수하는 한 피할 수 없는 것입니다.

오컴은 신의 절대적 자유를 적극적으로 지키려고 합니다. 신의 창조의 어떤 표본이 될 수 있는 본성이나 본질이 결코 존재하지 않는 것처럼, 하나의 사물과 또 다른 사물 사이에 필연적 연관은 존재하지 않습니다. 비록 사실상 창조된 세계가 어떤 질서를 표현하는 것처럼 보여도 이차적 원인으로 생긴 것은 신이 직접적으로 야기할 수도 있었을 것입니다. 세계의 질서는 전적으로 신의 선택에 의존하고, 따라서 선험적으로 추론해내는 일은 가능하지 않습니다.

우리가 오컴 철학의 경험주의 정신이라고 할 때 이를 통해 우리가 이해할 수 있는 것은 만일 우리가 세계 안에서 사물들과 그것들 사이의 상호연관성을 알고 싶다면 그 성질이나 통상적인 부대 사항에 주목하면서 현실의 사물을 검토하는 것 말고는 다른 방법이 없다는 것입니다. 우리는 어떤 성질이 하나의 대상 속에 함께 내재한다는 것, 그리고 어떤 종류의 대상이 또 다른 종류의 대상에 의해 따라나온다는 것에 주목할 수 있고 나아가 우리의 지식을 보편명제로 표현할 수 있습니다. 그러나 중요한 것은 이런 것이 개별적 사례 외의 다른 것을 의미하지는 않을 것이라는 점입니다. 그런데도 오컴은 인과추론이 있을 수 없다는 것은 아니라고 합니다. 그는 학문과 증명의 가능성 그리고 증명 불가능한 원리의 존재에 대한 아리스토텔레스의 설명을 받아들입니다. 따라서 오컴의 과학 또는 자연철학에 대해 그가 의미하는 바를 가장 완벽하게 설명한 것은 아리스토텔레스의 자연학에 대한 《자연학 해설》 서언에서 찾아볼 수 있습니다. 주요 논점은 다음과 같습니다.

자연과학이 자연에서 벌어지는 일들, 그래서 자연의 실제 사물들을 다루는 것으로 생각될 수 있습니다. 그런데 우리는 지금까지의 논의에서 자연과학도 학문으로서 학문은 명제들로 이루어진 것이라는 점을 이해할 수 있었습니다. 자연과학의 명제는 세계 속의 사물이 아니라 이름어로 구성되어 있으며, 따라서 자연에 대한 학문은 변하거나 부패할 수 있는 것, 즉 자연 현실세계의 개별적 사물들에 관한 것이 아니라 '변하는 것' 그리고 '부패하는 것'이라는 개념, 즉 이름어에 관한 것입니다. 우리는 현실세계의 변화하거나 부패할 수 있는 것들에 대해 말할 수도 있을 것입니다. 그러나 학문의 기준에서 보자면 이러한 언급은 부적절한 것이라고 할 수 있습니다. 현대철학에서라면 은유적인 사용이라고 말할 수도 있겠습니다. 자연과학은 변화하거나 소멸할 수 있는 사물을 나타내는 이름어에 관한 것이기 때문입니다. 이것은 아리스토텔레스가 지식은 단일한 사물에 관한 것이 아니라 개별적인 것을 나타내는 보편자에 관한 것이라고 말할 때 그가 의미한 것이라고 오컴은 말합니다. 이런 점 때문에 우리는 오컴이 논리학이 다른 학문과는 다른 위상을 가진다고 주장하거나 더 나아가 논리학이 다른 학문과 마찬가지로 단지 하나의 학문에 불과한 것은 아니라는 주장까지도 암시하고 있다고 생각할 수 있습니다. 논리학은 세계 속의 사물을 있는 그대로 나타내는 것이 아니라 다른 이름어를 나타내는 또 다른 이름어로 구성된 명제들에 의해 조직되는 것입니다. 이러한 명제에 대한 지식은 가능하며 또한 그 명제는 참이거나 거짓이 될 수 있습니다. 이런 생각에 기초해 오컴은 자연과학을 상세하게 다루고 나아가 그것이 무엇을 다루는지 규정할 것을 제안합니다. 물론 그는 말 그대로 근대 이후 오늘날 우리가 생각하는 기준에서의 자연과학자라고 하기는 어려울 것입니다. 그의 기획은 물리적 세계의 체계적 묘사에 사용된 개념을 정치하게 분석하는 것입니다. 그렇다고 해서 과학적 명제가 마치 매일의 일상적 담화에서의 진술처럼 현실의 개별적 사태에 의해 참과 거짓으로 만들어진다고 하는 근본적 입장을 철회하는 데까지 나아간 것은 결코 아닙니다. 여기서 과학은 체계를 위해 발명된 규약적인 개념의 상부구조가 아닙니다. 그것은 정신 외부의, 인식 가능한 물리적 세계를 전제하며 또한 그 진술들은 지각에 관한 단칭 진술과 같은 의미에서 참과 거짓이 됩니다. 즉 그것은 사실들에 대응하면 참이고 대응하지 않는다면 거짓이라고 할 수 있습니다.

오컴은 세계 속에 존재하는 절대적인 것은 두 종류만 있고 그것은 실체와 성질이라고 했습니다. 또한 세계에 관해 참으로 말할 수 있는 것이라면 무엇이든 이러한 두 종류의 실재를 포함하는 진술로 환원될 수 있어야만 한다고 주장합니다. 분명하게 절대적인 것, 운동, 시간 그리고 장소에 관한 진술은 현실적으로 운동하는 물체, 그것의 연속적 상태 그리고 서로에 대한 관계에서 그위치에 관한 진술과 등가의 것으로 여겨져야만 한다는 것입니다.

형이상학과 존재론

엄밀하게 보자면 오컴은 그의 학에 대한 기준에서 형이상학이라는 학문은 존재하지 않는다는 것을 실제로 보여줬다고 생각할 수도 있습니다. 이전까지 형이상학의 중심개념 가운데 하나인 '존재 being' 역시 그에게서 유사한 취급을 받았을 것으로 추정할 수 있습니다. 따라서 형이상학은 논리학 또는 자연과학으로 흡수되었을 것이라고 생각해볼 수 있습니다. 그런데도 《자유토론집》 등에서 오컴은 우리가 형이상학이라고 통상 간주하는 질문을 실제로 다루기도 합니다.

형이상학은 실재적인 진짜 학문이며 첫 번째 주제는 존재라고 말합니다. 만일 우리가 '술어의 최고 으뜸'을 의미한다면 그렇다고 했습니다. 또 만일 우리가 완전함의 최고 으뜸을 의미한다면 신이 형이상학의 첫 번째 주제라고도 말합니다. 그런데 '존재'는

'존재하는 것들'을 나타내며 정신 외부의 세계에는 그와 같은 존재가 존재하지 않는다고 합니다. 형이상학은 그렇다면 존재라는 개념에 관여하는데 비록 존재가 모든 실존하는 사물을 나타내기 때문에 각각은 '하나의' 존재로 생각됨에도 형이상학은 모든 실존하는 사물이 그 존재개념 아래 포함되는 한 모든 실존하는 사물에 관심을 갖는다고 주장합니다. 여기서 그 개념은 개별적 사물의 직접적 파악으로 형성됩니다. 그런데 개별적인 사물은 비록 개념이 아직 형성되지 않았음에도 알려질 수 있을지 모른다고 합니다. 발화되고 글로 쓴 이름어 '존재'는 일의적univocal이며 신과 피조물에 똑같이 적용됩니다. 그래서 신과 피조물들에 공통되며 그것들에 모두 술어가 될 수 있는 하나의 개념이 있다고도 말합니다. 만일 그렇지 않다면 신을 생각할 수 없기 때문입니다. 우리는 신에 대한 어떤 직관적 지식도 없으며 또한 신에 관한 하나의 단순한 고유 개념도 가질 수 없습니다. 그러나 우리는 모든 다른 실존하는 존재에 관해서와 마찬가지로 신에게도 술어가 될 수 있는 하나의 개념을 가지고 있습니다. 그렇지만 이것은 존재를 피조물에 귀속시키는 것처럼 일의적으로 신에게 귀속시키는 데 있어 우리가 그가 다른 실존하는 존재와 공통으로 나누어 갖는 신의 존재의 어떤 특성을 안다는 의미가 아닙니다. 또한 우리가 그의 현존에 관해 확신한다는 의미도 아닙니다. 신의 현존은 다른 방법으로 알려집니다. 그것은 단순히 우리가 신의 존재에 대한 개념을 형성할 수 있는 능력이 있다는 것만을 의미할 뿐입니다. 아퀴나스의 유비이론이나 스코투스의 일의성 논제와 비교해볼 수 있습니다. 우리가 하나의 파란 구두를 보는 것은 다른 파란 구두를 볼 때 거기에도 적용 가능한 파랑의 관념을 우리가 갖는 것으로 이끌어갑니다. 그렇다고 이것이 다른 파란 구두의 현존에 대한 확증으로 이끌어가는 것은 아닙니다. 같은 방식으로 존재의 개념을 형성하는 일은 모든 존재자에게 적용 가능한 하나의 개념을 갖는 것이 됩니다. 그렇다고 해도 그렇게 직접적으로 알려진 것 이외에 어떤 다른 것의 현존에 대해 확증되었음을 의미하는 것은 아닙니다.

　신에 대한 우리의 앎은 개념에 대한 지식이며, 우리가 그에게만 적용 가능한 복합 개념을 형성할 수 있다고 할지라도 단칭의 단순 실재를 반영할 수는 없는 하나의 정신적 구성이라고 할 수 있습니다. 오컴은 우리가 직접적으로 아는 것은 개념들이고 그것들은 실제로 신이 아니라 단지 신을 나타내기 위해 명제들 속에서 우리가 사용하는 것일 뿐이라고 했습니다. 우리는 신의 본성에 관해 알지만 이는 오직 개념이라는 매개체를 통해서만 가능하며 우리는 결코 신의 본질에 관한 참된 앎을 갖지는 못합니다. 이는 신학자의 진술이 참이 아니거나 의미가 없다는 뜻이 아닙니다. 그들의 추론은 단지 개념 위에서만 수행되는 것일 뿐 실재의 존재 위에서 이루어지는 것이 아니라는 의미입니다. 물론 개념에 대한 이들의 분석은 무신론자나 이교도들에게서도 사실상 똑같이 수행될 수 있습니다. 신학에서 진술의 참에 대한 확실한 지식을 주는 것은 신앙으로 받아들여진 계시입니다. 이 지식은 그래서 학(적 지식)이 아닌데, 그 이유는 이 지식이 그 토대로서 직관적 인식을 가질 수 없기 때문입니다. 이는 신학의 진술이 오류임을 증명하는 것이 아닙니다. 더 나아가 그것의 참에 대해 의문을 제기하는 것도 아닙니다. 이것은 오직 그것이 갖는 논리적 본성을 드러내는 것일 뿐입니다.

인간과 도덕

오컴의 윤리이론은 일차적으로 신의 명령에 복종해야 하는 신학자 입장에서 의무론적이라는 점을 피할 수는 없습니다. 그러나 이런 면과 일치하지 않는 또 다른 윤리적 사유도 보여줍니다. 그는 "올바른 이성"이라든가 올바른 이성과 일치하는 행위의 덕에 관해 지속적으로 말하기 때문입니다. 이런 점은 그가 평신도로서 세속인인 동시에 신학자라는 측면에 대한 이해가 필요한 대목입니다. 이런 그의 이중적 면모는 자신의 학문적 배경과 종교적 배경 사이의 불일치에서 비롯된다고 볼 수 있습니다. 그는 일반인으로서는 계시가 없다면 아리스토텔레스의 윤리학을 따를 것이지만 신학자로서는 앞서도 말했듯이 신의 명령을 따라야 하기 때문입니다.

만일 우리가 신이 그의 피조물로 하여금 그를 미워하라는 명령을 내릴 수 있는지에 대한 질문을 받는다면 이는 논리적 불가능성이 아니라 도덕적 불가능성의 문제가 될 것입니다. 이러한 신의 명령에 복종하는 중에도 그는 신을 사랑하고 있는 것일 수밖에 없기 때문입니다. 오컴은 인간의 도덕적 본성이란 경험적으로만 학습될 수 있는 것으로 보았습니다. 오컴은 어렵기는 하지만 사람들이 자신의 감각적 본성에 반하는 행동을 하려는 의지를 갖는지도 모른다고 생각합니다.

아퀴나스와 달리 오컴은 덕이 서로 반드시 연관되어 있다고 생각하지 않습니다. 토마스 아퀴나스는 덕이 서로 필연적으로 연결되어 있다고 생각하고 따라서 영혼의 정직함과 관대함의 덕은 서로 지지하거나 강화하는 역할을 할 수 있다고 생각합니다. 이에 반해 오컴은 덕이 서로 공통의 기원을 갖는다는 견해에 반대합니다. 예를 들어 오컴은 정의의 덕이 결여된 상황이라도 진실함의 덕을 찾아내는 일이 가능하다고 주장합니다.

신학적 측면에서 근대 초기의 루터는 오컴주의자로 분류됩니다. 우리가 근대적이라는 용어를 어떻게 해석할지에 관한 문제에서 여기서는 순수하게 오컴 시대 전후의 사정에서만 이 용어를 취급하고자 합니다. 오컴의 신학에서 훨씬 더 큰 의미를 갖는 것은 신의 자유에 대한 그의 견해라고 할 수 있습니다. 그의 기본적인 신학적 기획은 교회에서의 신과 우주에서의 신을 신의 자유와 양립 가능한 방식으로 배치하려는 것입니다. 이 맥락에서 오컴은 인간의 자유liberty를 우리가 오늘날 생각하는 것과 비교해볼 때 훨씬 더 소극적으로 평가합니다. 우리가 자유라고 부르고자 하는 것을 오컴은 가변성의 자유로 기술합니다. 그것은 우리로 하여금 경향성을 따르거나 우리를 강제로부터 자유롭게 벗어나도록 허락하는 것이 아닙니다. 오히려 그것은 우리를 도덕적 죄와 비참함에 노출시킵니다. 오컴이 궁극적으로는 인간이 오직 죄의 노예 상태와 신의 의지에 대한 복종 사이에서 선택하는 것에서만 자유롭다는 견해를 갖는 것은 이것이 그가 불가피하게 공유하는 그리스도교신학의 견해이기 때문입니다.

오컴, 근대로의 길을 마련하다

오컴의 위대한 업적은 무엇보다 논리학에 있습니다. 오컴에 대한 이 글에서 논리학이 가장 많이 지면을 차지하는 것도 같은 이유입니다. 사실 논리학에 대한 그의 이야기는 이것만으로 부족합니다. 그렇다고 해서 오컴의 다른 부분이 덜 중요하다는 것도 아닙니다. 이에 관해 다음에 더 자세히 말할 기회가 오기를 기대합니다. 궁극적으로 오컴은 명제와 그것의 이름어의 본성을 탐구함으로써 사변을 위한 철학에 어떤 여지도 없음을 보여주었습니다. 우리는 사물이 어떻게 그렇게 있을 수밖에 없는지 또는 어떻게 그래야만 하는지에 대해서 선험적으로 알 수 없습니다. 오직 경험으로, 이성에 의해 정보를 제공받아 실제로 그것이 어떻게 그런지 알 수 있습니다. 동시에 무엇보다 중요한 계시를 받아들여야 하는 의무가 있고 따라서 모든 지식은 두 가지 의미에서 우연적입니다. 그것은 사물이 어떻게 발생하는지에 관한 것입니다. 우리가 자연의 질서에서는 어떠한 필연성도 결코 발견할 수 없다는 것과 심지어 파괴된 규칙성조차 우연적 규칙성이라는 의미에서 그것은 어쩌면 다른 것이 되었을 수도 있다는 의미입니다. 그 질서 자체가 다른 것이 될 수도 있습니다. 이런 태도는 오컴이 자연적 지식과 신학적 지식의 영역에 한계를 정하려는 것입니다. 어떤 것도 나머지 다른 것을 구속하지 않습니다. 오컴은 우리가 법칙을 정식화하는 것은 합당한 일이라고 보았습니다. 그런데 그런 모든 법칙은 신의 의지에 따라 우연적일 수밖에 없다는 점을 반드시 명심해야 할 것이라고 하였습니다. 중세 후기라는 그의 시대적 배경을 생각할 때 실제로 이런 주장은 역설적이게도 우리 인간이 자연의 세계에 대한 지식을 위해 해방된 영토를 독립적으로 확보하고 있다는 것을 의미하는 것이기도 합니다. 도덕적 본성을 포함하는 인간의 본성을 위한 과학을 위해 자유롭게 남겨진 영역이 있는 것이지요. 물론 그럼에도 계시된 종교의 진리를 무효화시킬 수 있는 것은 아무것도 발견할 수 없다는 것이 오컴의 주장입니다.

오컴이 근대적인 길을 마련했다고 할 때 그 새로운, 근대적인 점이 무엇인지 생각해봅시다. 크게 네 가지 정도로 정리할 수 있습니다. 첫째, 정신의 외부 세계에는 개별자만이 존재한다는 것입니다. 따라서 공통 본성으로 이루어진 것이 아니라는 주장입니다. 보편자는 현실 세계에는 존재하지 않습니다. 둘째, 그의 경험주의입니다. 유명론적 경험주의라고 할 수 있습니다. 셋째, 신학에서 신성에 대한 증명적 지식의 불가능성을 주장하고 신학과 신앙의 결별을 선언함으로써 중세 스콜라철학의 해체를 가속화한 것입니다. 마지막으로 넷째, 도덕학에서 인간은 알면서도 악을 선택할 수 있다는 그의 암시입니다. 우리는 21세기의 사람들이고 서양 유럽 근대철학의 관문을 이미 어느 정도 간접적이라고 할지라도 거쳐온 사람들입니다. 근대 이후의 사상가들이 중세철학의 일반적 경향과 달리 근대에 관한 어떤 일반적 흐름을 제시한다고 가정할 때 오컴이 이런 가정의 전초적 성격을 보여준다고 생각되는 측면이 앞의 네 가지 정도입니다. 근대 이후 도덕학의 측면에서 사상가들은 더 이상 낙관적이고 긍정적이지 않은 자기 파괴적인 인간의 선택이 가능하다는 점을 인지하기 시작했다고 볼 수 있습니다. 이런 점이 중세 말의 오컴에게서도 암시되고 있습니다. 또 근대의 신학자들은 신성을 파악하는 데 인간 지성은 부적합하며 심지어 무능력하기까지 하다고 주장합니다. 이신득의의 문제나 노예의지론은 신앙의 문제를 인간 지성의 증명을 통한 신학의 가능성을 철저하게 무력화합니다. 무엇보다 근대철학의 핵심에 놓인 과학혁명의 근간에 있는 근대 과학자들은 일반적으로 경험론자들이라고 할 수 있습니다. 경험과학이나 실험과학의 우위는 근대적 사유의 흐름을 결정짓는 중요한 요소입니다. 오컴의 의미는 무엇보다 이러한 근대적 사유와의 연관성에서 찾아볼 수 있습니다. 앞서 주요한 항목들에서 중세 사상가들에 대한 우리의 평가는 근대세계의 변화에 대한 우리의 이해에 의존할 수밖에 없습니다. 오컴의 경험론이나 유명론 속에 내포된 근대성의 예견은 그의 철학적 명성을 이루는 핵심적 부분이며 이 점을 우리는 오컴을 이해하기 위해 반드시 고려해보아야 합니다. 근대 이후 오늘날의 사상과 오컴의 사상은 여전히 공통의 가정을 서로 공유하며 이 점이 그를 근대적이라고 칭하는 결정적 이유로 작용할 것입니다. 우리가 일면적으로 오컴의 철학이 선대 중세 사상가들보다 더 탁월하다거나 발전했다는 의미로 그를 근대적이라고 말하는 것은 아닙니다. 오컴에 대해서는 근대적이라는 표현에 어울리는 새로운 이야기가 더 많습니다. 이 점을 앞으로 밝혀나가는 것을 필자의 과제로 남기며 여기서 이야기를 마칩니다.

◆◆◆

더 읽어보면
좋은 책

윌리엄 오컴, 이경희 옮김,《오컴철학선집》, 간디서원, 2004.

이 책은 오컴의 저작들에 관한 한 최고의 권위자로 인정받았던 프
란체스코 수도회의 뵈너 신부가 다양하고 방대한 오컴의 작품들
을 편역해서 한 권의 책으로 묶은 철학선집을 한국어로 번역한 책
이다. 국내에서 오컴 철학의 원전을 찾아보기 어려운 가운데 각
작품의 주요 부분들을 발췌해 엮은 것으로 부족하나마 한국어로
읽을 수 있는 기회를 제공하는 책이다. 번역이 반역이 되는 오역
이 있더라도 없는 것보다는 낫겠다는 생각에서 주요 부분을 찾아
볼 수 있다. 번역자로서는 번역 당시 번역어의 선례가 거의 전무
한 상황에서 첫 번역이 이루어졌지만, 오컴의 진의에 근접하는 번
역어를 찾는 데 아직도 고심을 거듭하고 있다. 번역자는 현대 언
어철학과 분석철학에서의 논의들을 좀 더 검토한 후 새로운 번역
어를 적용한 오컴 저작들의 번역을 계획하고 있다.

**루빈스타인, 유원기 옮김,《아리스토텔레스의 아이들》, 민음사,
2004.**

이 책은 아리스토텔레스가 중세시대에 미친 영향 관계를 검토함
으로써 새로운 시각에서 중세기를 이해하는 데 도움을 준다. 한국
어로 된 오컴 철학을 철학사에서 만나는 서술방식과 달리 이 책
은 중세를 바라보는 새로운 시각을 통해 오컴의 배경을 바라보게
해준다. 오컴이 살았던 중세에 대한 다양한 각도의 해석이 가능하

◆◆◆

다는 것을 보여줌으로써 다른 시대에 비해 관심을 덜 받았다고 할 수 있는 중세에 대한 이야기를 재발견하고 있다.

윌리엄 오컴, 박우석·이재경 옮김, 《논리학 대전 제1부》, 나남, 2017.

이 책은 오컴의 《논리학 대전 제1부》를 한국어로 번역한 책이다. 오컴 사상의 핵심이 그의 논리학에서 비롯된다고 할 때 원전을 읽을 수 있는 기회를 제공할 것이다. 필자가 이 글을 쓸 때는 출간되지 않았던 번역서라 처음에는 이들 번역자 가운데 박우석의 《중세철학의 유혹》(철학과현실사, 1997)을 읽어보면 흥미로운 관점을 제공할 것이라고 생각했다. 이 책도 함께 읽어보면 주제별로 오컴의 주장들에 대한 재미있는 관점들을 만날 수 있다.

유한과 무한 사이의
인간 정신,
니콜라우스 쿠자누스

—

김형수

니콜라우스 쿠자누스
Nicolaus Cusanus(1401~1464)

니콜라우스 쿠자누스는 1401년 포도주로 유명한 모젤강 유역의 쿠에스라는 곳에서 선주의 아들로 태어났다. 그는 중세 말기 혹은 르네상스 시대 초기에 역사적 격동기를 살면서도 인간 정신의 가능성을 깊이 있게 숙고하고 새로운 시대정신의 초석을 마련한 인물이다. 가톨릭교회 추기경이라는 고위 성직자 신분으로 평생 많은 외교적 목적의 여행을 다니면서 활동한 인물이라고는 믿기지 않을 만큼 쿠자누스는 끊임없이 사유와 사색의 끈을 놓지 않고 틈틈이 엄청난 양의 저술을 남겼다.

쿠자누스는 법학자, 외교관, 신학자, 철학자, 수학자, 천문학자로서 각 분야에 중요한 작품을 저술했다. 비교적 초기에 저술된 중요한 작품으로서 신과 세계와 인간에 관해 세 권으로 구성된《아는 무지》는 수학과 기학적 원리를 철학, 신학과 접목함으로써 새롭고 혁신적인 사유 방식을 보여준다. 어떤 문외한이 주인공으로 등장하는《지혜론》I, II와《정신론》이라는 제목의 시리즈는 플라톤의 전통을 이어받아 진리를 찾는 인간 정신의 지혜를 다룬다. 1453년 이슬람의 콘스탄티노플 점령을 기점으로《코란 연구》와 같은 작품을 통해 종교의 다양성 문제를 다루면서, 다른 한편으로는 자신을 신비주의자로 자리매김하는《신의 바라봄》이라는 작품을 통해 세계와 인간의 근원에 대한 깊은 내적 성찰도 보여준다.

생애 후기에《다른 것이 아닌 것》,《공놀이에 대하여》,《지혜의 사냥》,《사유의 정점》과 같은 작품에서 더욱 깊이 있고 완숙해진 신학적·철학적 숙고를 보여주었다. 1464년 이탈리아 움브리아 지방의 토디에서 쉴 새 없이 살아온 생을 마감했다.

중세에서 근세로 가는 길,
르네상스 시대의 탁월한 인물

중세시대가 저물고 르네상스가 막 시작하던 시기는 역사적으로나 사상적으로 많은 변화와 격동이 일고 있었습니다. 중세의 사상이 신이라는 존재에서 인간을 바라보았다면, 르네상스 시대는 서서히 인간 편에서 신을 바라보고 인간 자신의 정체성을 성찰하기 시작했습니다. 쿠자누스는 한편으로는 중세 그리스도교의 전통을 계승하고 다른 한편으로는 당시 본격적으로 발전한 자연과학의 성과를 철학과 접목해 새로운 시대의 사유를 창조합니다. 이러한 의미에서 쿠자누스는 단순히 이성으로 그리스도교의 계시 진리를 입증하려고 한 것이 아니라 정신mens의 능력인 이성 자체를 문제 삼고 그 한계와 가능성을 모색하려고 했습니다. 쿠자누스는 중세 스콜라철학이 그러했던 것처럼 신의 관점과 인간의 관점을 별개의 것으로 나누지 않았고, 신, 인간, 세계의 문제를 따로 떼어 보지 않았습니다. 그는 하나의 만나는 지점을 상정해 사유하려고 했으며 세계 개념을 그 자체로 보지 않고 이에 상응하는 정신의 개념을 통해 이해했습니다.

인식론적으로 볼 때, 이 시기에는 세계를 물질적으로 유한하게 제한된 것으로 보지 않고 공간적 측면에서 무한하다고 생각했습니다. 이는 고대 희랍사상을 재발견하면서 얻은 성과이기도 합니다. 인간의 인식이 아무런 제한이 없고 무한하게 확대될 수 있으므로 인식의 대상이 되는 세계 또한 무한하다는 것입니다. 이 점은 바로 인간 정신에 대한 자각과 더불어 새롭게 부각되었으며,

쿠자누스는 세계를 이해하는 정신의 무한성에 대한 사유에 단초를 마련하였습니다. 쿠자누스에 따르면 지구뿐만 아니라 우주까지 창조한 신은 무한하게 모든 것 안에서, 동시에 모든 것을 넘어서 존재하는 절대자입니다. 따라서 신에 비해 상대적인 무한성에 있는 이 우주에도 중심이 있을 수 없습니다. 쿠자누스는 이것을 수학적 원리를 통해 설명합니다. 예를 들어 원의 중심점에서 생각할 때 가시적인 원의 크기를 무한하게 확대한다면 원의 중심점을 어디에 찍더라도 그 점은 원의 중심이 됩니다. 마찬가지로 무한한 원을 무한하게 축소한다면 원의 중심점은 의미를 잃어버리고 맙니다. 우주를 이러한 무한한 원과 같이 본다면 지구가 결코 우주의 중심이 될 수 없습니다. 이러한 쿠자누스의 이론에 영향을 받은 코페르니쿠스는 천체 망원경으로 이 이론이 과학적 사실임을 확인함으로써 지구가 태양의 주위를 돈다는 지동설을 주장하고 지구가 우주의 중심이 아니며 우주는 무한하다는 사실로서 근대로 이어지는 문을 본격적으로 열게 됩니다.

무한자의 측면에서 볼 때 유한한 모든 것은 무한자와 동일하지는 않지만 그와 닮은 정도의 심연을 유지하고 있습니다. 따라서 어떤 개체나 유 간의 위계나 계층이 있는 것이 아니며, 인간에게 있어서도 개별 인간 사이에 특정한 계급이나 지위가 본래부터 주어진 것이 아니라 인간을 포함한 세계의 모든 피조물은 무한자인 신과 동일한 거리에 놓여 있다는 것입니다. 이렇게 해서 피조계에서 위계적으로 파악된 질서로부터 무한자인 신을 향하던 데서 이제는 신을 향한 가능성이 무한한 지평을 향한 각 인간의 정신으로 옮아갑니다. 인간의 정신은 유한성을 극복하고 무한자를 향해서 나아갈 수 있는 잠재력을 갖기 때문입니다.

　더 나아가 쿠자누스는 아리스토텔레스와 스콜라철학에 밀려났던 신플라톤주의의 전통을 다시금 새 시대로 잇는 가교 역할을 하게 만듭니다. 그는 플로티노스로부터 시작된 신플라톤주의의 '일자' 또는 '하나'의 단일성과 통일성에 대한 사유를 자신의 사상에 기본적인 토대로 구축합니다. 쿠자누스는 하나 없이는 다수가 있을 수 없고 하나는 다수 없이 있을 수 없다는, 또는 다수는 하나로부터 유래하며 다수는 하나로 되돌아간다는 플라톤 또는 신플라톤주의 사유를 신과 정신의 통일성과 정신의 합치coincidentia 능력에 적용합니다. 또한 이 시대에 정신과 자연이 통일적으로 연관되어 있다는 생각은 대우주macrocosmos인 세계 전체로서의 자연을 인간 정신 안의 '소우주microcosmos'가 반영한다는 생각의 토대가 됩니다. 이로써 인간의 정신은 세계를 인식하는 척도일 뿐만 아니라 세계의 실재가 신의 창조물인 것처럼 인공적 기술로서 자신의 세계를 창조하는 또 다른 창조자가 됩니다. 이러한 사유를 자양분으로 르네상스 시대에는 예술과 과학기술이 꽃핍니다. 전체적으로 볼 때 철학사가 요한네스 힐쉬베르거는 쿠자누스를 "중세와 근세를 결합함과 동시에 독일철학과 그리스도교 철학을 서구의 정신 안에 면면히 이어져오는 것들과 결합"한 인물로 평가합니다.

존재의 철학에서 정신의 철학으로

아리스토텔레스의 존재 중심의 형이상학은 중세시대에 스콜라철학, 특히 토마스 아퀴나스에 의해 재해석되어 그리스도교 사상의 토대가 됩니다. 여기서 어떤 것의 진리를 아는 것은 주체가 사물 자체에 있는 진리를 그 사물과 부합시킴으로써 인식하는 것입니다. 그러니까 주체가 진리를 창조적으로 만들어내는 것이 아니라 사물의 진리를 찾아내는 것입니다. 이와 같은 실체적인 존재론은 실체와 우유의 관계로 규정되는 자립적인 사물을 출발점으로 삼습니다.

반면에 쿠자누스는 이렇게 고정된 실체를 기능적으로 어떤 것을 가리키고 지시하는 존재로 봅니다. 그렇게 함으로써 이와 같은 존재의 의미는 대상 자체보다 그것을 인식하는 주체에 의해 규정됩니다. 말하자면 인식은 사물의 인식에 조건 지어진 정신, 더 자세히 말하자면 사물의 척도로서 정신의 측정 능력을 기반으로 가능하다는 것입니다. 쿠자누스에 따르면 인간의 정신은 개념을 통해 정신의 대상인 진리에 동화, 곧 유사하게assimilare 만들 때 그 사물을 개념 속에 지니게 됨으로써 이 사물은 '사유된 사물'이 됩니다. 다시 말해서 사물 자체에 있는 진리를 찾아내는 정신은 이제 존재자, 사물을 자신에게 알려진 것으로서, 인식된 존재자로서 정신을 소유한 주체의 관점에서 사유하고 측정하게 됩니다. 이로써 대상인 존재 중심의 형이상학은 주체인 정신 중심의 형이상학적 인식론으로 전환됩니다. 다시 말해 대상 중심의 철학은 주체 중심의 철학으로 옮겨오게 됩니다.* 이런 점에서 쿠자누스는 우리 정신의 관념이 대상의 실재를 구성하고 규정하는 것을 강조하는 근대 관념론을 선취했다고 볼 수 있습니다.

이러한 의미에서 쿠자누스에 따르면 주관이 대상을 인식할 때 대상 쪽에서 우리에게 인상을 남겨서 우리가 수동적으로 그것을 받아들이는 것이 인식이 아니며, 오히려 낮은 단계의 인식으로서 감각을 넘어서서 높은 단계의 인식으로 갈수록 우리의 정신은 대상을 있는 그대로가 아니라 창조적으로 재구성한다고 보았습니다. 이러한 인식에 있어서 우리 정신의 능력은 그야말로 끝이 없고 무한한 가능성과 잠재력을 지니고 있다는 것입니다. 그 때문에 쿠자누스에 따르면 우리 인간은 실제 세계를 자신 안에 품을 수 있는 '소우주'로서 신의 의지를 가장 잘 실현할 수 있는 존재입니다. 이렇게 쿠자누스는 근본적으로 그리스도교 신앙에 근거합니다. 그리하여 플라톤의 '정신에 의해서라야 알 수 있는' 이데아계와 물질세계인 감각계의 관계는 쿠자누스에게 있어서 무한자와 유한자, 곧 신과 세계 또는 인간과의 관계로 나타납니다. 더 나아가서 그에게 이 세상에서 특히 인간의 정신은 단순히 이데아계를 반영하는 가상에만 머무는 것이 아니라 신적 정신을 품고 있는 '신의 살아있는 모상viva imago dei'입니다.

이와 함께 쿠자누스는 이제까지 주도권을 쥐어왔던 추론과 연

371

◆ **인식론의 코페르니쿠스적 전환**

칸트는 자신의 저서 《순수이성비판》에서 우리의 인식은 인식하는 대상에 의해서 결정된다는 지금까지의 전통적 인식론을 비판한다. 칸트는 인식은 우리의 주관이 대상을 새롭게 구성하는 것이라고 주장하는데, 이는 인식론에서 혁명과도 같은 발상이라고 해서 후대의 철학자들이 '코페르니쿠스적 전환'이라고 부르게 된다. 쿠자누스의 인식론은 이와 같은 칸트의 인식론의 토대가 되었다고 할 수 있다.

역을 담당하던 이성ratio을 넘어서 정신의 더 큰 능력으로서 종합적으로 직관하는 지성intellectus에 주목합니다. 물론 여기서 이성과 지성은 분리된 것이 아니라 하나의 통일적인 정신의 상이한 기능 또는 능력이라는 점이 전제됩니다. 지성은 이성을 가능하게 하고 이성이 어떻게 감각적인 경험을 다루는지 보고 대립적인 모든 것을 배제하여 개념을 만들어냅니다. 그러니까 이성의 작업에서 성립되는 모순과 대립은 이성의 수준에서는 통일될 수 없다는 한계에 도달합니다. 이렇게 볼 때 진정한 의미에서 철학을 한다는 것은 단순히 개념을 결합하고 반성하고 연역하는 추론으로 이루어지는 이성의 합리적 작업에만 국한되는 것이 아닙니다. 지성을 통해 이루어지는 철학적 작업은 이러한 이성의 작업을 능가해 이성에 통일될 수 없는 모순과 대립을 자신 안에 통일시킵니다. 더욱이 무한한 것은 감각적으로 지각될 수 없고 합리적으로 파악될 수 없으며 오직 지성에 의해서만 통찰됩니다.

우선 지성의 작업은 고정된 개념 또는 절대적인 것으로 정의된 개념에 만족하지 않고 그런 개념의 불완전성을 파악합니다. 쿠자누스는 지성의 인식을 통해 개념을 상대화시켜서 동적이며 개방적인 무한한 개념의 의미를 제시합니다. 예컨대 언어는 단순히 지시적 기능을 하는 것이 아니라 더 확장되고 개방된 상징이라는 의미를 지닙니다. 특히 쿠자누스는 수학과 기하학의 상징을 통해서 신과 세계에 대한 의미를 더욱 심화시켜 나갑니다. 이 수학과 기하학은 비록 파악될 수 있는 것에 대한 학문이지만 결국에는 정신에 파악될 수 없는 것에 대한 통찰을 인도하기 때문입니다. 인간은 단순히 세계에 의존하고 세계의 조건을 이용하는 것이 아니라 세계의 모든 것을 기호와 상징을 통해 정신이 창조하는 개념으로 이해하고 파악합니다. 신이 실재의 세계를 창조해내듯이 인간 정신도 주어진 이 실재를 단순히 모사해서 개념화하는 데 그치지 않고 새로운 것으로 창조하는 것입니다. 이러한 의미에서 쿠자누스는 인간을 '제2의 신'이라고까지 부릅니다.

더 나아가서 쿠자누스에게 있어서 인식의 과정은 무한한 길이고 정신을 척도로 하는 추정의 길입니다. 그러니까 인간의 인식을 통해서는 신뿐만 아니라 사물 자체도 그 본질 또는 엄밀성 praecisa에 도달할 수 없기는 하지만, 인간의 인식은 무한하고 끊임없이 신과 사물의 본질을 향해 접근하며 가까이 다가갑니다. 자신의 척도로 사물을 측정해 인식하는 정신의 한계는 모든 인식에 대한 절대적이고 선험적이며 무한한 절대적 신의 정신을 필요로 할 수밖에 없음을 보여줍니다. 왜냐하면 "신은 모든 것들의 절대적인 전제이기" 때문입니다(*Idiota de sapientia* II, n.30). 이렇듯 인간 정신의 능력이 보여주는 것으로서 그때마다 접근되는 '유한한 무한성'의 상이성은 절대적 무한성의 동일성에 따라 측정되고, 이 동일성은 제한되고 유한한 무한성의 절대적이고 측정적인 척도 기능을 하게 됩니다. 이렇게 진리에 접근하는 추정의 인식은 우리가 진리를 단번에 파악하는 것이 아니라 조금씩 사물의 본질에 다가가면서 추구한다는 것을 의미합니다.

인식의 한계를 넘어서는 아는 무지

나 자신의 앎의 한계를 절감하고 깨달음으로써 진리에 도달할 수 있다는 생각은 소크라테스로부터 이어온 전통입니다. 쿠자누스는 이 전통에 서 있었고, 인간은 자신의 무지를 통해 진리에 다가가고 접근할 때 한계를 넘어설 수 있다고 생각합니다. 우리는 더 많이 알면 알수록 알지 못하는 것이 더 많다는 것을 깨닫게 됩니다. 더욱이 우리가 신에 대해서 알면 알수록 사실은 신으로부터 무한하게 떨어져 있음을 알고 깨닫게 됩니다.

일반적으로 우리는 아는 것을 기준으로 삼아서 모르는 것을 재고 측정할 수 있습니다. 다시 말해 우리는 대조와 비교를 통해 세계 사물의 고유성과 그 상이성을 인식하게 됩니다. 경험적 수준에서 이루어지는 이러한 인식은 항상 그때마다 인식의 대상이 보여주는 '되어감', 곧 생성 과정의 계기만을 파악하게 됩니다. 그러니까 대상에 대한 더 나은 인식을 위해 우리는 항상 상대적인 '비교급'의 형식으로 인식하게 됩니다. 결국 우리의 인식은 더하거나 덜한 방식으로만 가능하게 됩니다. 이와 같은 인식에 관계되는 정신의 능력은 이성이며, 이성은 이렇게 비교를 통한 구분으로써 자신의 인식을 향상해 나아갑니다. 결국 이성의 인식은 유한한 세계 내에서의 유한한 인식으로 귀결됩니다.

이렇게 우리가 알아가는 것은 항상 한계가 있는 유한한 것이기 때문에 아직 무지의 영역에 있는 것은 무한한 것에 해당합니다. 여기서 인간의 인식이 이렇게 측정으로 더하거나 덜한 것을 비교함으로써 이루어진다면 이런 모든 비교를 넘어서 있는 것에 대한 인식은 어떻게 가능할까 하는 물음이 제기됩니다. 여기서 이성의 제한된 능력을 제대로 알고 깨달음으로써 정신의 다른 상위 능력인 지성이 유한한 인식에서 벗어나 무한한 인식으로 나아가는 계기를 마련합니다. 지성의 인식은 단순한 구별을 넘어 일치와 통일성을 만들어냅니다. 달리 말해서 여기서의 인식은 단순한 앎을 넘어서서 아직 알지 못하는 미지의 무한한 무지로 발을 들여놓는 것입니다.

　이러한 의미에서 아는 것scire과 무지ignorare에 대한 쿠자누스의 새로운 반성은 인간 인식에 있어서 중요한 역할을 합니다.♦ 인간이 자신의 인식을 통해서 알게 되는 것은 결국 무지에 부딪히게 됩니다. 역설적으로 지식의 추구에서 도달하는 것은 충분한 지식이 아니라 오히려 아는 만큼 더 모르게 된다는 역설입니다. 하지만 이 무지는 인식에 있어서 결정적 한계가 아니라 더 나아간 앎을 위한 토대로 작용합니다. 쿠자누스는 이 점을 다음과 같이 말합니다. "배움에 열중하는 사람도 가장 잘 아는 사람으로 여겨지는 이에게 적합한 무지에서 더 완전한 학문의 정도에 도달한다. 그는 많이 배우면 배울수록 더 많이 자신의 무지를 알게 된다"(*De docta ignorantia* I, cap.1). 따라서 역설적으로 인식이 더 나아가면 나아갈수록 인식하는 행위와 인식되는 대상 간의 거리감이 커지고, 인식의 가능한 시도와 그 시도에 대한 실현이 좌절되는 것 간

니콜라우스 쿠자누스

375

　♦ **아는 무지**docta ignorantia

쿠자누스는 '알다scire'라는 용어에서 유래하는 것으로 이와 대조되는 '모르다nescire'는 용어를 채택하는 것이 아니라 의도적으로 이와는 전혀 다른 유래를 지닌 '모르다ignorare'라는 용어를 사용한다. 이는 '아는 무지'라는 역설적 표현에 적용함으로써 정말로 아는 것은 모르는 것을 깨달음으로써 시작된다는 것을 나타낸다.

의 긴장이 형성됩니다. 그 때문에 정신이 의도해서 도달한 지식과 그로부터 귀결되는 무지에서의 긴장은 정신의 끊임없는 움직임을 야기하고 여전히 무지한 미지의 상태로 남은 대상으로부터 더 나아간 앎을 정신에 요구하게 됩니다.

이렇게 모른다는 무지의 상태는 진정한 의미에서의 앎이 마치 우리가 당연히 안다고 생각하고 마음대로 처리할 수 있는 그러한 지식이 아니라는 것을 의미합니다. 무지는 앎을 향하는 과정에서 이렇게 모른다는 자각에 이르러서야 비로소 새로운 앎의 원리가 됩니다. 그 때문에 앎을 추구하는 인식 노력은 무지라는 좌절로 귀결되는 것이 아니라 무지를 발판삼아 무한하게 펼쳐진 진정한 앎의 입구로 들어서게 됩니다. 진리 그 자체는 파악될 수 없지만 우리의 모든 인식에 있어서 이 진리가 전제되어서 이것을 목표로 사유하기 때문입니다.

이렇게 무지는 우리 자신에 대한 무지와 '나는 내가 아무것도 모른다는 것을 알고 있다'는 소크라테스의 전통과 관련됩니다. 이로부터 쿠자누스는 무지를 자기 자신에 대해서 배우는 앎으로, 인식의 본질적인 형태로 여깁니다. 그 때문에 '아는 무지docta ignorantia'는 그때마다 나의 무지와 관계됩니다. 대상에 대한 정신의 인식 활동은 반성을 동반하는데 이 반성은 무지를 나의 의식으로 침투하게 함으로써 나의 지식의 대상이 됩니다. 따라서 무지는 인식의 발전을 통해 고양될 수 있는 지식에서 결여된 어떤 것이 아니라 인간의 정신이 전적으로 도달 가능한 지식이 끊임없이 더한 완성에 이를 수 있는 발판이 됩니다. 이렇게 정신의 인식을 통해 얻는 지식의 목적은 단순히 순수한 무지에 도달하는 것이 아니라 진정한 앎을 향해 나아가는 '아는 무지'가 됩니다. 그러니까 인간 정신은 아는 무지, 곧 자신의 무지를 앎으로써 지금까지 확실한 지식으로 여긴 것을 상대적인 확실성으로 이해함으로써 이것을 넘어 계속해서 좀 더 확실한 지식으로 여겨지는 앎으로, 무한한 지식, 무한자, 절대자에 도달할 가능성으로 개방됩니다. 아는 무지는 인식될 수 있는 것을 철저히 파악하는 것이 아니라 인식될 수 없는 것과 접촉하고 그에 가까이 다가가는 것이기 때문입니다. 쿠자누스에 따르면 "최고의 지혜는 진술된 유비에서 건드려질 수 없는 것을 건드리지 않는 방식으로 건드리는 것을 아는 지혜"입니다(*De sapientia* I, N.7, 12~14). 말하자면 비록 무한자인 신 자체의 본질은 인식할 수 없지만 아는 무지를 통해 신의 흔적을 추적함으로써 신의 본질에 가까이 다가갈 수 있다는 것입니다.

쿠자누스가 아는 무지라는 개념을 통해서 본래적으로 그리고 최종적으로 향한 곳은 바로 '인간이 신에 대해 알 가능성이 있는가'라는 물음입니다. 이와 더불어 아는 무지는 근본적 인식으로서 우리 인식의 한계에 대한 인식을 내포하기 때문에, '우리가 사물의 본질을 정말로 알 수 있는가'라는 물음과도 필연적으로 연결됩니다. 그런데 여기서 쿠자누스에 따르면 사물의 근거이자 원천은 절대자이자 무한자인 신이기 때문에 신의 본질을 알 가능성은 사물의 본질을 알 가능성을 결정합니다. 절대적 통일성인 신은 자신 안, 곧 통일성 자체에서는 절대적인 참됨 또는 절대적인 진리이지만 인간 정신에 있어서는 완전히 인식될 수 없습니다. 이러한 경험될 수 없고 인식될 수 없는 절대적인 일자는 우리의 무지를 깨닫게 하며 이것을 이해한다면 절대적인 일자는 우리가 이미 배워 알고 있지만 항상 그것을 넘어서 어떤 것을 가리키는 표지signum와 상징symbolum의 도움으로만 나타낼 수 있습니다. 절대자를 나타내는 이러한 표지와 상징, 이름, 개념은 '아는 무지'로서 우리가 그에 대해 더 탐구해야 할 가치가 있습니다. 특히 가시적인 것과 가지적인 것을 매개하는 수학의 도형은 일차적으로 유한한 도형의 형태를 무한하게 확장해 감각적인 것의 특징인 변화로부터 벗어난 추상물이라는 점에서 훨씬 더 용이하게 신의 본질에 다가갈 가능성을 얻게 됩니다. 이는 쿠자누스에게 있어서 가시적 세계가 자신 안에 단순히 신의 흔적vestigium dei을 간직하고 있는 반면, 영적이고 정신적 세계는 본래적으로 신과 닮은 것similitudo dei이라는 의미를 내포하기 때문입니다.

모순과 대립이 하나로 합치됨

우리의 이성은 항상 상대적 차원에서 크고 작음, 많고 적음을 구별합니다. 이렇게 구별되는 것을 양편으로 가능한 만큼 늘인다면 최대와 최소라는 개념으로 생각할 수 있습니다. 예를 들어 삼각형의 각의 수를 무한하게 최대로 늘리면 원이 되고, 원을 무한히 크게 확장하면 원의 곡선은 직선과 같이 됩니다. 하지만 이런 종류의 수학적 최대와 최소는 우리가 생각할 수 있고 알 수 있는 극한의 개념이고, 무한한 최대와 최소의 경우에는 여전히 인간 이성에는 가려져 있습니다. 무한한 최대와 최소는 무한자인 신에게만 해당합니다. 신은 절대적 최대치이자 하나로서 절대적으로 차이와 간격을 능가하면서 단일하게 존재하기 때문입니다. 쿠자누스는 신에게 있어서 이러한 점을 다음과 같이 표현합니다. "그보다 더 큰 것이 존재할 수 없는 가장 큰 것은 우리가 파악할 수 있는 것보다 더 큰 것이기 때문에 단순하고 또 절대적으로 존재한다. ……따라서 다르거나 차이가 나는 어떤 것에 의해 파악되지 않는 최대의 동일성은 ……그렇게 절대적인 가장 큰 것은 존재할 수 있는 그 모든 것이어야 하기 때문에 온통 실제로 존재한다. 또 그것이 존재할 수 있는 그 모든 것이어야 하기 때문에 더 커질 수 없는 것처럼, 그와 똑같은 이유에서 더 작아질 수도 없다. 한편 가장 작은 것은 그 자신보다 더 작을 수 없는 것을 가리킨다. 그러니 가장 큰 것이 그런 방식으로 존재한다는 점에서 가장 작은 것은 가장 큰 것과 일치하는 것이 분명하다"(*De docta ignoratia* I, cap.4).

쿠자누스는 이러한 개념을 '대립의 합치coincidentia oppositorum'라는 용어로 표현합니다. 이는 최종적으로 무한과 유한으로 대립하는 신과 사물이 합치되는 것이 아니라 신 안에서 모든 대립하는 것이 합치되는 것을 의미합니다. 이는 그리스도교 신의 초월과 내재를 자신의 고유한 사상으로 표현하는 것입니다. 쿠자누스는 이를 플라톤의 용어를 빌려 다음과 같이 표현합니다. "모든 사물은 신 안에 있는데, 그것은 사물의 원형exemplar으로서의 신 안에 있는 것이다"(*Idiota de mente*, cap.3). 그 때문에 사유하는 인간은 세계 안에서 다름 아닌 원천적인 신의 유일무이함을 알아보는 것입니다. 이와 같은 합치의 원리는 근본적으로 신 또는 일자 안에서 모든 것이 조화와 통일을 이루면서 '접혀 있음complicatio'이 일자 '외부로 펼쳐짐explicatio'으로써 모든 것이 다양하고 차이 나게 그리고 대립적으로 생겨나는 것을 나타냅니다. 여기서 일자 안에 접혀 있음은 펼쳐짐의 원인일 뿐만 아니라 일자 자체는 이렇게 외부로 펼쳐지게끔 작용하고 형성하는 힘과 능력입니다. 쿠자누스에 따르면 모든 피조물은 신 안에 접혀 있으면서 동시에 신은 모든 피조물 안에 펼쳐져 있습니다. 그 때문에 신만이 절대적 단일성과 통일성을 이루고 있지만 신으로부터 창조된 세상 전체도 신에 비해 상대적인 단일성과 통일성을 이룹니다. 이러한 세상의 단일성은 구체적 개별자 안에서 전적으로 실제적이기 때문에 개별적 유한자는 자신 안에 전체 세계의 통일성을 반영합니다. 다시 말해 아무것도 대립하고 있지 않은 신의 존재야말로 그 자체로 구별되는 수많은 사물의 고유한 존재를 없애는 것이 아니라 오히려 근거짓습니다. 이에 따라서 각각의 개별자는 다른 개별자와 관계를 지니며 이렇게 개별 존재자 간의 상호관계는 각 개별자의 고유한 특성에 있어서 본질적인 점입니다.

쿠자누스는 우리가 '정신적 눈을 위한 안경'을 통해 이러한 대립의 합치를 통찰할 수 있다고 합니다. 안경을 끼지 않은 인간 정신 앞에는 모든 것이 대립적으로 보이지만, 정신은 안경을 통해 이 대립적인 것이 본래 이루고 있는 통일적인 면모, 그 근원을 알아볼 수 있다는 것입니다. 정신의 안경을 통해 대립적인 것을 서로 구분하는 유한한 인식이 대립의 합치를 아는 무지의 인식으로 변화되는 것입니다. 대립적인 것들의 이원성 이전의 하나의 원천, 공통적으로 근원적인 것을 통찰하게 되는 것입니다. 사물을 대립적인 것, 구별되는 것으로 보는 것이 이성의 사유라면, 지성에 있어서는 이러한 대립이 해소되는 합치와 통일성의 사유가 이루어집니다. 지성 안에서는 단일성과 다수성, 내적으로 접힘과 외적으로 펼쳐짐, 정지와 운동이 동시적이며 동일한 것으로 이해됩니다. 이와 같은 정신적 사유의 통일적 이해는 사유가 대립적이고 구별되는 것에서 유래하는 것이 아니라 대립적인 것들이 하나의 통일성이라는 원천으로부터 시작되었다고 이해하는 것을 의미합니다. 이 점은 더 나아가서 대립과 구분은 본래 하나이며 통일적인 합치적 근원, 대립적인 것들의 동일성, 대립적인 것들을 포괄하는 원천에서 나온 것이라는 것을 보여줍니다. 그 때문에 정신은 모든 것을 파악하는 무한한 과정에서 파악될 수 없는 무한성 자체를 모사하고 닮아가려고 한다는 것을 알 수 있습니다. 이런 무한성의 모사는 추론에 바탕을 둔 이성적 판단에 앞서는 대립의 통일과 합치를 바탕으로 하는 것입니다.

더 나아가서 쿠자누스는 '대립의 합치'라는 사유를 대립의 합치의 '피안'에 대한 생각까지 끌고 갑니다. 쿠자누스는 신이 대립이 합치되는 '장벽' 저 너머에 초월해 있다고 합니다. 엄밀하게 말해서 대립의 합치는 신 또는 일자 안에서야 비로소 이루어지는 것이 아니라 오히려 신 안에서는 이미 어떤 대립도 없는 하나의 상태가 되어 있기 때문입니다. 이런 이유로 신은 모든 것에서 벗어나며 말해질 수 있거나 사유될 수 있는 모든 것을 넘어서 고양됩니다. 쿠자누스는 다음과 같이 말합니다. "눈이 천국을 넘어 쳐다본다고 하더라도, 장벽은 모든 지성의 가능성을 배제한다. 거기서 눈이 보는 바 그것을 눈은 말할 수도 이해할 수도 없다"(*De visione dei*, cap.17). 이로써 신과 세계 또는 존재자와는 무한하고 절대적인 차이가 드러납니다. 신이 절대적 무한성이라면 세계는 상대적 무한성, 곧 가능적 무한성이라고 할 수 있습니다. 반면에 이 합치의 장벽은 인간 정신이 신을 사유할 수 있는 단초 또는 신의 본질로 들어가는 입구 역할이기도 합니다. 그럼에도 합치의 장벽은 이성이 대립의 합치에서 좌절하듯이 지성도 합치의 장벽 앞에서 좌절합니다. 합치는 지성적 인식의 한계로서 그 이면에 '숨겨진 신'을 찾을 수 있는 장벽을 형성합니다. 여기서 쿠자누스 는 이른바 신비주의자의 면모를 보여줍니다.

무한한 신비를 향해 있는 인간 정신

쿠자누스는 신의 절대적 무한성에 다가가기 위해 부정의 길via negativa을 도입하는데, 여기서 의도는 유한한 피조물에 해당하는 술어를 부정함으로써 근본적으로 언어의 한계를 극복해 본래 신 의 무한한 모습에 다가가려는 것입니다. 다시 말해서 이는 신의 무한성을 인식하기 위해서 유한한 존재 방식이 지니는 결핍과 결 여를 신으로부터 제거하는 것입니다via remotionis. 신에게 적용되는 존재, 진리, 선성과 같은 초월적인 긍정 개념들은 본래 피조물에 서 유래하는 개념으로, 신 자체가 아니라 신을 반영하는 상과 거 울을 통해 보는 인식이며 지극히 부분적이며 간접적으로밖에 이 루어지지 않습니다. 더욱이 긍정의 방법을 통해서는 신이 세상의 다른 것처럼 대상화되어 사유될 수 없다는 점이 드러납니다. 신을 정의와 개념으로 규정하는 순간, 신의 무한성은 유한한 것으로 전락하고 우리의 생각 속에 제한되고 한정된 것이 되기 때문입니다. 반면에 오히려 신에 대한 부정적 술어는 볼 수 없는 신의 본질이 반영된 가시적인 것에서 신의 흔적을 찾아냄으로써 가시적인 것에서 신적인 비가시적인 것을 보게 합니다. 이렇게 해서 부정의 길은 긍정의 길을 부정하는 것이 아니라 오히려 긍정의 길을 추구하는 인간 인식의 한계를 알게 하고 그러한 한계 내에서 무한자인 신이 제대로 파악될 수 없음을 말해줍니다. 이것은 '아는 무지'를 통해서 깨닫게 되는 것과 같다고 할 수 있습니다. 쿠자누스는 신에 대한 새로운 이름을 통해 좀 더 신의 본 모습, 신의 신비에 가까이 다가갈 가능성을 타진합니다. 신은 본래적으로는 어떤 이름으로도 불릴 수 없지만, 바로 그 때문에 신 자신은 언어로 표현될 수 있는 모든 이름을 부를 수 있는 무한한 가능성이 되며, 다른 모든 이름은 각각의 방식으로 본래적인 신을 거울처럼 되비춘다고 할 수 있습니다. 그리하여 쿠자누스는 다음과 같이 말합니다. "모든 피조물의 차원에서 볼 때 측정될 수 없는 신은 이름 부를 수 없으며 전혀 인식에 걸맞게 파악될 수 없다. (그럼에도 불구하고) 신은 여러 민족들의 여러 언어에서 다양한 인간의 말로 불린다. 비록 신의 본래의 이름은 고유하며 최고의 이름이기에 발설될 수 없고 알 수 없다고 하더라도 말이다"(Sermo I). 이를 통해 인간정신의 유한하지만 무한자에 열려 있는 가능성을 확인할 수 있습니다. 이 새로운 신의 이름 또는 개념 중의 하나가 '다른 것이 아닌 것non aliud'입니다.

쿠자누스는 단순히 신의 무한성과 세계 존재자의 유한성 또는 우연성을 대비시키는 대신, 신의 무한성을 근거로 이 무한성에 끊임없이 다가가려는 인간정신의 창조적이고 잠재적인 무한한 능력을 강조함으로써 창조된 세계의 긍정적인 면을 부각합니다. 인간 정신으로 파악되는 세계의 '유한한 무한성finita infinitas'이라는 쿠자누스의 역설적 표현은 세계 내의 존재자가 항상 다르게 있는 존재aliud esse라는 사실을 나타냅니다. 이렇게 다르게 있는 것은 인간 정신의 측정과 추정coniectura으로 개념화되어 파악되지만, 신 또는 일자 안의 원형적인 모습에서 보자면 '다른 것이 아닌 것'입니다. 따라서 정신이 각각 다른 존재, 심지어 대립적인 존재를 다르지 않게끔 통일적으로 파악하는 근거는 바로 다른 것이 아닌 것 자체로서 신입니다. 달리 말해 유한한 것과 무한한 차이가 있는 신은, 인간 정신이 다른 것을 다르지 않은 것으로 통일적으로 파악하는 원형으로서 다르지 않은 것 자체라고 할 수 있습니다. 이렇게 해서 신과 세계는 무한한 차이가 나면서도 본래 차이가 나지 않는 일자 또는 신 안에서의 원형적 모습을 인간 정신을 통해 회복해나간다고 할 수 있습니다.

하지만 인간의 지성이 자신의 한계를 극복해서 나가더라도 무한성 자체에 도달할 수는 없습니다. 쿠자누스는 이러한 한계 앞에서 지성의 한계를 넘어서는 무한성에 대한 사유를 신비주의적으로 접근합니다. 쿠자누스에게 신비주의 문제는 인간 정신이 자신의 유한성을 넘어서 자신의 근원이자 원천인 신의 정신으로 되돌아가려는 인간의 본질적 추구 경향을 추적하는 것이라고 할 수 있습니다. 이러한 신비주의에서 특징적인 것은 신과의 합일에 이르기 위해 사용하는 언어입니다. 여기서 언어는 이성과 지성의 언어가 아니라 오히려 지극히 감각적인 언어입니다. 다시 말해 여기서 쓰는 언어는 감각과 수학의 도형을 통한 상징과 은유입니다. 그것은 그리스도교에서 이해하는 신이 그 어떤 존재자의 내면보다 더 내밀하게 있어서 그렇게 가까이 있는 신을 찾지 못한다는 역설이 성립되기 때문입니다. 마치 신이 너무 가까이 있는 빛과 같기에 그 빛의 광채가 너무 밝아서 그 빛을 보는 사람에게는 '어둠'과 같이 느껴지는 것과 같습니다. 이렇게 파악할 수 없는 앎은 접근할 수 없는 빛이 현존하는 어둠으로 묘사되며, 이 어둠으로 진입하는 문은 감각적이고 이성적이며 지성적으로 '보는 것'을 넘어선 저편에 있습니다. 하지만 이 어둠에서야 비로소 무지는 앎이 되며 이 어둠 안에서 외에는 신을 올바르게 또는 신비적으로 바라볼 수 없다고 쿠자누스는 강조합니다. 따라서 인간에게 어둠 때문에 신을 보지 못하는 체험은 역설적으로 모든 것을 보는 신의 숨겨지지 않은 진리가 드러나는 체험입니다. 최종적으로 이러한 체험을 한 사람은 "모든 것을 열린 눈으로 바라보며, 그에게는 어떤 것도 숨겨져 있지 않다"고 합니다(*De visione dei*, c.7).

이렇듯 쿠자누스의 신비주의에서 '바라본다'는 은유는 매우 중요한 역할을 합니다. 우리가 이름을 통해 말할 때 대상을 제한하고 측정 가능한 것으로 만들듯이 어떤 것을 보는 시각이 한정된다는 것은 측정을 통해 제한됨을 의미합니다. 그러나 이렇게 제한되어 측정 가능한 것은 신 안에서는 측정될 수 없는 것과 동일하며 이는 신의 제한되지 않은 무한한 시야를 의미합니다. 이러한 신의 무한한 시야를 통해서야 우리는 비로소 보이지 않는 것을 볼 수 있습니다. 그러니까 신이 보는 것은 내가 보는 것을 가능하게 하는 근거가 되며 근본적으로 무한한 신의 시선과 유한한 인간의 시선이 불가분의 관계에 있다는 것입니다. 다른 한편 바라봄의 은유는 인식과 체험을 통합하는 매개 역할을 합니다. 이는 신의 신비를 통찰하는 것이 지성적 언어를 넘어선다고 해서 이러한 신비적 합일이 단순히 비이성적인 신비적 체험과 비합리적인 인격적 경험에만 한정되는 것은 아니라는 점을 함축합니다. 오히려 인간 정신은 이러한 경험과 체험을 배제하지 않고 통합합니다. 쿠자누스는 이러한 정신의 모습을 '지성적인 봄visio intellectualis'이라고 부릅니다. 쿠자누스의 《신의 바라봄》이라는 작품 제목이 말해주듯이 신을 바라보는 주체는 인간일 뿐만 아니라 동시에 신이기도 합니다. 말하자면 한편으로 신은 스스로 인식하는 지성적 주체이지만, 다른 한편으로 신의 지성은 인간의 지성을 통해서만 파악될 가능성을 지닌 대상이라고 할 수 있습니다. 이런 이유로 쿠자누스의 신비주의를 '지성적 신비주의' 혹은 '철학적 신비주의'라고 부를 수 있겠습니다.

무한자가 인간의 인식에서 벗어난다는 통찰은 무한자의 크기를 감소시키는 것이 아니라 오히려 무한한 크기를 확신하고 신뢰하는 것입니다. 동시에 이러한 통찰은 체험하는 당사자에게 좌절이 아니라 성장을 의미합니다. 쿠자누스가 말하듯이 이 점은 아는 무지와 관련됩니다. "존재하는 것이 파악될 수 없는 것이라는 것을 아는 지성적 본성은 더 완전해질수록 존재하는 것이 더욱더 파악될 수 없다는 것을 알게 되는 것을 체험하게 된다. 말하자면 파악될 수 없는 것으로 들어가는 입구는 무지의 앎에 있다"(*De* *principio*, n.29). 쿠자누스가 신비주의적 언어로 표현하듯이, 신은 말해질 수 없고 사유에 있어서 파악될 수 없지만 아는 무지를 통해서 신의 완전한 면모는 아니더라도 우리는 신을 냄새 맡고 맛보게 됩니다. 다시 말해 유한하지만 무한자를 향해 개방된 무한한 정신은 끊임없이 무한한 진리와 진리 자체인 무한자를 추구하지만, 이러한 노력을 통해 찾는 것은 어느 순간 갑작스러운 발견과도 같은 깨달음으로 '미리 맛본다praegustatio'는 것입니다. 이 순간 정신은 다시 한번 자신의 한계를 넘어 무한자에게 한 발짝 더 다가가며, 이러한 발걸음은 정신이 자신의 한계를 넘을 때마다 끊임없이 이어지는 것으로 감추어진 신비mysterium를 바라보는 '경이'*의 순간입니다. 그러므로 쿠자누스는 말합니다. "그 어떤 방식으로 절대적 진리에 도달해야 한다면, 이것은 파악할 수 없는 통찰을 통해 순간적인 환시幻視의 찰나에 일어난다는 것은 필연적이다. 육체적인 눈으로 태양의 광채를 보듯이, 우리는 절대적 진리를 아주 짧은 찰나에서만 파악할 수 없는 방식으로 바라볼 수 있다"(*Apologia*, p.543).

◆ 경이

아리스토텔레스는 《형이상학》에서 철학을 하는 것은 '놀라움' 또는 '경이thaumazein' 때문이라고 말한다. 이는 주어진 현상에 대해 단순히 놀라는 수동적 마음의 상태가 아니라 주어진 현상에 놀라서 이에 대해서 묻는 능동적 태도를 뜻한다(아리스토텔레스, 김진성 역주, 《형이상학》, 이제이북스, 2007, p.38, 각주38).

더 읽어보면
좋은 책

김형수, 《신 인식과 자기 인식》, 누멘, 2012.

쿠자누스의 전체 사상을 인식론과 형이상학의 관점에서 다룬 책이다. 이 책은 쿠자누스 사상의 토대가 되는 이른바 '정신의 형이상학'이라는 이론을 바탕으로 인간, 세계, 신이라는 철학의 고유한 주제를 쿠자누스가 어떻게 자신의 고유한 사상으로 발전시키는가에 주목하고 있다. 쿠자누스 원전과 2차 연구 문헌에 대한 풍부한 소개를 담고 있다. 전문 연구서이기는 하지만 원전에 충실하게 의거해 쿠자누스 사상에 관한 최근의 연구 성과까지 아울러 잘 정리하고 있다. 1부의 정신의 형이상학을 바탕으로 2부에서 전개되는 쿠자누스의 독창적인 신의 이름, 또는 신의 개념은 신학을 철학적으로 고찰함으로써 쿠자누스가 후기에 관심을 가진 새로운 철학적 신학의 가능성을 잘 보여준다. 이 책을 통해서 고대와 중세의 철학적 흐름이 한 철학자의 사상 안에 어떻게 수용되는가 하는 면모를 엿볼 수 있다.

니콜라우스 쿠자누스, 김형수 옮김, 《신의 바라봄》, 가톨릭출판사, 2014.

쿠자누스의 사상에서 가장 신비주의적 색채가 짙은 작품을 번역한 책이다. 역설적이게도 이 작품은 1453년 동로마제국 수도 콘스탄티노플이 이슬람 세력의 손에 점령된 해에 저술했다. 역사적으로 가장 격동의 시기에 그리스도교의 관점에서 영성적으로 가장 완

◆◆◆

숙한 작품을 쓴 것이다. 이 작품은 신과 인간이 서로를 어떻게 바라보는가 하는 은유적 표상을 통해 신과 하나가 되는 신비적 일치 문제를 다룬다. 여기서 쿠자누스는 어떤 특수한 신비적 체험을 문제 삼는 것이 아니라 이성적 인식을 넘어서 지성적 인식을 바탕으로 신비주의 문제를 가시화시킴으로써 신비주의를 인식과 체험의 통합이라는 방식으로 전개한다. 쿠자누스는 이와 같은 보편적이고 일반적인 신비주의의 노정이 개별적 체험을 강화하고 오류에 빠지지 않게 만든다고 본다. 특별히 이 번역본은 라틴어 원문이 함께 수록되어 있어서 번역이 다 전하지 못하는 원문의 매력을 함께 느낄 수 있다. 앞부분에는 간략한 쿠자누스 전체 사상에 대한 요약과 신비주의 사상에 대한 개요도 있다.

니콜라우스 쿠자누스, 조규홍 옮김, 《박학한 무지》, 지만지, 2013.

이 책은 쿠자누스의 작품 중 가장 방대하며 일반적으로 대표작으로 꼽히는 작품을 번역한 것이다. 역자는 '아는 무지'라는 용어를 라틴어 원문 그대로 '박학한 무지'로 번역했으며, 작품 내용도 라틴어 원문에 비교적 충실하게 번역했다. 쿠자누스는 이 작품에서 우리가 알 수 있는 '최대의 지식'이 무엇인가를 탐구해 결국은 인간이 인식할 수 있는 최대의 지식은 '최소의 지식'에 불과하며 이는 달리 말해서 '무지'에 가까운 것이라는 점을 강조한다. 총 세 권으로 된 이 작품에서는 수학과 기하학의 원리를 바탕으로 천문학에 바탕을 둔 우주론적 논의를 거쳐서 가장 신학적 차원의 주제에 접근한다. 1권에서는 '최대'와 '최소'라는 개념이 학문적으로 어떻게 가능하며 형이상학적 차원에서 두 개념이 합치됨을 보여준다. 2권에서는 '최대'라는 개념이 삼라만상에서 어떻게 제한적인 방식으로 나타나는가를 논의하며, 3권에서는 앞서 논의된 최대와 최소가 가장 신학적 주제인 신의 강생에서 어떻게 구현되는가를 다룬다. 이 작품은 이후 작품에서도 중요한 역할을 하게 될 '박학한 무지' 또는 '아는 무지'와 '대립적인 것들의 합치' 등의 개념을 여러 방식으로 다룬다는 점에서도 중요하다.

니콜라우스 쿠사누스, 조규홍 옮김, 《다른 것이 아닌 것》, 나남, 2007.

쿠자누스는 후기에 들어서 여러 차례에 걸쳐서 자신의 사상을 몇 개의 독특한 신의 개념을 통해 새로운 관점에서 해명한다. 그중의 한 작품이 '다른 것이 아닌 것'이라는 신의 이름 또는 개념을 제목으로 한 작품이다. 이 작품은 특별히 수사학적 언어유희를 통해서 '다른 것이 아닌 것'이라는 개념이 자기 자신을 정의할 뿐만 아니라 다른 모든 것도 정의한다는 것을 보여줌으로써 그리스도교의 삼위일체적 신을 철학적으로 규명한다. 이로써 쿠자누스는 '다른 것이 아닌 것'이라는 개념을 인간의 이해에 보편적이며 궁극적인 척도로 제시한다. 이러한 접근은 철학이 추구하는바 최고의 절대적 지혜를 찾는 연장선상에서 이해할 수 있다. 아울러서 쿠자누스의 신의 이름 또는 개념에 대한 추구는 신적 정신에 대해 더 정확하게 근접하려는 노력의 일환이다. 이렇게 참다운 신적 정신에로 근접하려는 목적은 인간의 자기 인식 및 자기 완성이며, 신에게로 나아가는 길이 인간 자신의 완성과 다르지 않음을 보여주는 것이다.

박 남 회 연세대학교에서 〈가다머의 지평융합 비판〉으로 박사학위를 취득했다. 현재 희망철학연구소 소장으로 있으면서 감리교신학대학교 객원교수로 재직중이다. 가다머의 해석학을 비롯해 아도르노와 같은 독일 사회비판이론가와 레비나스를 포함한 현대 프랑스 사회윤리철학자들의 논의에 관심을 가지고 있다. 저서로《세기의 철학자들은 무엇을 묻고 어떻게 답했나》,《레비나스, 그는김형수 누구인가》 등이 있고, 공저로《처음 읽는 독일 현대철학》,《종교와 철학 사이》,《세상을 바꾼 철학자들》,《이성의 다양한 얼굴》 등이 있으며, 역서로《가다머의 과학시대의 이성》 등이 있다.

김 장 생 감리교신학대학교 종교철학과를 졸업하고 미국 에모리대학과 스위스 제네바대학에서 석사학위를, 독일 프랑크푸르트대학에서 〈아우구스티누스의 고통의 문제〉로 박사학위를 받았다. 현재 연세대학교 교양교육학부 교수로 재직중이다. 고통의 문제에 관심이 많고 특히나 아프리카, 아시아의 빈곤과 고난에 대해 연구하고 있다. 저서로《빈곤의 사회과학》,《신학의 저항과 탈주》,《종교속의 철학, 철학속의 종교》,《제3세대 토착화 신학》 등이 있고, 역서로《신과 인간 그리고 악의 종교철학적 이해》,《이해를 추구하는 신앙》,《빈곤과 권력》,《혼돈 앞에서 인간 철학을 잉태하다》 등이 있다.

이 세 운 서울대학교 철학과를 졸업하고 같은 대학의 대학원 서양고전학 협동과정에서 〈키케로의《토피카》에서 loci와 quaestio의 구성과 그 활용〉이라는 논문으로 석사학위를 받았다. 같은 대학원에서 박사과정을 수료했다. 현재 서울대학교 서양고전학 박사과정중이다. 위안문학에서 나타나는 수사학 이론의 역할에 대해 연구중이다. 역서로《철학의 위안》 등이 있으며, 세네카의 위안편지를 번역한《위로하는 철학자》가 출간될 예정이다. 현재는 키케로의《연설가에 대하여》를 번역하고 있다.

서 종 원 서울대학교 서양사학과와 같은 과 대학원을 마치고, 감리교신학대학교 대학원을 졸업했다. 이후 미국 에모리대학을 거쳐, 프린스턴신학교에서 위-디오니시우스가 중세 서방 신학에 끼친 영향에 대한 연구로 박사학위를 받았다. 현재 감리교신학대학교에서 교회사 분야 교수로 재직 중이다. 서양 중세에 있어 아우구스티누스 전통과 디오니시우스 사상 간의 합류가 주된 학문적 관심사다. 역서로《신학과 사회이론》등이 있고, 논문으로 〈디오니시오스가 아우구스티누스를 만났을 때: 중재와 무매개성 및 위계의 개념을 중심으로〉, 〈위그 드 생빅토르의 《연학론Didascalicon》에 대한 소고〉 등이 있다.

김영철 한양대학교 철학과를 졸업하고, 독일 뮌스터대학교에서 철학·사회학·정치학을 전공했으며, 독일 할레대학교 철학과에서 〈성 캔터베리 안셀무스의 진리론 연구〉라는 논문으로 박사학위를 받았다. 현재 동국대학교 경주캠퍼스 파라미타칼리지 부교수로 재직중이다. 서양 고·중세철학과 함께 동학사상에 관심을 두고 있으며, 요즘은 주로 철학적 인간학과 관련한 내용을 연구하고 있다. 저서로 《안셀무스》,《플로티노스 철학과 그 영향》 등이 있고, 논문으로 〈범죄: 불완전한 인간 존재의 단면〉, 〈종교적 사유와 에로스 개념〉 등이 있다.

서동은 감리교신학대학교에서 종교철학과 신학을 공부하고, 독일 도르트문트대학교 인문학과 신학학과에서 하이데거의 진리개념에 대한 논문으로 철학박사)학위를 받았다. 현재 경희대학교 후마니타스칼리지 부교수로 재직중이다. 현재는 몸(철학)에 대한 논의에 관심을 가지고 연구하고 있다. 저서로《곡해된 애덤 스미스의 자유경제: 세월호, 메르스, 공감의 경제학》,《하이데거와 가다머의 예술이해》 등이 있고, 공저로《철학, 중독을 이야기하다》,《인물로 보는 근대 한국》,《세상을 바꾼 철학자들: 고대부터 현대까지 핵심개념으로 읽는 철학사》,《교육독립선언》,《삐뚤빼뚤 생각해도 괜찮아: 고민하는 10대를 위한 철학 상담소》 등이 있으며, 역서로《몸의 철학》,《시간의 개념》,《인간과 풍토》 등이 있다.

박일준 감리교신학대학교 종교철학과와 동대학원, 미국 보스턴대학교에서 석사과정을 마치고, 드루대학교에서 〈사이로서의 인간〉을 주제로 박사학위를 받았다. 현재 감리교신학대학에서 종교철학을 가르치는 객원교수로 재직중이다. 공생을 주제로 사물정치와 기후변화/생태계 위기 및 뇌가소성 등의 주제들을 엮는 연구를 하고 있다. 저서로《정의의 신학: 둘the Two의 신학》,《인공지능 시대, 인간을 묻다: 인간과 기계의 공생을 위한 포스트휴먼적 존재론》 등이 있고, 역서로《길위의 신학: 하나님의 지혜를 신비 가운데 분별하기》,《바람의 말을 타고: 조울증의 철학-조울증과 전일성의 추구》,《자연주의적 성서해석학과 기호학: 해석자들의 공동체》 등이 있다.

이부현 광주가톨릭대학교 신학과를 졸업했다. 부산대학교 철학과에서 대학원 과정을 마치고, 〈헤겔 종교철학 연구〉라는 논문으로 박사학위를 받았다. 현재 부산가톨릭대학교 인성교양학부 교수로 재직중이다. M. 에크하르트를 비롯한 중세철학에 관심을 갖고 있으며, 요즘은 주로 에크하르트의 독일어·라틴어 작품들을 읽고 있다. 저서로《이성과 종교》,《7일간의 철학교실》《상생의 철학》 등이 있고,

역서로 《마이스터 에크하르트》,《마이스터 에크하르트 독일어 논고》,《마이스터 에크하르트 독일어 설교 1》 등이 있다.

최중화 건국대학교 히브리학과에서 유대학으로 학사학위를 하고, 예루살렘 히브리대학에서 석사, 영국 옥스퍼드대학에서 〈Jewish Leadership in Roman Palestine from 70 CE to 135 CE〉라는 논문으로 박사학위를 받았다. 현재 부산 장신대학교 신학과 교수로 재직중이다. 유대역사와, 성경해석 방법론 등에 관심이 있다. 박사학위 논문은 Brill Publisher에서 출판되었고 다수의 논문이 있다.

이명곤 경북대학교 철학과를 졸업하고, 프랑스 리옹 가톨릭대학 철학과에서 〈토마스 아퀴나스의 영혼론〉으로 석사학위를 받았다. 파리 1대학 철학과에서 〈프랑스 철학사〉 관련 DEA학위를 받았고, 〈토미즘의 인간학과 영성〉 관련 논문으로 박사학위를 받았다. 현재 제주대학교 철학과 부교수로 재직 중이다. 종교철학, 예술철학 그리고 프랑스철학에 관심을 가지고 있으며 현재는 프랑스 토미스트들과 유신론적 실존주의자들의 사유에 관심을 가지고 연구하고 있다. 저서로 《인간학의 지혜》,《철학, 인간을 사유하다》,《토마스 아퀴나스 읽기》,《키르케고르 읽기》,《키르케고르의 〈이것이냐 저것이냐〉 읽기》,《토미즘의 생명사상과 영성이론》,《역사 속의 여성 신비가와 존재의 신비》,《종교철학 명상록: 성인들의 눈물》 등이 있고, 〈편하게 만나는 프랑스 철학〉 시리즈를 집필하고 있다. 역서로 《토마스 아퀴나스: 존재의 형이상학》,《영성의 파노라마》,《자아와 그 운명》,《진리론》,《키르케고르: 신앙의 개념》,《죽음에 이르는 병》 등이 있다.

이상섭 연세대학교 학부와 대학원을 졸업하고 독일 보훔대학교에서 토마스 아퀴나스 연구로 철학박사학위를 취득했다. 현재 서강대학교 철학과 교수로 재직중이다. 스콜라철학, 특히 토마스 아퀴나스와 마이스터 에크하르트를 연구했다. 저서로 《악(惡)과 죄종(罪宗)》 등이 있고, 역서로 《신학대전 17. 인간적 행위》, 『마이스터 에크하르트: 유비, 일의성 그리고 단일성』 등이 있으며, 논문으로 〈지복직관, 누구의 것인가?〉, 〈의지의 자유선택에서 이성의 역할〉, 〈실제학문 vs. 보편학문〉 등이 있다.

한상연 독일 보훔 대학교에서 마기스터(학석사 통합과정)을 이수한 뒤 석사학위를 받았고, 동 대학교에서 〈슐라이어마허의 종교 개념과 하이데거의 초기 철학〉이라는 논문으로 박사학위를 받았다. 현재 가천대학교 리버럴아츠칼리지 교수로 재직중이다. 주된 관심사는 하이데거의 현상학적 존재론을 고통과 기쁨의 근원적 처소로서의 살과 몸의 관점에서 새롭게 해석하면서 존재론적 윤리학을 정초하는 것이다. 저서로 《그림으로 보는 니체》,《문학과 살/ 몸 존재론》,《공감의 존재론》,《철학을 삼킨 예술》,《우리는 모두 예술가다》,《기쁨과 긍정의 종교》, 등이 있고, 공저로《세상을 바꾼 철학자들》,《삐뚤빼뚤 생각해도 괜찮아: 고민하는 10대를 위한 철학 상담소》,《교육독립선언》등이 있으며, 역서로《하이데거의 존재와 시간 입문》등이 있다.

이경희 연세대학교 철학과와 같은 과 대학원을 졸업하고, 〈데카르트의 제일철학과 지식론〉이라는 논문으로 박사학위를 받았다. 서울대학교 박사후과정을 거쳐 현재 연세대학교와 상명대학교 강사로 재직중이다. 오컴과 데카르트를 비롯한 서양 중세와 근대철학에 관심을 갖고 있으며 요즘은 주로 생명과 윤리, 현대 언어와 예술에 관해 탐구하고 있다. 저서로《서양 근대 종교철학》,《서양 근대미학》,《서양 근대윤리학》,《윤리적 자아와 행복한 삶》,《혐오를 넘어 관용으로》등이 있고, 역서로《오캄 철학 선집》등이 있다.

김형수 광주가톨릭대학교를 졸업한 후에, 부산가톨릭대학교 신학대학 대학원에서 종교철학 석사 학위를 받고, 가톨릭 사제로 서품을 받았다. 독일 뮌헨의 예수회 철학대학에서 〈Gotteserkenntnis und Selbsterkenntnis bei Nicolaus Cusanus〉라는 논문으로 철학박사학위를 받았다. 현재 가톨릭대학교 신학대학 교수로 재직중이다. 주로 중세 철학에서 쿠자누스를 중심으로 플라톤주의 전통에 대해서 연구하고 있다. 저서로《니콜라우스 쿠사누스의 신 인식과 자기 인식》등이 있고, 역서로《신앙과 이성적 통찰: 신의 존재에 대한 이성적 증명》,《신비주의의 근본문제》,《신의 바라봄: 신을 통한 인간의 바라봄과 인간을 통한 신의 바라봄에 대한 쿠자누스의 신비주의》,《예수의 유산: 그리스도교 정신을 새롭게 생각하다》,《그리스도교의 인간상》등이 있으며, 그 외 다수의 철학 관련 논문이 있다.